PRE·TEXTOS bozorg

ARNOLD I. DAVIDSON é Robert O. Anderson Distinguished Service Professor na Universidade de Chicago e membro honorário do Corpo Acadêmico da Universidade Ca' Foscari Venezia. Curador dos textos de Michel Foucault em francês e inglês.

ARNOLD I. DAVIDSON

O surgimento da sexualidade
Epistemologia histórica e a formação de conceitos

TRADUÇÃO **Rogerio W. Galindo**
PREPARAÇÃO **Silvia Massimini Felix**
REVISÃO **Fernanda Alvares | Andrea Stahel**

Para Diane Brentari
E à memória de Michel Foucault

Sumário

13 | Prefácio

23 | O SURGIMENTO DA SEXUALIDADE

25 | 1. Fechando os cadáveres
67 | 2. O sexo e o surgimento da sexualidade
115 | 3. Como fazer a história da psicanálise: uma leitura dos *Três ensaios sobre a teoria da sexualidade* de Freud
149 | 4. O horror dos monstros
193 | 5. Estilos de raciocínio: da história da arte à epistemologia da ciência
215 | 6. A epistemologia do indício distorcido: problemas em torno da historiografia de Carlo Ginzburg
263 | 7. Foucault e a análise dos conceitos
283 | 8. Sobre epistemologia e arqueologia: de Canguilhem a Foucault

303 | Apêndice: Foucault, psicanálise e prazer
313 | Créditos
315 | Índice remissivo

PREFÁCIO

Os ensaios que compõem este livro foram escritos, de modo mais ou menos independente uns dos outros, ao longo de muitos anos. Todos vêm de palestras que dei, e são marcados pelas ocasiões em que foram apresentados. Não tentei apagar sua característica oral ou retirar uma pequena quantidade de repetições que aparecem em ensaios correlatos. Como o ensaio/palestra tem sido minha forma natural de expressão, resisti ao impulso de fazer com que este livro caminhasse no sentido contrário à sua natureza. Embora cada um possa ser lido de modo independente dos outros, estes ensaios com certeza devem dar sustentação uns aos outros, e em muitos casos há argumentos que são desenvolvidos longamente em um ensaio, estando apenas indicados em outros. Como acredito que há íntima ligação entre meu ponto de vista filosófico e minhas interpretações históricas, a divisão deste livro em duas partes distintas (Ensaios 1-4 e Ensaios 5-8) é artificial, ainda que não seja arbitrária. De fato, a peculiaridade de algumas afirmações centrais de meu relato histórico decorre da posição metodológica desenvolvida, e, sem a abordagem específica da epistemologia histórica, não vejo como seria possível o foco histórico aqui articulado. Com o aparato metodológico descrito na segunda metade deste livro, torna-se possível um ângulo de abordagem muito particular da história da sexualidade, um ponto de entrada muitas vezes invisível tanto para historiadores da ciência quanto para historiadores culturais da sexualidade. Tornar esse tipo de história da sexualidade visível e justificável dependia de compreender a especificidade e as virtudes daquilo que denominei «epistemologia histórica». Além disso, de acordo com meu ponto de vista, o valor de muitas das minhas afirmações epistemológicas encontra suporte direto nos ensaios históricos; e as interpretações históricas demonstram, em um caso específico, o escopo dos benefícios que podem derivar desse ponto de vista epistemológico.

Em cada parte deste livro há um ensaio que, à primeira vista, parece bastante distante dos demais — «O horror dos monstros» na primeira parte e «A epistemologia do indício distorcido» na segunda. Se os três primeiros ensaios tratam principalmente da história de conceitos e do raciocínio científico, o tipo de história das emoções esboçada em «O horror dos monstros» me parece começar a preencher uma lacuna na ambição geral desta primeira parte — a saber, compreender a constituição de nossa experiência de normatividade e seus desvios. Em «O horror dos monstros», eu mudo meu foco da história do raciocínio científico sobre o normal e o patológico para a relação entre a explicação científica e a avaliação moral e teológica. Nossa experiência de normatividade, estruturada tanto por conceitos científicos quanto por julgamentos morais, deve ser localizada não apenas em uma única dimensão.

Uma segunda questão levantada pelos ensaios da primeira parte deste livro diz respeito a minhas afirmações sobre a psicanálise e, mais em específico, sobre se elas são ou não compatíveis com a atitude aparentemente muito diversa de Michel Foucault em relação à psicanálise. Concordo com Georges Canguilhem quando diz que ainda não temos uma avaliação convincente e detalhada da relação de Foucault com a psicanálise e, na verdade, creio que só agora, com a publicação de *Dits et écrits* [*Ditos e escritos*], que reúne muitas discussões breves porém cruciais sobre a psiquiatria e a psicanálise, estamos em condições de escrever essa avaliação. Em *A vontade de saber*, em que Foucault parece insistir na continuidade entre a psicanálise e as técnicas cristãs das confissões da carne, seu foco principal está nos efeitos do poder produzido pela psicanálise e no modo como a psicanálise se encaixa na longa história das relações de poder apresentada pela vontade de saber. Ele quase não se ocupa da estrutura conceitual nem da estrutura das práticas discursivas peculiares à psicanálise. Os interesses arqueológicos cederam a primazia aos interesses genealógicos.[1] Porém, mesmo levando isso em conta, gostaria de destacar neste prefácio uma passagem de *A vontade de saber* que dificulta a interpretação a ser dada a Foucault e que deveria também auxiliar a especificar com maior precisão uma das diferenças entre minhas afirmações e as afirmações de Foucault, ao mesmo tempo que indica que nossas abordagens não são, no fim das contas, incompatíveis. Como observou o próprio Canguilhem, o Capítulo 4 da Parte IV de *A vontade de saber* contém uma importante passagem em que Foucault distingue a psicanálise da psiquiatria médica do século XIX da maneira como ela vinha se desenvolvendo. No início desse capítulo, Foucault discute o conjunto perversão-hereditariedade-degeneração que, segundo ele, constituía o «núcleo sólido das novas tecnologias do sexo» no século XIX, e que já representava uma importante transformação dos métodos praticados pelo cristianismo, sem ser inteiramente independente desses métodos.[2] Foucault então passa a descrever aquilo que chama de «posição singular da psicanálise» (*la position singulière de la psychanalyse*), porém as observações que ele faz serão ininteligíveis para quem lê o texto em inglês, já que a tradução se refere à «estranha posição da psiquiatria».[3] O que Foucault pretende aqui é distinguir a psicanálise da psiquiatria, e afirmar que a psicanálise efetuou uma «ruptura» com o «grande sistema da degeneração».[4] Independentemente das críticas que se possa ter à psicanálise, dentre as tecnologias do século XIX que se encarregavam de medicalizar o sexo, a psicanálise

---

1 | Georges Canguilhem, «Introduction to *Penser la Folie: Essais sur Michel Foucault*». In: DAVIDSON, Arnold I. (Org.), *Foucault and His Interlocutors*. Apres. Arnold I. Davidson. Chicago: University of Chicago Press, 1997. Uma discussão útil sobre a relação de Foucault com a psicanálise em *História da loucura* e *A vontade de saber* pode ser encontrada em Ernani Chaves, *Foucault e a psicanálise*. Rio de Janeiro: Forense Universitária, 1988. No entanto, ao discutir as passagens de *A vontade de saber* que citarei, a interpretação de Chaves não deixa claras as diferenças entre os projetos arqueológico e genealógico de Foucault e o leva a uma caracterização equivocada do significado das observações de Foucault sobre a psicanálise.
2 | Michel Foucault, *Histoire de la sexualité*, vol. 1: *La Volonté de savoir*. Paris: Gallimard, 1976. p. 157. [Ed. bras.: *A história da sexualidade*, vol. 1: *A vontade de saber*. 2. ed. Rio de Janeiro: Paz e Terra, 2015.]
3 | Id., *The History of Sexuality*, vol. 1: *An Introduction*. Nova York: Pantheon Books, 1978. p. 119.
4 | Id., *La Volonté de savoir*, op. cit., p. 157.

era aquela que «rigorosamente se opunha aos efeitos políticos e institucionais do sistema perversão-hereditariedade-degeneração».[5] Percebe-se de modo inequívoco nessa discussão o foco de Foucault nas dimensões políticas e institucionais do problema, nas tecnologias de poder que são parte do regime de biopoder, o que é coerente com seus interesses genealógicos. No entanto, mesmo nesse nível de análise, a psicanálise, de acordo com ele, marca uma «ruptura» no que diz respeito às tecnologias políticas existentes. Embora Foucault não esteja interessado, como eu, na especificidade do espaço conceitual psicanalítico, é notável que ele escolha o sistema perversão-hereditariedade-degeneração como o ponto de ruptura entre a psicanálise e a psiquiatria. Pois, não apenas no nível das tecnologias de poder, como também nos níveis das práticas discursivas em si, esse mesmo sistema de perversão-hereditariedade-degeneração representa uma descontinuidade fundamental entre a psiquiatria e a psicanálise. Meu argumento no terceiro ensaio, preparado longamente no primeiro, é que o conceito psiquiátrico do instinto sexual é um componente fundamental do sistema perversão-hereditariedade-degeneração, e que o modo como Freud modifica essa noção, não apenas política mas também conceitualmente, constituiu, da perspectiva de algo como a análise arqueológica de Foucault, aquilo que se pode considerar como uma revolução no estilo de raciocinar. O próprio Foucault não faz nenhuma afirmação desse tipo, já que essa não era a dimensão de análise que o interessava em *A vontade de saber*. Mas ele não diz nada que seja incompatível com esse argumento, e na verdade deixa espaço mais do que suficiente para que se articule e se defenda tal ponto.

Na segunda metade deste livro, meu ensaio «A epistemologia do indício distorcido», centrado na historiografia de Carlo Ginzburg, levanta questões sobre o uso de indícios que nenhuma epistemologia histórica pode se dar o luxo de ignorar. É possível sentir, de início, uma tensão entre esse ensaio e aqueles em que escrevo do ponto de vista da tradição francesa da epistemologia histórica, como se eu fosse pego entre duas concepções irreconciliáveis de indícios, de provas históricas e até mesmo de verdade, uma das quais, para dizer da maneira mais crua possível, é mais

5 | Ibid., p. 158.

ou menos absolutista, enquanto a outra é completamente relativista. Eu mesmo não percebo nenhum conflito irreconciliável, como algumas pessoas viram, entre minha admiração pelo trabalho de Ginzburg e a contínua invocação a Foucault, e não creio que a distinção absolutista/relativista indique qualquer fronteira decisiva nisso que outros transformaram praticamente em uma batalha maniqueísta. Creio que a discussão relevante aqui, entre condições de validade e condições de possibilidade, oferece auxílio crucial na resolução da tensão sentida inicialmente.

As questões relativas a indícios, provas e verdade no ensaio sobre Ginzburg dizem respeito às *condições de validade*, ao modo como determinar se dada afirmação é verdadeira ou falsa. As questões relacionadas a verdade, conceitos e raciocínio nos capítulos de inspiração mais foucaultiana dizem respeito às *condições de possibilidade*, ao modo como uma afirmação se torna uma candidata possível tanto à veracidade quanto à falsidade.[6] É preciso distinguir entre esses dois níveis de condições para ver como se reconcilia a epistemologia histórica com os tipos de afirmações historiográficas feitas por Ginzburg. Em poucas palavras, dentro do espaço conceitual articulado por um estilo de raciocínio, o qual permitirá que um amplo escopo de afirmações possam ser verdadeiras ou falsas, as condições de validade para uma afirmação em particular podem ser bastante objetivas. Penso que, embora o estilo psiquiátrico de raciocínio tenha de fato criado novas categorias de afirmações verdadeiras e falsas, dentro dessas novas condições de possibilidade havia critérios consensuais e ampla concordância sobre como determinar, por exemplo, que a afirmação de que alguém sofria de uma perversão sexual era verdadeira. As condições de validade para uma afirmação em particular podem ser objetivas, independentemente de mudanças políticas e ideológicas, mesmo que se diga que, em outro nível, aqueles estilos de raciocínio e os espaços conceituais associados a ele podem (ainda que isso seja relativamente raro) passar por transformações radicais. Ginzburg quer combater a visão de que a verdade é apenas uma noção ideológica, baseada em interesses políticos específicos e redutível a relações de poder, como se as provas

---

6 | Sobre esse tema, ver Ian Hacking, «Language, Truth, and Reason». In: HOLLIS, Martin; LUKES, Steven (Orgs.), *Rationality and Relativism*. Cambridge: MIT Press, 1982.

históricas fossem uma expressão superficial das relações de força. Não vejo nada na versão da epistemologia histórica defendida por mim que seja fundamentalmente contrário ao tipo de argumento desenvolvido em «A epistemologia do indício distorcido». Nem estilos de raciocínio nem espaços conceituais são simples expressões de interesses sociais, e, como se poderia esperar, meus relatos históricos virtualmente não contêm história social. É por esse motivo que acho o rótulo «construção social» absolutamente inadequado como descrição de meu trabalho. Ao se levar em conta essa distinção entre condições de validade e condições de possibilidade, percebe-se que a suposta dicotomia intransponível foi mal colocada, que é uma decorrência de divisões bastante imperfeitas e deslocadas.

Evidentemente é verdade que muitas pessoas parecem crer que o uso da obra de Foucault *exige* a rejeição de um tipo de prática histórica que pode ser tido como mais tradicional, uma visão que continua me parecendo bizarra e que é contrária a tudo que ouvi Foucault dizer. Alguns historiadores rejeitaram Foucault. Foucault rejeitou o trabalho de alguns historiadores, porém as motivações filosóficas do trabalho dele coexistiam com um interesse vital pela escrita da história tal como feita pelos historiadores.

Caso eu fosse forçado a resumir minha abordagem da história da sexualidade (deixando de lado questões relativas a horror e monstros) e tivesse de dizer como fiz uso da epistemologia histórica nesta abordagem (deixando de lado questões relativas a indícios), creio que diria algo parecido com o que se segue. Não é por termos passado a nos preocupar com nossa verdadeira sexualidade que surge no século XIX uma ciência da sexualidade; pelo contrário, foi o surgimento de uma ciência da sexualidade que tornou possível, até mesmo inevitável, que começássemos a nos preocupar com nossa verdadeira sexualidade. Assim, nossa existência se tornou uma existência, saturada com as promessas e as ameaças da sexualidade. A epistemologia histórica tenta demonstrar como essa nova forma de experiência que chamamos de «sexualidade» está ligada ao surgimento de novas estruturas de conhecimento, em especial a um novo estilo de raciocínio e a conceitos empregados nele.

Se este livro, em sua totalidade, parece por vezes se situar entre várias disciplinas, então ele atingiu um de seus objetivos. A ideia de que as disciplinas acadêmicas devem ser mantidas puras me parece ter produzido um enorme desperdício de energia — e uma quantidade ainda maior de trabalhos ruins. Embora eu sempre trabalhe dentro da filosofia, os escritos e as críticas de colegas de fora da filosofia com certeza tornaram este livro melhor.

Uma última palavra sobre fontes e traduções. Os ensaios deste livro escritos há mais tempo fazem uso de traduções-padrão de textos para o inglês. Com o passar do tempo, comecei a suspeitar cada vez mais de muitas traduções para o inglês, e cada vez mais fiquei obcecado pela precisão conceitual na tradução. Portanto os últimos ensaios, que de qualquer modo foram apresentados inicialmente em francês, contêm traduções pelas quais apenas eu posso ser responsabilizado, e ignoram solenemente o fato de que, em alguns casos, existem traduções canônicas para o inglês.

As dívidas que acumulei ao escrever este livro são consideráveis. Alguns dos ensaios contêm agradecimentos específicos, mas não há melhor momento para reconhecer algumas dívidas que ainda tenho com lugares e pessoas. Sou grato ao Centro de Humanidades da Universidade de Stanford, ao Instituto de Humanidades da Universidade do Michigan e ao Wissenschaftskolleg, de Berlim, pelas bolsas que ajudaram a sustentar este trabalho. E sou grato à Universidade de Chicago pelo contínuo apoio dado à minha pesquisa. A equipe de pesquisa da Divisão de História da Biblioteca Nacional de Medicina ofereceu um auxílio crucial desde o princípio.

Entre os historiadores da ciência, Mario Biagioli, Lorraine Daston e Peter Galison desempenharam papel importante ao me auxiliar a extrapolar fronteiras disciplinares entre a filosofia e a história da ciência. As conversas com cada um deles contribuíram de diversos modos para a escrita deste livro. Além disso, Peter Galison foi, em certo sentido, meu primeiro verdadeiro colega quando comecei a lecionar em Stanford, e nossas conversas continuaram ininterruptamente desde então.

Na Universidade de Chicago, meus colegas do Departamento de Filosofia e do Comitê das Fundamentações Conceituais da Ciência criaram aquela rara atmosfera em que se pode de fato trabalhar. Sou especialmente grato a Dan Brudney e Jan Goldstein pelos muitos anos de discussão sobre os assuntos deste livro. Eu me beneficio dos conselhos intelectuais de Dan Brudney há mais de vinte anos. Não consigo mais me imaginar sem a combinação de provocação intelectual e diversão que meus colegas editores do *Critical Inquiry* e sua extraordinária equipe ofereceram. Tom Mitchell e Joel Snyder, muitas vezes os dois juntos, discutiram comigo sobre virtualmente todos os assuntos possíveis. Sem minhas conversas diárias com Tom Mitchell, a vida cotidiana teria sido muito menos suportável.

David Halperin e David Wellbery tiveram papel significativo no desenvolvimento inicial de algumas dessas ideias. Não fosse pelo apoio inicial de Ian Hacking e pela ajuda que recebi dele e de seus escritos, duvido que eu tivesse sido capaz de realizar este trabalho. As discussões com Hilary Putnam ao longo de muitos anos têm sido infalível fonte de inspiração. Nos últimos cinco anos, conversas inacabáveis por telefone com Jim Conant sobre todo tema imaginável ofereceram coerência, sanidade e um prazer intelectual infinito. Stanley Cavell desempenhou um papel singular no desenvolvimento de meu trabalho; embora sua influência seja explicitada nestas páginas com frequência, praticamente não há nada que possa indicar de maneira adequada a profundidade e a extensão dessa influência. De meus colegas franceses, quero destacar François Delaporte e Sandra Laugier pelos anos de debates úteis. Em uma época mais recente, mesmo quando meu trabalho estava bastante distante do dele, Pierre Hadot me trouxe benefícios imensos, e fico feliz de ter podido reviver os primeiros ensaios dele sobre Wittgenstein nestas páginas. Alunos, tanto de pós-graduação quanto de graduação, da Universidade de Stanford, da Universidade de Princeton, da Universidade da Califórnia em Davis e da Universidade de Chicago, assim como plateias de dezenas de universidades, tiveram tanta influência sobre este trabalho que mal posso calculá-la.

Grande parte do trabalho deste livro foi realizada em lugares fora de Chicago — Paris, Florença, Berlim, Barcelona, Lisboa, Rio de Janeiro. Muitos anos atrás comecei a usar as grandes livrarias do mundo como substitutas para bibliotecas de pesquisa. Assim, sou grato à Marzocco e à Libreria Francese em Florença, La Procure e Compagnie em Paris, Romänische Bucchandelung em Berlim, Libraria Laie em

Barcelona, Livraria de Portugal em Lisboa e Contra Capa no Rio de Janeiro por oferecerem oportunidades de pesquisa muitas vezes necessárias. Felizmente, a livraria mais extraordinária do mundo fica a apenas duzentos metros de meu apartamento em Chicago, e sou profundamente grato à Seminary Cooperative Bookstore e a seu gerente, Jack Cella, por responder a um número infinito de perguntas.

Os períodos mais felizes de trabalho neste livro foram passados em Travalle, na Itália, e, se não fosse pela hospitalidade e pela generosidade de Arnolfo e Renata Biagiole, essa felicidade teria sido inimaginável.

Meus pais mantiveram seu apoio, mesmo diante de minhas idiossincrasias e inconveniências, que nem sempre foram fáceis de tolerar.

Como meu desejo por escrever meus próprios livros é quase sempre soterrado por meu interesse em ler os livros de outras pessoas, em parte devo a existência deste livro aos amigos que repetidamente me incitaram a escrevê-lo. E não posso deixar de mencionar os anos de apoio intelectual e moral de Lindsay Waters, assim como sua persistência.

Este livro é dedicado a duas pessoas — a Diane Brentari, por todas as razões concebíveis, e a quem só posso repetir as palavras de Vergílio Ferreira: «O vocabulário do amor é restrito e repetitivo, porque sua melhor expressão é o silêncio. Mas é deste silêncio que nasce todo o vocabulário do mundo»; e a Michel Foucault, que com seus escritos, suas conversas e seu incentivo tantos anos atrás me fez pensar pela primeira vez que talvez eu tenha algo a dizer.

O SURGIMENTO DA SEXUALIDADE

1. FECHANDO OS CADÁVERES[1]

I

Em *O nascimento da clínica*, Michel Foucault mapeia o surgimento e os efeitos da conjunção entre anatomia patológica e medicina clínica, e enfatiza a impor-

---

1 | Este ensaio foi publicado inicialmente em uma coletânea em homenagem a Hilary Putnam e trata de questões que remontam à famosa discussão feita por Putnam sobre verdades analíticas e *a priori* em «It Ain't Necessarily So», em 1962. Em uma série de ensaios publicada na década de 1970, Putnam estende e desenvolve a discussão, e seus argumentos são diretamente relevantes para minhas motivações filosóficas de escrever uma história dos conceitos e das teorias da psiquiatria. Apresento aqui um estudo de caso estendido do modo como o *status* das afirmações é relativo a um corpo de conhecimento, aquilo que denomino de «estilo de raciocínio». Mais especificamente, quero demonstrar que algumas afirmações não podem sequer ser concebidas sem o desenvolvimento de um novo estilo de raciocínio. Assim, a própria possibilidade de conceber certas afirmações como parte do domínio do conhecimento científico depende da formação historicamente específica de novos conceitos, e de novas formas de raciocínio e argumentação. Portanto, espero começar a demonstrar como a história dos conceitos é relevante para problemas sobre o *status* epistemológico de afirmações científicas.
Dentre os artigos de Putnam mais centrais para minhas motivações, ver especialmente «It Ain't Necessarily So». In: PUTNAM, Hilary, *Mathematics, Matter, and Method, Philosophical Papers*. Cambridge: Cambridge University Press, 1975, v. 1; e «'Two Dogmas' Revisited», «There Is at Least One *A Priori* Truth» e «Analyticity and Apriority: Beyond Wittgenstein and Quine». In: PUTNAM, Hilary, *Realism and Reason, Philosophical Papers*. Cambridge: Cambridge University Press, 1983. v. 3.
Sou grato a Michael Lavin, a John McNees e a Alan Stone pelos comentários a uma versão anterior deste ensaio. Tenho duas dívidas de gratidão especiais. Algumas conversas com Michel Foucault em 1976 foram cruciais para me ajudar a conceitualizar essas questões. E certas discussões com Ian Hacking contribuíram para este ensaio de uma infinidade de modos.

tância da anatomia patológica como fundação para a descrição e a classificação de doenças.[2] No início do século XIX, afirmações como a de Bouillaud em sua *Philosophie médicale* [Filosofia médica] determinariam o destino da medicina:

> Se há um axioma na medicina, certamente é a proposição segundo a qual não há doença sem uma sede. Caso alguém admitisse opinião contrária, teria também de admitir que existem funções sem órgãos, o que é um absurdo evidente. A determinação da sede da doença ou sua localização é uma das mais importantes conquistas da medicina moderna.[3]

A história dessa bela conquista está repleta de surpresas e ironias e ainda não foi integralmente contada. Mas podemos resumir o entusiasmo esperançoso e revolucionário dos anatomistas patológicos com as palavras de Bichat:

> Por vinte anos, desde a manhã até a noite, você fez anotações à beira do leito de pacientes sobre afecções do coração, dos pulmões e das vísceras gástricas, e tudo parece confuso quanto aos sintomas que, ao se recusarem a dizer qual é seu significado, lhe oferecem uma sucessão de fenômenos incoerentes. Abra uns poucos cadáveres: imediatamente você dissipará a escuridão que a observação por si só não foi capaz de dissipar.[4]

E assim Foucault conclui que «a grande ruptura na história da medicina ocidental data precisamente do momento em que a experiência clínica se transformou no olhar anatomoclínico».[5]

---

2 | Michel Foucault, *The Birth of the Clinic*. Nova York: Vintage Books, 1973. [Ed. bras.: *O nascimento da clínica*. 7. ed. Rio de Janeiro: Forense Universitária, 2015.]
3 | Citado em ibid., p. 140.
4 | Bichat, *Anatomie générale*, citado em ibid., p. 146.
5 | Ibid.

Uma das grandes rupturas da psiquiatria ocidental ocorre precisamente durante o período em que o olhar anatomoclínico se encontra em declínio contínuo. O surgimento da psiquiatria, no século XIX, como disciplina médica autônoma e especificamente sua autonomia em relação à neurologia e à patologia cerebral são, em parte, a história desse declínio. A anatomia patológica não poderia servir à psiquiatria nem como teoria que auxiliasse a explicar as chamadas doenças ou transtornos mentais nem como fundação para a classificação e a descrição dessas doenças. Mas o desaparecimento gradual e virtualmente anônimo da anatomia patológica na psiquiatria não é apenas a história do declínio. Pois com esse declínio sobreveio a proliferação de todo um grupo de novas doenças e de novas categorias de doenças, uma revitalização e uma reelaboração das nosologias, e suas consequências nos marcam ainda hoje. A mais importante dessas novas categorias de doenças foi a classe das doenças funcionais, das quais a perversão sexual e a histeria eram os exemplos de maior destaque. Embora a esperança de que essas doenças funcionais se submetessem à anatomia patológica tenha resistido por muito tempo, mesmo depois de não haver nenhum indício que levasse a essa esperança, na prática clínica, e depois também na teoria, essas doenças podiam ser plenamente descritas como desvios funcionais de algum tipo; no caso da perversão sexual, por exemplo, a pessoa se deparava com um desvio funcional ou anormalidade do instinto sexual. Admitir puros desvios funcionais como doenças era criar toda uma nova espécie de indivíduos doentes, e alterar radicalmente os conceitos que temos de nós mesmos.

Neste ensaio, eu me concentro nas doenças da perversão sexual e tento demonstrar como a história dessa categoria de doenças está interligada com a queda da anatomia patológica. Os resultados dessa história determinam alguns de nossos conceitos de doença mental, como fica demonstrado, por exemplo, na terceira edição do *Manual diagnóstico e estatístico* da Associação Americana de Psiquiatria. Mais importante, os efeitos dessa história ajudaram a determinar como nós nos categorizamos e contribuíram para nossa atual epistemologia do sujeito. Somos todos potenciais pervertidos. Como isso veio a acontecer?

II

É conveniente dividir a história da perversão sexual em três fases, cada uma delas dependendo de uma compreensão diferente sobre o que se pensava que essas doenças afligiam. Talvez seja melhor pensar em cada fase como sendo caracterizada por um modo ou forma diferente de explicação, sendo que a terceira fase constitui uma ruptura decisiva com as duas primeiras, uma vez que inaugura um estilo de raciocínio completamente novo sobre a perversão. Na primeira fase, de menor duração, acreditava-se que a perversão era uma doença dos órgãos reprodutivos ou genitais, uma doença cuja base era alguma anormalidade anatômica desses órgãos. A segunda fase, embora na prática clínica as perversões fossem reconhecidas como anormalidade do instinto sexual, insistia que a psicofisiologia do instinto sexual (e portanto também de suas doenças) seria um dia, com o avanço do conhecimento, entendida em termos de neurofisiologia e de neuroanatomia do cérebro. Essas primeiras duas fases explicativas compartilhavam um compromisso com o estilo de raciocínio anatomopatológico. A terceira fase compreende as perversões como puros desvios funcionais do instinto sexual, que não podem ser reduzidos a uma patologia cerebral. As perversões deviam ser vistas e tratadas no nível da psicologia, não no nível maior da anatomia patológica. O estilo psiquiátrico de raciocínio surge clara e definitivamente nessa terceira fase.

É óbvio que essa divisão estrutural em três fases não coincide de modo exato com a cronologia histórica; as três formas de explicação com frequência foram usadas em conjunto, às vezes em um mesmo artigo. Mas é possível distinguir entre elas, e fazer essa distinção nos ajudará em nossa compreensão. Mais especificamente, a segunda e a terceira fases não podem ser separadas por uma fronteira que se consiga datar com precisão. Na verdade, essas duas fases se sobrepõem, a ponto de muitos dos psiquiatras que são os grandes responsáveis por nossa concepção atual das perversões estarem também ligados ao predomínio da patologia cerebral. Assim, embora por motivos analíticos e historiográficos devamos separar cuidadosamente essas duas últimas fases, um relato histórico não mostrará uma divisão tão clara.

Entre 1870 e 1905, a psiquiatria se viu entre dois conjuntos de conceitos: um deles se alinhava à neurologia, o outro à psicologia. A maior parte das categorias de doenças psiquiátricas, incluindo as perversões, acompanhou os movimentos dessa batalha que tentava decidir qual tipo de ciência a psiquiatria deveria ser. O fato de que a maior parte dos psiquiatras europeus no fim do século XIX tinha formação como neurologistas significava que eles prestavam tributo, pelo menos teórico, à sua disciplina de origem. Mas não foram considerações apenas biográficas que levaram as ciências neurais a ter um apelo constante. Durante esse período, ninguém sabia de fato qual seria o significado de conceber doenças como a perversão em termos puramente funcionais. Seria como admitir funções sem órgãos, o que, como Bouillaud nos lembra, era um evidente absurdo. Assim, o domínio da anatomia patológica continuou mascarando o fato de que esse evidente absurdo já era uma realidade. Na verdade, as declarações desses anatomistas do cérebro quase não afetaram a descrição e a classificação das perversões. Praticamente desde que a psiquiatria surgiu como disciplina acadêmica, as doenças funcionais eram uma parte reconhecida da experiência clínica. As teorias sobre a neuropatologia do cérebro não tinham efeitos clínicos; elas eram parte de um espaço conceitual quase inútil. Portanto, embora possamos, e devamos, distinguir entre as perversões como desvios funcionais em última instância redutíveis a doenças cerebrais e as perversões como doenças puramente funcionais, caso observemos as *descrições* dos que defendem o segundo e o terceiro modos explicativos, veremos que são praticamente idênticas. A real ruptura, o novo estilo de raciocínio, deve ser localizado no ponto em que o instinto sexual e suas doenças funcionais passaram a ser correlacionados. As doenças funcionais eram doenças de algo — não de um órgão, mas de um instinto.[6]

---

6 | Ver, por exemplo, as breves observações de Michel Foucault em «The Confession of the Flesh». In: _____. *Power/Knowledge*. Nova York: Pantheon Books, 1980. pp. 221-2.

III

Em um dos primeiros artigos sobre o que viemos a chamar de perversões, provavelmente o primeiro artigo em francês, o dr. Michea examina o caso do sargento Bertrand, acusado de ter violentado cadáveres femininos.[7] Embora, como em todas as discussões anteriores a 1870, Michea se ocupe sobretudo da questão da responsabilidade legal e moral de Bertrand por suas ações, o artigo se distingue pelo fato de que considera, de passagem, a classificação daquilo que denomina *les déviations maladives de l'appétit vénérien* [desvios doentios do apetite venéreo]. Ele classifica esses desvios em quatro tipos, de acordo com sua frequência: primeiro, o amor grego, o amor de um indivíduo por alguém de seu próprio sexo; segundo, a bestialidade; terceiro, a atração por um objeto inanimado; e quarto, a atração por cadáveres humanos.[8] O artigo de Michea é importante porque sua conclusão não é que Bertrand sofre de vampirismo ou monomania destrutiva, e sim de algum desvio do apetite venéreo, algum tipo de monomania erótica. Argumentos desse tipo foram cruciais para que houvesse base para isolar as doenças da sexualidade como entidades mórbidas distintas, o que fez com que elas não fossem reduzidas a meros efeitos de outros processos doentios prévios. Porém, para nossos propósitos, o aspecto mais interessante do curto artigo de Michea está na discussão que ele faz sobre o «amor grego», a que ele dedica, de longe, a maior porção de seu texto. (Na verdade, Michea afirma que, nos registros judiciais, só existe um caso anterior de atração por cadáveres humanos, a doença de que Bertrand supostamente sofre.) Depois de afirmar que o amor grego deve ser visto como um desvio doentio do apetite venéreo, Michea se pergunta qual poderá ser a explicação para essa estranha doença. Sua explicação se baseia na obra de Weber, um professor de anatomia e fisiologia, que recentemente havia descrito, em muitos detalhes, a localização e a anatomia do «útero masculino». Michea ressalta que a descrição feita por Weber do útero masculino já foi utili-

---

7 | Michea, «Des déviations maladives de l'appétit vénérien», *Union Médicale* 17, jul. 1849. O caso do sargento Bertrand provocou várias discussões, sendo a de Michea a mais instrutiva.
8 | Ibid., p. 339.

zada com sucesso por Akermann para explicar um hermafrodita.[9] Com base nessa aplicação bem-sucedida da descoberta anatômica de Weber, Michea conclui:

> Caso esses fatos anatômicos se confirmem, caso, acima de tudo, alguém viesse a descobrir que o útero masculino pode, em certas ocasiões, se desenvolver mais e em outras vezes menos, talvez essa pessoa tivesse motivos para estabelecer uma relação de causalidade entre esses fatos e as tendências femininas que caracterizam a maioria dos indivíduos que praticam o amor grego.[10]

Nada poderia ser mais natural do que esperar que essas tendências femininas tivessem base anatômica; e nada poderia oferecer uma base anatômica mais apropriada do que um útero masculino. O útero, aquele órgão feminino quase sempre afligido por doenças, era também responsável pelos desvios masculinos!

Embora talvez seja extraordinária em alguns de seus detalhes, a forma da explicação de Michea não é tão incomum quanto se poderia imaginar. Escrevendo em inglês em 1888, J. G. Kiernan dá grande ênfase aos fatos biográficos da sexualidade e do hermafroditismo nas ordens de vida inferiores.[11] Ao combinar esses fatos com o dado de que o embrião humano originalmente não apresenta diferenciação sexual, Kiernan se propõe a explicar as perversões sexuais de acordo com um «princípio de atavismo»:[12]

> A bissexualidade original dos ancestrais da raça demonstrada pelos órgãos femininos rudimentares do macho não poderia deixar de ocasionar reversões funcionais, se não orgânicas, quando

9 | Ibid.
10 | Ibid.
11 | J. G. Kiernan, «Sexual Perversion and the Whitechapel Murders», *The Medical Standard* 4, n. 5, nov. 1888, pp. 129-30; e 4, n. 6, dez. 1888, pp. 170-2.
12 | A frase «princípio de atavismo» é usada por Morton Prince em sua discussão e crítica de Kiernan e de visões semelhantes em «Sexual Perversion or Vice? A Pathological and Therapeutic Inquiry», *Journal of Nervous and Mental Diseases*, abr. 1898. Reimpresso em *Psychotherapy and Multiple Personality: Selected Essays*. Cambridge: Harvard University Press, 1975. pp. 89-90.

manifestações mentais ou físicas se somam a doenças ou defeitos congênitos.[13]

Ou, como ele diz mais adiante: «Machos podem nascer com genitais exteriores femininos e vice-versa. Os animais inferiores são bissexuais e os vários tipos de hermafroditismo são mais ou menos reversões completas ao tipo ancestral».[14]

Escrevendo um ano mais tarde na *Medical and Surgical Reporter*, G. Frank Lydston elabora as observações e hipóteses de Kiernan:

> Para o homem e para a mulher saudáveis é intrigante compreender como as práticas do pervertido sexual podem ser gratificantes para ele. Se considerado à luz da reversão de tipo, porém, o assunto causa perplexidade muito menor. O fato de o subdesenvolvimento, ou de um desenvolvimento incompleto, dos órgãos sexuais estar associado à perversão sexual não é nem um pouco surpreendente; e, quanto mais o indivíduo se aproxima do tipo do desenvolvimento fetal que existe antes do início da diferenciação sexual, mais nítida será a aberração da sexualidade.[15]

Seja com o desenvolvimento excepcional do útero masculino, seja pela falha no desenvolvimento da diferenciação sexual, os 42 anos que separam Michea e Lydston persistem nas explicações anatomopatológicas para as perversões. O ideal explanatório aqui é o do hermafroditismo físico. Como era natural supor que toda desordem comportamental tivesse base orgânica, e como as manifestações comportamentais em questão eram doenças da sexualidade, parecia inevitável que os próprios órgãos sexuais devessem ser a sede das perversões. E não foi por acaso que a vasta maioria dos casos de perversão relatados clinicamente foi de casos de «instinto sexual contrário» ou homossexualidade. Órgãos masculinos levavam a

13 | Kiernan, op. cit., p. 129.
14 | Ibid., p. 130.
15 | G. Frank Lydston, «Sexual Perversion, Satyriasis, and Nymphomania», *Medical and Surgical Reporter* 61, n. 10, 7 set. 1889, pp. 253-8; e 61, n. 11, 14 set. 1889, pp. 281-5. A citação é da p. 255.

comportamento masculino, e órgãos femininos, a comportamento feminino. Investigar a anatomia dos órgãos poria a ciência comportamental sobre uma fundação segura. Nunca ficou claro como esse ideal explanatório do hermafroditismo físico deveria explicar as demais perversões. Mas essas outras perversões eram suficientemente raras em comparação com o instinto sexual contrário para poderem ser negligenciadas, pelo menos de início, sem maiores preocupações. Esse estilo direto de anatomia patológica desejava ligar as anormalidades comportamentais dos pervertidos a alguma deformidade (ou deficiência) física grosseira dos órgãos reprodutivos, e nesse sentido um elo causal nítido e epistemologicamente satisfatório seria estabelecido entre os órgãos e as funções. A anatomia do corpo seguiria tendo posição suprema na explicação.

Para os médicos, esse fisicalismo brutal era um grande consolo, e eles insistiam na capacidade que sua ciência tinha de explicar até mesmo os atos mais bizarros. Essa atitude é expressa claramente por Lydston, cujo artigo foi lido pela primeira vez em uma palestra sobre clínica na Faculdade de Médicos e Cirurgiões em Chicago, Illinois. Eis uma passagem sintética:

> Até recentemente, o tema vinha sendo estudado apenas do ponto de vista do moralista, e, em função da indisposição dos cientistas da medicina em estudar o assunto, o infeliz conjunto de indivíduos caracterizados pela sexualidade pervertida tem sido visto à luz de sua responsabilidade moral e não *como vítimas de um defeito físico e incidentalmente de um defeito mental*. Para nós, como átomos do tecido social, com certeza é muito menos humilhante podermos atribuir a degradação desses pobres infelizes a uma causa física do que a uma maldade intencional sobre a qual eles têm, ou deveriam ter, controle volitivo. Mesmo o moralista deveria encontrar certa satisfação no pensamento de que muitos pervertidos sexuais são fisicamente anormais e não leprosos morais [...] o pervertido sexual é em geral uma aberração física — uma *lusus naturae*.[16]

16 | Ibid., p. 253 (grifo meu). Ver também E. Gley, «Les Aberrations de l'instinct sexuel», *Revue Philosophique*, jan. 1884, pp. 88-9.

A maior parte dos casos de instinto sexual contrário relatados na literatura médica do século XIX registra explicitamente a anatomia dos órgãos reprodutivos desses pacientes infelizes. E, para consternação dos anatomistas patológicos, a conclusão é sempre a mesma — órgãos genitais normais; sem malformações físicas dos órgãos reprodutivos. A capacidade do hermafroditismo físico de explicar a homossexualidade não era maior do que no caso das demais perversões. Esse nível mais grosseiro de anatomia se revelou, nesse campo, um espaço explanatório inútil. Julien Chevalier chegou à surpreendente conclusão correta quando escreveu sobre a «inversão sexual» em 1885: «Ela se caracteriza pela ausência de lesões anatomopatológicas dos órgãos sexuais».[17] Porém, para sobreviver a essa afirmação espantosa, a anatomia patológica precisava se refugiar. E ela rapidamente encontrou um abrigo no cérebro.

IV

Na segunda edição de seu aclamado *Mental Pathology and Therapeutics* [Patologia mental e terapêutica], Wilhelm Griesinger, titular da primeira cátedra de psiquiatria na Alemanha e fundador da revista *Archiv für Psychiatrie und Nervenkrankheiten*, começava com a seguinte declaração:

> O primeiro passo em direção a um conhecimento dos sintomas [da insanidade] é sua localização — a que órgão pertencem as indicações da doença? Qual órgão deve necessária e invariavelmente estar adoentado quando há loucura? A resposta a essas perguntas deve vir antes de qualquer outro progresso no estudo da doença mental.
> Fatos fisiológicos e patológicos demonstram que esse órgão só pode ser o cérebro; portanto nós reconhecemos, e isso em todo caso de doença mental, uma ação mórbida desse órgão.[18]

17 | Julien Chevalier, *De l'inversion de l'instinct sexuel au point de vue médico-légal*. Paris: O. Doin, 1885. Chevalier resume suas conclusões ao fim do Capítulo 6.

18 | Wilhelm Griesinger, *Mental Pathology and Therapeutics*. Londres: The New Sydenham Society, 1867. p. 1. A primeira edição foi publicada em alemão em 1845, a segunda edição ampliada, em 1861.

Menos de dez páginas depois, comentando sobre o estado do conhecimento da anatomia cerebral, Griesinger prossegue:

> A patologia cerebral se encontra, mesmo hoje, em grande medida no mesmo estágio em que se encontrava a patologia dos órgãos torácicos antes da época de Laennec. Ao invés de iniciar em todos os casos pelas mudanças de estrutura do órgão e de ser capaz de deduzir de maneira exata como as mudanças no tecido produzem os sintomas, é comum que ela tenha de lidar com sintomas que dificilmente se aproximam da sede da doença, e cujo modo de origem se ignora por completo. Ela deve se ater aos fenômenos externos e estabelecer os grupos de doenças de acordo com algo que seja comum e característico aos sintomas, independentemente de sua base anatômica.[19]

Griesinger admite que, embora em muitas doenças da insanidade a mudança anatômica no cérebro «não possa ser demonstrada visualmente pela anatomia patológica, a fisiologia a admite universalmente».[20] E ele reconhece de modo sincero, no início de seu capítulo sobre as formas da doença mental, que «uma classificação das doenças mentais *de acordo com sua natureza* — ou seja, de acordo com as mudanças anatômicas do cérebro que estão em sua origem — é, hoje, impossível».[21]

Escrevendo sobre doenças da sexualidade quase vinte anos mais tarde, Paul Moreau, renomado cronista francês das aberrações, afirma:

> A excitação genital, física ou psíquica, é resultado de uma excitação especial fisiológica ou patológica, que resulta de um verdadeiro processo mórbido localizado em um centro de funções genitais ou que se espraia até ele. Mas esse centro, onde ele está? — No córtex, no cerebelo, na medula?

19 | Ibid., p. 8.
20 | Ibid., p. 4.
21 | Ibid., p. 206 (grifo meu).

Sobre esse ponto, confessamos nossa ignorância e repetimos com Esquirol: nada sabemos sobre isso.[22]

Outra vez, mais de 25 anos depois, Eugene Krapelin, na sétima edição de seu compêndio para psiquiatras, insiste:

> O princípio indispensável para a compreensão das doenças mentais é uma definição precisa dos distintos processos mórbidos. Para solucionar esse problema é preciso ter, por um lado, o conhecimento das mudanças físicas no córtex cerebral e, por outro lado, o conhecimento dos sintomas que lhe são associados. Até que esse conhecimento seja atingido, não poderemos ter esperanças de compreender a relação entre os sintomas mentais da doença e os processos físicos mórbidos que estão em sua origem, ou de fato as causas do processo da doença como um todo [...] A julgar pela experiência da medicina interna, a base mais sólida para uma classificação desse tipo é a que a anatomia patológica nos oferece. Infelizmente, porém, as doenças mentais até hoje apresentam apenas pouquíssimas lesões que contêm características distintivas positivas, e além disso há uma extrema dificuldade em correlacionar os processos mórbidos físicos e mentais.[23]

Reproduzi essas afirmações, separadas por 45 anos, por elas nos apresentarem um problema significativo: como devemos entender essa obsessão com a anatomia cerebral associada à constante admissão de sua inutilidade teórica e clínica? Uma hipótese ingênua é a de que, em fins do século XIX, depois dos trabalhos de Paul Broca e outros, a anatomia cerebral estava apenas começando a se mostrar frutífera. Assim, prossegue a hipótese, embora a patologia cerebral talvez não fosse ainda útil na classificação e na explicação das doenças mentais, esses médicos sabiam que com o lento progresso do conhecimento científico em breve ela passaria a ter suprema

---

22 | Paul Moreau de Tours, *Des aberrations du sens génésique*. Paris: Asselin, 1880. p. 146.
23 | Eugene Kraepelin, *Clinical Psychiatry: A Textbook for Students and Physicians*. Londres: Macmillan, 1907. pp. 115-6.

importância, tanto teórica quanto clínica. Havia bons indícios, conclui a afirmação, que poderiam servir de base para previsões otimistas sobre a capacidade explanatória das ciências cerebrais. Chamei de «ingênua» essa hipótese porque ela toma pelo valor de face, e como se elas fossem a história completa, as declarações desses neuropsiquiatras. Não tenho dúvidas de que Griesinger e seus descendentes teriam respondido do modo sugerido por essa hipótese.[24] Mas as respostas que eles efetivamente deram não são um indicador preciso das circunstâncias históricas. Naquele momento da história da psiquiatria apenas certos tipos de declaração sobre processos relativos a doenças poderiam ser tomados como verdadeiros ou falsos; nem toda declaração era uma possível candidata ao *status* de verdade ou mentira.[25] Especificamente, explicações sobre estados doentios precisavam se referir a órgãos; qualquer explicação que fugisse disso não era exatamente falsa, era considerada até mesmo fora do domínio do verdadeiro e do falso. Uma explicação que nem sequer tentasse localizar a doença em termos anatômicos estava mais perto da teologia do que da ciência.[26] Como se acreditava que havia doenças distintas da sexualidade, e como essas doenças não podiam ser explicadas pelos defeitos dos órgãos reprodutivos, o único órgão plausível que restava para oferecer uma explicação era o cérebro. O predomínio da patologia cerebral foi tanto consequência de uma complicada teia de condições epistêmicas e conceituais quanto de indícios empíricos. Na verdade, para esses primeiros psiquiatras parece que nada poderia servir como indício contra a proposição de que as perversões sexuais podem em última instância ser ligadas a doenças cerebrais. Exames *post mortem* que não demonstravam lesões patológicas, e que deveriam ser considerados indícios desse tipo, sempre recebiam explicações; as mudanças necessárias na estrutura cerebral eram sem dúvida «tão

---

24 | Outra discussão sobre a patologia cerebral que chama a atenção é a de Richard von Krafft--Ebing, *Textbook of Insanity*. Trad. Charles Gilbert Chaddock. Filadélfia: F. A. Davis, 1904. Ver especialmente pp. 20-4.
25 | Ver Hacking, «Language, Truth, and Reason», op. cit.; e Michel Foucault, «Truth and Power». In: _____. *Power/Knowledge*, op. cit. [trad. bras.: «Verdade e poder». In: FOUCAULT, M., *Microfísica do poder*. 4. ed. Rio de Janeiro: Paz e Terra, 2016].
26 | Ver Kiernan, op. cit., p. 130; e Griesinger, op. cit., pp. 5-7.

sutis que não seriam passíveis de demonstração com os instrumentos ordinários dos exames *post mortem*».[27] Quaisquer indícios que fossem acumulados precisavam se dar dentro do quadro já estabelecido da anatomia patológica. Afirmar explicitamente que as perversões sexuais ou que outras doenças mentais tinham autonomia funcional em relação ao cérebro seria passar de uma verdade básica para um total absurdo, algo que estava além da falsidade.[28]

Talvez o domínio epistemológico que a anatomia patológica tinha sobre a psiquiatria seja mais bem ilustrado pelos *Anatomical Studies upon Brains of Criminals* [Estudos anatômicos dos cérebros de criminosos], de Moriz Benedikt.[29] Nesse livro Benedikt reproduz, com detalhes extraordinariamente meticulosos, os resultados de suas investigações da estrutura anatômica dos cérebros de 22 criminosos. Acreditando que nós pensamos, sentimos, desejamos e agimos de acordo com a construção anatômica e com o desenvolvimento fisiológico de nosso cérebro, Benedikt espera que a dissecação dos cérebros dos criminosos forneça «as bases para uma História Natural do Crime».[30] Ele estuda os cérebros de vários tipos de criminosos de diversas raças — alguns ladrões reincidentes, assassinos, um falsificador de dinheiro, alguém que matou o marido da concubina de seu padre instigado pelo padre, e vários outros. Independentemente do interesse que possa haver nos detalhes de suas descrições, a conclusão que ele apresenta é notável:

> OS CÉREBROS DOS CRIMINOSOS APRESENTAM UM DESVIO EM RELAÇÃO AO TIPO NORMAL, E OS CRIMINOSOS DEVEM SER VISTOS COMO UMA VARIEDADE ANTROPOLÓGICA DE SUA ESPÉCIE, PELO MENOS ENTRE AS RAÇAS CIVILIZADAS.[31]

27 | Richard von Krafft-Ebing, *Textbook of Insanity Based on Clinical Observations,* op. cit., p. 21.
28 | O mesmo conjunto de problemas ronda a introdução que J. M. Charcot faz da ambígua noção de «lesão dinâmica» em referência à histeria. Ver J. M. Charcot, *Diseases of the Nervous System.* Londres: The New Sydenham Society, 1889. v. 3, pp. 12-4. Discuto brevemente essa noção em «Assault on Freud», *London Review of Books* 6, n. 12, 1984.
29 | Moriz Benedikt, *Anatomical Studies upon Brains of Criminals.* Nova York: Wm. Wood, 1881. Publicado em alemão em 1878.
30 | Ibid., pp. v e vii.
31 | Ibid., p. 157 (grifo no original).

A ideia de que os criminosos são uma variedade antropológica de sua espécie, em função de seus cérebros atípicos, hoje nos parece simplesmente divertida. Mas Benedikt não se divertiu nem um pouco com seus resultados. Preocupado com os desvios criminais, e partindo da base fornecida pela anatomia patológica, ele encontrou «indícios» necessários para a conclusão lógica. Deveríamos nos preocupar menos com os indícios que ele apresenta do que com o estilo de sua explicação e com seu referencial epistêmico. O próprio Benedikt às vezes se mostrava consciente desse referencial:

> É autoevidente que as observações aqui reunidas são resultado de uma convicção *a priori* de que o criminoso nato («*eigentliche*») é um indivíduo a quem coube um fardo («*belastetes*»); que ele tem a mesma relação com o crime que seu parente por parte de sangue, o epilético, e seu primo, o idiota, têm com suas condições encefalopáticas.[32]

É essa convicção apriorística que cria o ambiente para a neuropsiquiatria. O pervertido sexual era um sujeito que carregava um fardo tão grande quanto o criminoso, o epilético e o idiota. Não sei quantas investigações anatômicas foram realizadas em cérebros de pervertidos. Mas a ausência dessas dissecações deveria nos surpreender mais do que sua existência. Dada a concepção teórica da perversão comum da época, o tipo de investigação anatômica de Benedikt seria a ferramenta ideal para diagnóstico e para fornecer explicações.

No entanto, afirmei que a anatomia patológica não influenciou substancialmente a descrição clínica e a classificação das perversões. Na verdade, a única pessoa que arriscou uma classificação das perversões com base na anatomia foi Paul Magnan, renomado psicólogo médico e colaborador eventual de J. M. Charcot. Em uma apresentação para a Société médico-psychologique em 1885, Magnan dividiu as perversões em quatro classes, na esperança de que sua classificação anatômica ajudasse a reduzir a confusão que cercava essas aberrações.[33] As perversões de-

---

32 | Ibid., p. 158.
33 | Paul Magnan, «Des anomalies, des aberrations et des perversions sexuelles», *Annales Médico-Psychologiques*, 7ª ser., 1, 1885, pp. 447-74.

viam ser compreendidas, de acordo com ele, como (1) espinhais, (2) cerebrospinais posteriores (ninfomania e satiríase), (3) cerebrospinais anteriores (instinto sexual contrário), e (4) cerebrais anteriores (erotomania). Mesmo sendo absolutamente insatisfatória, a classificação de Magnan pelo menos ia na direção certa, desde que se supusesse, é claro, que a anatomia patológica era útil, como sempre se afirmara. Porém mesmo nas mãos de Magnan essa classificação era mais nominal do que real. A explicação dada por ele sobre por que as diferentes perversões foram classificadas daquele modo não chegava nem mesmo a ser superficial, e suas classificações tiveram, quando muito, uma influência mínima na descrição que ele fazia dos casos. Magnan ficou mais conhecido entre seus colegas por sua longa descrição do instinto sexual contrário (*inversion du sens genital*) e por ligar essa perversão à degeneração; nesse aspecto, suas visões eram bastante comuns e sua obra seguia uma longa linha de antecessores, começando com Carl Westphal.[34] Na verdade, Falret, comentando a apresentação de Magnan de 1885, não faz nenhuma menção à sua suposta classificação anatômica, insistindo (como Magnan) na importância do caráter hereditário das perversões. Embora tenha sido adotada por alguns outros médicos franceses, a classificação de Magnan teve poucas consequências,[35] pois nunca foi aceita, e ninguém apresentou outra classificação anatômica mais sofisticada que a substituísse. A tentativa de Magnan surgiu mais de uma necessidade teórica do que como resultado de indícios genuínos ou de um *insight*. Ele fazia um último esforço para manter a anatomia patológica viva.

V

O melhor modo de compreender a obsessão do século XIX com as perversões é examinar a noção de instinto sexual, pois, como eu disse, o real conceito de perver-

---

34 | J. M. Charcot; P. Magnan, «Inversion du sens génital», *Archives de Neurologie* 3, n. 7, jan. 1882, pp. 53-60; e 4, n. 12, nov. 1882, pp. 296-322.

35 | Ver, por exemplo, Paul Sérieux, *Recherches cliniques sur les anomalies de l'instinct sexuel*. Paris: Lecrosnier et Babé, 1888.

são por trás do pensamento clínico era o de uma doença funcional desse instinto. Isso quer dizer que a classe de doenças que afetava o instinto sexual era precisamente a das perversões sexuais. É óbvio que os anatomistas patológicos não queriam que a noção de instinto sexual escapasse de suas mãos. O próprio Griesinger havia dito que «não há nenhuma incoerência em tentar descobrir em certas partes do cérebro a sede dos instintos sensuais».[36] E Krafft-Ebing, em *Psychopatia Sexualis* [Psicopatia do sexo], afirma que o instinto sexual é uma função do córtex cerebral, embora admita não haver demonstrações de que alguma região definida do córtex seja a sede exclusiva do instinto.[37] Ele especula que, como há uma relação íntima entre o sentido do olfato e o instinto sexual, esses dois centros devem estar em pontos próximos do córtex cerebral. Na verdade, ele aceita as observações de Mackenzie de que os masturbadores estão sujeitos a sangramentos nasais, e de que «há afecções do nariz que teimosamente resistem a todo tratamento até que a doença genital concomitante (e causal) seja removida».[38] Porém, além dessas observações vagas, Krafft-Ebing nada diz que nos ajude a determinar quais sejam as bases anatômicas do instinto sexual, ou que nos leve a crer que de fato seja possível encontrar lesões cerebrais distintas associadas às doenças desse instinto.

O modo adequado de compreender o instinto sexual se dá em termos funcionais, não anatômicos. Sem essa compreensão funcional, não teria havido base conceitual para que se classificassem certos fenômenos como perversões ou doenças do instinto. E o próprio Richard von Krafft-Ebing, como demonstrarei, compreendia o instinto sexual desse modo funcional; aqui a anatomia patológica dele é mera vitrine. Um dos reconhecimentos mais explícitos da importância dessa caracterização funcional do instinto sexual, uma caracterização compartilhada por todas as obras clínicas importantes sobre perversão, aparece em *Des anomalies de l'instinct*

---

36 | Griesinger, op. cit., p. 41.
37 | Richard von Krafft-Ebing, *Psychopathia Sexualis*. Nova York: Stein & Day, 1965 (tradução da 12ª edição alemã). p. 17. Há diferenças importantes entre a primeira edição de *Psychopathia Sexualis* (1886) e as edições posteriores; quando me referir à primeira edição, indicarei isso.
38 | Ibid., pp. 17-21. A citação é da p. 21. O artigo de Mackenzie aparece no *Journal of Medical Science*, abr. 1884.

sexuel et en particulier des inversions du sens génital [As anomalias do instinto sexual e em particular as inversões do sentido genital], de M. P. Legrain, publicado em 1896:

> O instinto sexual é um fenômeno fisiológico comum a todo ser vivo normal. É uma necessidade geral, e, como consequência, é inútil procurar sua localização, como já se fez, em qualquer parte que seja do organismo. Sua sede está em toda parte e em parte alguma [...] Portanto, esse instinto é independente da própria estrutura dos órgãos genitais, que são apenas instrumentos a serviço de uma função, assim como o estômago é um instrumento a serviço da função geral da nutrição.[39]

Ao reconhecer a subserviência dos órgãos genitais à função do instinto sexual, Legrain torna manifesto algo de que ninguém devia duvidar em 1896. E, ao afirmar que a sede do instinto sexual estava em toda parte e em parte alguma, ele nos dizia para procurar por suas doenças em toda parte e em parte alguma. Esse «em toda parte e em parte alguma» por vezes tinha um nome mais comum nas discussões psiquiátricas — aparecia sob o nome de *personalidade*. Uma compreensão funcional do instinto permitia que se isolasse um grupo de doenças que eram perturbações das funções especiais do instinto. Paul Moreau de Tours, em um livro que influenciou a primeira edição do *Psychopathia Sexualis*, de Krafft-Ebing, defendia que os fatos clínicos forçosamente levavam à aceitação, como demonstrado de modo absoluto, da existência física de um sexto sentido, que ele denominou de sentido genital.[40] Embora a noção de um sentido genital possa parecer ridícula, a caracterização de Moreau foi adotada por clínicos franceses posteriores, e sua expressão *sens génital* foi preservada, por Charcot entre outros, como uma tradução de nosso «instinto sexual». Assim, o *conträre Sexualempfindung* de Westphal se transformou em *inversion du sens génital*. O sentido genital nada mais é do que o instinto sexual mascarado com palavras diferentes. Sua caracterização como um sexto sentido foi uma analogia útil.

39 | M. P. Legrain, *Des anomalies de l'instinct sexuel et en particulier des inversions du sens génital*. Paris: Carré, 1896. p. 36.
40 | Moreau de Tours, op. cit., p. 2.

Assim como era possível ficar cego ou ter uma visão aguçada ou ser capaz de discriminar apenas uma parte do espectro de cores, e assim como se podia ficar surdo ou ter uma audição anormalmente sensível ou ser capaz de ouvir apenas certa extensão de sons, do mesmo modo esse sexto sentido poderia ser reduzido, aumentado ou pervertido. O que Moreau esperava demonstrar era que esse sentido genital tinha funções especiais, distintas das funções realizadas por outros órgãos, e que, assim como ocorria com os demais sentidos, esse sexto sentido podia sofrer perturbações sem que o bom funcionamento das outras funções mentais, sejam afetivas, sejam intelectuais, sofresse danos.[41] Uma demonstração como a de Moreau era essencial para isolar doenças da sexualidade como entidades doentias distintas.

O *Oxford English Dictionary* relata que o primeiro uso médico moderno do conceito de perversão ocorreu em 1842 no *Medical Lexicon* [Léxico médico] de Robley Dunglison: «'Perversão', uma das quatro modificações que ocorrem em uma doença; sendo as três outras o aumento, a diminuição e a abolição».[42] As noções de perversão e função estão inextricavelmente interligadas. Quando se oferece uma caracterização funcional do instinto sexual, as perversões se tornam uma classe natural de doenças; e sem essa caracterização não há espaço conceitual para esse tipo de doença. Independentemente dos termos da anatomia patológica que ele e outros ofereceram, fica claro que Krafft-Ebing compreendia o instinto sexual de modo funcional. Em seu *Textbook of Insanity* [Compêndio sobre a insanidade], Krafft-Ebing não deixa margem para dúvidas em sua afirmação de que a vida apresenta dois instintos, o de autopreservação e o da sexualidade; ele insiste que a vida anormal não apresenta nenhum instinto novo, embora os instintos da autopreservação e o da sexualidade «possam ser reduzidos, ampliados ou se manifestar de maneira pervertida».[43] O instinto sexual era muitas vezes comparado ao instinto de autopre-

---

41 | Ibid., p. 3. Moreau classifica como «*perversion génitale absolue*» [perversão genital absoluta] a bestialidade, a profanação de cadáveres e o estupro. Ele também discute a erotomania, a satiríase e a ninfomania. De modo notável, ele não discute o instinto sexual contrário.

42 | *Oxford English Dictionary*. Oxford: Clarendon Press, 1933. v. 7, p. 739.

43 | Krafft-Ebing, *Textbook of Insanity*, op. cit., p. 79. Krafft-Ebing considera a abolição o caso extremo da diminuição.

servação, que se manifestava por meio do apetite. Em uma seção intitulada «Perturbações dos instintos», Krafft-Ebing primeiro discute as anomalias dos apetites, que ele divide em três tipos diferentes. Há aumentos do apetite (hiperorexia), redução do apetite (anorexia) e perversões do apetite, como um «verdadeiro impulso de comer aranhas, sapos, minhocas, sangue humano etc.».[44] Uma classificação desse gênero é exatamente o que se poderia esperar de uma compreensão funcional do instinto. As anomalias do instinto sexual também são classificadas em um desejo reduzido ou ausente (anestesia), anormalmente ampliado (hiperestesia) e em uma expressão pervertida (parestesia); além dessas, há uma quarta classe de anomalias do instinto sexual, que consiste em sua manifestação fora do período dos processos anatômicos e fisiológicos nos órgãos reprodutivos (paradoxia).[45] Tanto em seu *Textbook of Insanity* quanto no *Psychopatia Sexualis*, Krafft-Ebing divide as perversões em sadismo, masoquismo, fetichismo e instinto sexual contrário.[46]

Para poder determinar com precisão quais fenômenos são disfunções ou doenças do instinto sexual, também é preciso, evidentemente, especificar qual é a função normal ou natural desse instinto. Sem saber qual é a função normal do instinto, qualquer coisa — ou coisa alguma — poderia ser vista como uma disfunção. Não haveria um critério fixo para incluir nenhum comportamento na categoria da perversão nem para excluí-lo dela. Portanto, é preciso primeiro crer que há uma função natural do instinto sexual e depois crer que essa função é bastante determinada. Seria de imaginar que questões importantes como essa teriam sido amplamente debatidas durante o auge da perversão no século xix. Mas, de modo curioso, não surge nenhuma discussão desse tipo. Há praticamente uma *unanimidade tácita* sobre o fato de que esse instinto tem realmente uma função natural e sobre qual seja essa função. A visão de Krafft-Ebing é representativa:

---

44 | Ibid., pp. 77-81.
45 | Ibid., p. 81. Essa mesma classificação aparece em *Psychopathia Sexualis*, op. cit., p. 34.
46 | Krafft-Ebing, *Textbook of Insanity*, op. cit., pp. 83-6, e *Psychopathia Sexualis*, op. cit., pp. 34-6. Discuto o masoquismo no segundo ensaio deste volume.

Durante o tempo da maturação dos processos fisiológicos nas glândulas reprodutivas, os desejos surgem na consciência do indivíduo, tendo como propósito a perpetuação da espécie (instinto sexual) [...] Com oportunidade para a satisfação natural do instinto sexual, toda expressão dele que não corresponda ao propósito da natureza — ou seja, a propagação — deve ser vista como pervertida.[47]

A psiquiatria do século xix silenciosamente adotou essa concepção da função do instinto sexual, e era comum que ela fosse vista como algo natural a ponto de não precisar ser afirmada de modo explícito. Não é nem de longe óbvio por que o sadismo, o masoquismo, o fetichismo e a homossexualidade devam ser tratados como espécie de uma mesma doença, pois aparentemente eles não apresentam traços essenciais em comum.[48] No entanto, caso se acredite que a função natural do instinto sexual seja a propagação, torna-se possível ver por que eles foram todos classificados juntos como perversões. Todos manifestam o mesmo tipo de expressão pervertida, o mesmo tipo básico de desvio funcional. Portanto, essa compreensão do instinto permite um tratamento *unificado* da perversão, permite que se aglutine um grupo aparentemente heterogêneo de fenômenos em um mesmo tipo de doenças naturais.[49] Caso alguém

47 | Krafft-Ebing, *Psychopathia Sexualis*, op. cit., pp. 16, 52-3. Ver também *Textbook of Insanity*, op. cit., p. 81. Para outras afirmações representativas, ver Albert Moll, *Perversions of the Sex Instinct*. Newark: Julian Press, 1931. pp. 172 e 182 (publicado originalmente em alemão em 1891); e dr. Laupts (pseudônimo de G. Saint-Paul), *L'homosexualité et les types homosexuels: Nouvelle édition de Perversion et perversités sexuelles*. Paris: Vigot, 1910.

48 | Na medicina do século xviii, a masturbação era vista exclusivamente como fator causal, onipresente, é claro, na gênese de processos mórbidos. Não era considerada uma doença distinta e autônoma. Ver S. A. Tissot, *L'Onanisme, dissertation sur les maladies produites par la masturbation*. Paris: Bechet, 1823, publicado originalmente em latim em 1758. No século xix, a masturbação passou a ser vista tanto como uma entidade mórbida distinta quanto como um fator causal importante na gênese de outras doenças. Para compreender essa segunda visão, ver Moreau de Tours, op. cit., p. 168.

49 | É instrutivo comparar essa concepção de perversão com o tratamento dado por Tomás de Aquino ao vício contrário à natureza. São Tomás acreditava que havia um tipo distinto de vício da luxúria, «contrário à ordem natural do ato venéreo da forma adequada à raça humana; e isso se denomina vício contrário à natureza». Ele considerava o onanismo, a bestialidade, a sodomia e o pecado da não observância do modo correto de cópula como vícios contrários à natureza. Ele os via como sendo não apenas distintos, mas também piores do que o incesto, o adultério, o estupro e a sedução. Ver *Suma teológica*, 2.2, Questão 154, artigos 11 e 12. Deve-se ter cuidado, no entanto, para

negasse que o instinto sexual tinha uma função natural ou que essa função era a procriação, as doenças da perversão, como nós as compreendemos, não teriam entrado na nosologia psiquiátrica.

Já indiquei que a maior parte dos relatos clínicos de perversões no século XIX era de casos do chamado instinto sexual contrário, e ofereci uma hipótese para explicar o porquê disso. No restante de minha discussão sobre a literatura médica relativa à perversão devo me concentrar nesses casos, já que as demais formas de perversão exigem tratamento separado (que ofereci em outro lugar). Podemos localizar de modo conveniente a origem do instinto sexual contrário, como categoria de diagnóstico médico-psicológico, em 1870, com a publicação de «Die Conträre Sexualempfindung», de Carl Westphal, no *Archiv für Psychiatrie und Nervenkrankheiten*. O apego de Westphal à anatomia patológica não o impediu de dar a primeira definição moderna da homossexualidade. Ele acreditava que o instinto sexual contrário era uma perversão congênita do instinto sexual, e que nessa perversão «uma mulher é fisicamente uma mulher e psicologicamente um homem e, por outro lado, um homem é fisicamente um homem e psicologicamente uma mulher».[50] Afirmei que essa é a primeira definição moderna porque ela apresenta uma caracterização puramente psicológica da homossexualidade e porque, retirada das esquálidas especulações explanatórias de Westphal, ela nos oferece uma concepção clínica dessa perversão ativa em quase toda a literatura médica vindoura. Edições posteriores do *Archiv* traziam relatos semelhantes de instinto sexual contrário, e alguns dos mais importantes trabalhos iniciais de Krafft-Ebing apareceram nessa revista.

Com a publicação do artigo de Charcot e Magnan nos *Archives de Neurologie*, em 1882, uma epidemia de instinto sexual contrário, igual à da Alemanha, logo assolaria

---

não assimilar essa concepção moral da perversão à concepção médica do século XIX. Para discussão, ver o segundo ensaio deste volume. Estou em dívida com John McNees pela discussão deste ponto.
50 | Carl Westphal, «Die conträre Sexualempfindung», *Archiv für Psychiatrie und Nervenkrankheiten* 2, 1870, pp. 73-108.

a França.[51] Um caso italiano apareceu em 1878;[52] e o primeiro caso em inglês, em 1881.[53] Este último foi relatado por um médico alemão, e alguns psiquiatras de língua inglesa não consideraram o artigo «uma contribuição ao estudo desse tema pela ciência inglesa».[54] Em 1883, J. C. Shaw e G. N. Ferris, escrevendo no *Journal of Nervous and Mental Diseases*, resumem todos os casos alemães, franceses, italianos e ingleses, e concluem haver dezoito casos documentados de instinto sexual contrário, aos quais acrescentam mais um, elevando o total para dezenove.[55] A caracterização psicológica dada por Westphal à homossexualidade é, de fato, a transformação psiquiátrica de uma compreensão anterior, embora não médica, desse transtorno. Karl Heinrich Ulrich, um advogado de Hannover, obteve certo renome com sua descrição autobiográfica do instinto sexual contrário, publicada em meados dos anos 1860. Ulrich denominou «uranistas» aqueles que sofriam desses desejos, e supôs que uma alma de mulher habitava o corpo de um homem (*anima muliebris in virili corpore inclusa*).[56] E é claro, durante as décadas de 1870 e 1880, houve as afirmações anatômicas obrigatórias de que os desejos eram o resultado do «cérebro de uma mulher no corpo de um homem e do cérebro de um homem no corpo de uma mulher».[57] Essas três ideias do comportamento homossexual representam três lugares centrais em que se acreditava que o fenômeno residia — a alma, o cérebro e a psique ou personalidade. E, embora nem sempre nessa sequência histórica, a teologia, a anatomia patológica

---

51 | Ver nota 33. Um caso relatado por Legrand du Saulle aparece em *Annales médico-psychologiques* em 1876 (v. 4). Porém esse caso não está nem de longe tão bem documentado quanto os de Charcot e Magnan.

52 | Arrigo Tamassia, «Sull'inversione dell'istinto sessuale», *Revista sperimentale di freniatria*, 1878, pp. 87-117.

53 | Julius Krueg, «Perverted Sexual Instincts», *Brain* 4, out. 1881, pp. 368-76.

54 | J. C. Shaw; G. N. Ferris, «Perverted Sexual Instinct», *Journal of Nervous and Mental Diseases* 10, n. 2, abr. 1883, p. 198. Uma discussão útil sobre a literatura médica do século XIX pode ser encontrada em Chevalier, op. cit., cap. 2.

55 | Shaw; Ferris, op. cit. Este é o mais abrangente dentre os primeiros artigos a aparecer em inglês.

56 | Ibid., p. 100.

57 | Ver Sérieux, op. cit., p. 37 (citando Magnan); e Kiernan, op. cit., p. 130.

e a psiquiatria tiveram cada uma sua oportunidade de reivindicar uma explicação completa para os desejos pervertidos.

A importância de uma descrição psicológica da homossexualidade fica amplamente ilustrada na obra *Psychopathia Sexualis*:

> Depois de atingir completo o desenvolvimento sexual, entre os mais constantes elementos da autoconsciência no indivíduo estão o conhecimento de que ele representa uma personalidade sexual definida e a consciência do desejo, durante o período da atividade fisiológica dos órgãos reprodutivos (produção do sêmen e dos óvulos), para praticar atos sexuais correspondentes àquela personalidade sexual — atos que, consciente ou inconscientemente, têm propósito de procriação [...].
> Com o início do desenvolvimento anatômico e funcional dos órgãos reprodutores, e a diferenciação da forma típica de cada sexo que acompanha esse fenômeno (tanto no menino quanto na menina), desenvolvem-se rudimentos de uma sensação mental correspondente ao sexo.[58]

Tendo em mãos esse retrato da personalidade sexual definida, Krafft-Ebing diz, sobre o instinto sexual contrário:

> É uma anomalia puramente física, pois o instinto sexual não corresponde de modo algum às características sexuais primárias e secundárias. Apesar do tipo sexual plenamente diferenciado, apesar das glândulas sexuais com desenvolvimento normal e ativas, o homem se sente sexualmente atraído por homens, pois ele tem em si, de maneira consciente ou não, o instinto da fêmea, ou vice-versa.[59]

O instinto sexual normal se expressa por meio de uma personalidade ou caráter definidos; disfunções do instinto se expressarão como anomalias psiquiátricas.

---

58 | Krafft-Ebing, *Psychopathia Sexualis*, op. cit., p. 186.
59 | Ibid., pp. 35-6.

Como se pensava que o instinto sexual tinha tanto componentes somáticos quanto psíquicos, era de esperar que toda anormalidade funcional do instinto se manifestasse psiquicamente. Assim, essas disfunções e a psicologia estavam intimamente associadas. Como diz Alberto Moll, «para compreender o impulso homossexual devemos pensar no instinto genital não como um fenômeno isolado de outras funções, e sim como uma função psíquica».[60]

Durante esse período de classificação psiquiátrica que beira o frenético, foram feitas muitas tentativas de oferecer classificações detalhadas de diferentes graus e tipos de homossexualidade. Os psiquiatras não se contentavam com categorias únicas, e subdividiam as perversões em incontáveis tipos, de modo que, rapidamente, o mundo psiquiátrico passou a ser habitado por uma pletora de estranhos seres.[61] Krafft-Ebing acreditava que, «clínica e antropologicamente», havia quatro graus de desenvolvimento da homossexualidade:

1. Junto com a sensibilidade homossexual predominante há traços de sensibilidade heterossexual (hermafroditismo psicossexual).
2. Inclinação exclusiva para o mesmo sexo (homossexualidade).
3. A existência psíquica como um todo é alterada para corresponder à sensibilidade sexual anormal (efeminação e viraginidade).
4. A forma do corpo se aproxima daquela que está em harmonia com a sensibilidade sexual anormal. No entanto, nunca há transições genuínas para o hermafroditismo.[62]

É importante notar aqui que os graus ou tipos de homossexualidade se diferenciam de acordo com características psíquicas, a saber, o grau da sensibilidade

---

60 | Moll, op. cit., p. 171.
61 | Michel Foucault, *The History of Sexuality*, vol. 1: *An Introduction*. Nova York: Pantheon Books, 1978. cap. 2. [Ed. bras.: *A história da sexualidade*, vol 1: *A vontade de saber*. 2. ed. Rio de Janeiro: Paz e Terra, 2015.]
62 | Krafft-Ebing, *Textbook of Insanity*, op. cit., p. 85. Na quarta categoria, Krafft-Ebing parece estar pensando nos casos em que «as características sexuais secundárias se aproximam do sexo a que o indivíduo, de acordo com seu instinto, pertence». E se refere a esses casos como pseudo-hermafroditismo. Ver *Psychopathia Sexualis*, op. cit., p. 36.

sexual apresentado. Apenas a forma mais rara e mais severa da homossexualidade vem acompanhada de alguma mudança somática, e mesmo essas mudanças são subordinadas à sensibilidade sexual anormal.

Essa compreensão psicológica/funcional do instinto sexual contrário não se limita à literatura médica alemã da época. Em 1896, Legrain podia nos alertar para não incorrermos em erro em relação ao verdadeiro sexo (*le sexe vrai*) de um «uranista». Embora registrado ao nascer como homem, caso em seus contatos com homens ele sinta aquilo que normalmente os homens sentem em relação às mulheres, ele é uma mulher.[63] As características psicológicas, expressões do instinto sexual, são decisivas para a categorização dos sexos:

> E essa diferenciação psíquica é um fato de grande importância, pois segundo minha visão é apenas dela que depende a categorização dos sexos; enquanto ela não for um fato completo, o indivíduo é na verdade sexualmente neutro, independentemente de qual seja sua estrutura genital.[64]

Essa primazia do psicológico ofereceu algumas das condições necessárias para afirmações como a de Kraepelin:

> Ele [o instinto sexual contrário] tem maior prevalência em certas profissões, como no caso de decoradores, garçons, modistas; também entre o pessoal do teatro. Moll afirma que mulheres comediantes regularmente são homossexuais.[65]

Fica claro, pelo que Kraepelin diz posteriormente, que ele não acredita que essas profissões tenham responsabilidade causal pela perversão do instinto sexual. Pelo contrário, ele deve crer que, ao se manifestarem essas anomalias psíquicas da

---

63 | Legrain, op. cit., p. 51.
64 | Ibid., pp. 37-8.
65 | Kraepelin, op. cit., p. 510.

perversão, o indivíduo tende a escolher empregos mais adequados a essas anormalidades psíquicas.[66] Com observações desse tipo, a morte da anatomia patológica está assegurada.

Um dos fatos mais notáveis sobre essa literatura psiquiátrica dos primeiros tempos sobre a perversão é que não se apresenta nenhuma proposta de referencial que dê conta de doenças puramente funcionais. Nenhum dos autores com que estou familiarizado jamais sugere que as chamadas doenças funcionais não sejam verdadeiras doenças, não sejam parte do domínio legítimo da ciência médica. No entanto, ao mesmo tempo, não havia ainda nenhum conceito de doença claramente formulado que pudesse abranger todas elas. A prática clínica vinha em primeiro lugar; a teoria explanatória chegava bem depois. Sem dúvida as circunstâncias se complicavam pelo fato de que todos os primeiros autores se declaravam seguidores da anatomia patológica. Mas, mesmo depois de a anatomia patológica ter se tornado um fracasso evidente como explicação, a psiquiatria não se reagrupou para indicar se as perversões de fato eram doenças. Um caminho evidente a ser tomado seria afirmar que, justamente por não haver mudanças anatômicas associadas às perversões, elas não poderiam ser consideradas doenças, e os médicos deveriam deixar sua regulamentação para outros mais qualificados. Porém a clínica prática já tinha determinado que as perversões eram doenças, e, quando o domínio da anatomia patológica se afrouxou, elas já eram uma parte reconhecida da nosologia psiquiátrica. Essa precedência da clínica prática em relação à teoria é avalizada oficialmente pela Associação Americana de Psiquiatria, cujo *Manual diagnóstico e estatístico* pretende ser teoricamente neutro.[67] Mas essa neutralidade teórica não só não tinha uma base sólida, como também era expansível; na verdade, sua expansibilidade em parte deriva da falta de sua base sólida. Em uma interpretação direta, essa neutralidade avaliza a visão segundo a qual tudo que os psiquiatras tratem como doença seja uma doença. Sendo assim, o

---

66 | Ibid., pp. 510-4.
67 | Associação Americana de Psiquiatria, *Diagnostic and Statistical Manual of Mental Disorders*. 3. ed. Washington, D.C.: APA, 1980. pp. 6-8. [Ed. bras.: *Manual de diagnóstico e estatística de distúrbios mentais — DSM III*. 3. ed. São Paulo: Manole, 1989.]

que não poderia ser uma doença? A Associação Americana de Psiquiatria reconhece a escatologia telefônica, entre outras, como um transtorno psicossexual. Além disso, os fenômenos não exibem sua condição de doença para os olhos não treinados de todos. Dizer que algo é uma doença implica fazer uma classificação teórica. A esperança de compreender as doenças diretamente na natureza, independentemente da teoria, não só é filosoficamente ingênua, como também é historicamente suspeita.

Uma das primeiras tentativas abrangentes de oferecer um referencial teórico para as doenças funcionais é o artigo de 1898 de Morton Prince, «Neuroses do hábito como doenças funcionais genuínas».[68] Prince leva em conta toda classe de doenças em que não se encontram mudanças anatômicas além daquelas que ocorrem em indivíduos saudáveis (sendo a perversão uma subclasse da doença funcional). Não é de surpreender que suas explicações sejam de natureza puramente psicológica, dependentes sobretudo das leis de associação. Dizendo de modo simples, a teoria dele era a de que os fenômenos podem se tornar tão fortemente associados a ponto de sua ocorrência simultânea ser automática, independentemente de vontade. Ele acreditava que nós podemos,

> por um processo de educação, ser ensinados a responder a nosso ambiente ou a nossos estímulos internos de modo que engendre sensações dolorosas ou efeitos motores indesejáveis [...] O motor doloroso (desagradável, indesejável) e sensorial e outros fenômenos desenvolvidos desse modo constituem a chamada doença.[69]

Ele se refere a essas doenças como neuroses do hábito, neuroses de associação, neuromimese ou doenças funcionais genuínas.[70] O referencial teórico de Prin-

---

68 | Morton Prince, «Habit Neuroses as True Functional Diseases», *Boston Medical and Surgical Journal* 139, n. 24, 1898, pp. 589-92. «Le Fetichisme dans l'amour», de Alfred Binet (*Revue Philosophique* 24, 1887), deve ser mencionado como uma das primeiras articulações do ponto de vista associanista. No entanto, esse associanismo ainda deixa espaço para a noção de estados mórbidos congênitos, que ele também invocava como parte de sua explicação do fetichismo.
69 | Prince, «Habit Neuroses as True Functional Diseases», op. cit., p. 589.
70 | Ibid., p. 590.

ce tem notável semelhança com a tentativa de Sigmund Freud de «entrar no campo da psicologia» para explicar aquela outra grande doença funcional, a histeria. As explicações de Freud também dependem em grande medida dos efeitos das associações para a gênese dos transtornos mentais, e foram publicadas em francês cinco anos antes do artigo de Prince.[71] Ambos os artigos ajudam a culminar um processo gradual pelo qual a psiquiatria se tornou independente da neurologia e se uniu, em vez disso, à psicologia. Dei esses dois exemplos (há outros) para não ser acusado de afirmar que não havia teorias sobre as doenças funcionais. O importante é que teorias desse tipo foram desenvolvidas depois do fato, depois do reconhecimento, pelos manuais tidos como padrão na psiquiatria, de categorias inteiramente novas de doenças. Essas novas doenças surgiram quase prontas na prática clínica, e de modo silencioso, anônimo, se tornaram parte da nomenclatura psiquiátrica. O efeito desse reconhecimento silencioso, não problematizado, foi uma vasta ampliação das terapias e da intervenção psiquiátricas. A psiquiatria não se ocuparia apenas de formas extremas, dos limites, da condição humana, como da loucura. Em vez disso, trataria de tudo aquilo que não fosse normal. E não seria necessário esperar pelos *Três ensaios sobre a teoria da sexualidade*[72] de Freud para perceber que essa arena clínica era tão universal quanto «artificial»: ninguém escaparia ao olhar psiquiátrico.

VI

Em um ensaio revolucionário sobre o problema filosófico tradicional da mente dos outros, Stanley Cavell conclui dizendo:

---

71 | Sigmund Freud, «Some Points in a Comparative Study of Organic Hysterical Paralyses». In: RIEFF, Philip (Org.), *Early Psychoanalytic Writings*. Nova York: Collier Books, 1963.

72 | Deixei propositalmente de lado a visão de Freud sobre as perversões. A melhor discussão breve sobre esse tema é a entrada sobre perversão em J. Laplanche e J. B. Pontalis, *The Language of Psychoanalysis*. Nova York: Norton, 1973. pp. 306-9 [ed. bras.: *Vocabulário da psicanálise*. 4. ed. São Paulo: Martins Fontes, 2001]. Ver também o terceiro ensaio deste volume.

Não sabemos se o que melhor representa a mente é o fenômeno da dor, ou o da inveja, ou a resolução de um quebra-cabeça ou uma vibração nos ouvidos. Um fato natural por trás do problema filosófico da privacidade é que o indivíduo vai considerar que *certas* experiências representam sua mente — certos pecados ou vergonhas ou alegrias inesperadas — e então irá considerar que sua mente (seu eu) seguirá desconhecida desde que *aquelas* experiências permaneçam desconhecidas.[73]

A psiquiatria do século XIX considerava que a sexualidade era o melhor modo de representação da mente. Conhecer a sexualidade de alguém equivale a conhecer aquela pessoa. A sexualidade é a expressão da forma da personalidade do indivíduo. E, para conhecer a sexualidade, para conhecer a pessoa, é preciso conhecer suas anomalias. Krafft-Ebing era bastante claro quanto a esse ponto: «Essas anomalias são disfunções elementares de grande importância, uma vez que *a individualidade mental depende em grande medida da natureza da sensibilidade sexual*».[74]

A sexualidade individualiza, transforma a pessoa em um tipo específico de ser humano — um sádico, masoquista, homossexual, fetichista. Esse elo entre a sexualidade e a individualidade explica parte da paixão com que a psiquiatria investigava as perversões. Quanto mais detalhes se obtivessem sobre essas anomalias, mais se poderia penetrar na individualidade encoberta da pessoa. A segunda edição do livro do dr. Laupts sobre a homossexualidade anuncia os primeiros treze volumes de uma «Bibliothèque des Perversions Sexuelles».[75] Ali é possível ler sobre a perversão que se quiser, reunindo a maior quantidade de informação possível sobre as mais profundas verdades do indivíduo.

---

73 | Stanley Cavell, «Knowing and Acknowledging». In: _____. *Must We Mean What We Say?* Nova York: Charles Scribner's Sons, 1969. p. 265.
74 | Krafft-Ebing, *Textbook on Insanity*, op. cit., p. 81 (grifo meu). Esse é um dos temas dos textos de Foucault sobre a história da sexualidade.
75 | Laupts, op. cit.

VII

A questão que desejo responder agora é: havia pervertidos antes do final do século XIX? Embora possa parecer estranho, a resposta para essa pergunta é *não*. A perversão e os pervertidos foram uma invenção do raciocínio psiquiátrico e das teorias psiquiátricas que pesquisei. (Mais uma vez me restrinjo ao caso da homossexualidade, porém seria possível contar uma história semelhante em relação às demais perversões.) Não quero ser mal compreendido — relações entre pessoas do mesmo sexo não começaram, ouso dizer, no século XIX; porém a homossexualidade como doença do instinto sexual, sim. Não se pode compreender a importância dessas novas doenças da sexualidade caso se confunda o instinto sexual contrário com a sodomia. A sodomia era uma categoria legal, definida em termos de certo comportamento especificável; o sodomita era um assunto para a lei. A homossexualidade era uma doença psíquica do instinto, da sensibilidade do indivíduo, que não podia ser meramente reduzida a termos comportamentais. O «*conträre Sexualempfindung*» de Westphal é literalmente um sentimento ou uma sensação contrária, em que a noção de comportamento tem, no máximo, um papel secundário; o homossexual é um paciente médico da psiquiatria. Os psiquiatras sempre se preocuparam em distinguir cuidadosamente a sodomia da homossexualidade; o livro de Laupts relata a visão de D. Stefanowski, representativa das tentativas de diferenciar as duas coisas. Stefanowski faz uma comparação ponto a ponto entre a pederastia e o «uranismo», em que alguns dos contrastes mais interessantes são os seguintes. Na pederastia, «o modo de sentir e agir nos assuntos do amor permanece masculino, a inclinação para as mulheres existe em toda parte» e «a aparência externa permanece sempre masculina; as tarefas e os hábitos permanecem viris»; por outro lado, no uranismo, «o modo de sentir e agir é completamente feminino: vem acompanhado pela inveja e pelo ódio às mulheres», e «a aparência exterior às vezes se torna completamente efeminada; os gostos, hábitos e atividades se tornam iguais aos da mulher». Além disso, «um esforço vigoroso da vontade por vezes é capaz de conter e reprimir a pederastia», ao passo que «a paixão uranista está completamente fora dos domínios da vontade». Por fim, «a pederastia como um vício ou profissão deve ser reprimida e proibida pela lei, a prostituição masculina deve ser estritamente proibida»; porém

> o uranismo, como uma deformidade moral inata, jamais pode ser punido ou se transformar em alvo de processo legal; no entanto suas manifestações devem necessariamente ser reprimidas, em nome da moralidade pública, mas é preciso julgar suas manifestações como expressão de um estado doentio, uma espécie de doença mental parcial.[76]

Essas passagens deixam claro como se considerava que a homossexualidade e a sodomia eram coisas distintas. A homossexualidade era uma doença, uma «perversão» no sentido estrito, ao passo que a sodomia era um vício, um problema para a moralidade e para a lei, acerca do qual a medicina não tinha nenhum conhecimento especial. A distinção crucial nessa área de investigação foi feita por Krafft-Ebing:

> Não se deve confundir a *perversão* do instinto sexual [...] com a *perversidade* no ato sexual; uma vez que esta última pode ser induzida por condições alheias à psicopatologia. O ato perverso em concreto, por mais monstruoso que seja, não é clinicamente decisivo. Para diferenciar entre doença (perversão) e vício (perversidade), é preciso investigar por inteiro a personalidade do indivíduo e o motivo original que levou ao ato perverso. Aí será encontrada a chave para o diagnóstico.[77]

Todo psiquiatra que escrevia nesse período reconhecia a diferença entre perversão e perversidade, ainda que também admitisse que muitas vezes era difícil distinguir entre as duas coisas. Só um exame minucioso poderia ajudar a determinar que dado paciente era de fato pervertido, e não meramente mau ou cruel. Antes de fins do século XIX, questões relativas à perversidade sexual não ficavam encobertas

76 | Ibid., pp. 200-1.
77 | Krafft-Ebing, *Psychopathia Sexualis*, op. cit., p. 53.

por silêncio e segredo, eram objeto sobretudo de tratados de filosofia moral, de teologia moral e de jurisprudência, e não da medicina. Um bom exemplo é a obra de Immanuel Kant. Além das três grandes críticas sobre epistemologia, filosofia moral e juízo estético, Kant escreveu basicamente sobre quase todo tópico de interesse filosófico. Sua *Antropologia de um ponto de vista pragmático* (1798) contém uma discussão sobre a doença mental em que ele faz distinções entre hipocondria, mania, melancolia, delírio e outras formas de transtorno mental.[78] No entanto, não há uma palavra sobre perversão sexual em seu livro, embora haja capítulos sobre capacidades cognitivas, apetites, temperamento, caráter e uma seção sobre o caráter dos sexos. Mas os temas da sexualidade não escapam à pena de Kant, pois, se nos voltarmos para um livro publicado um ano antes, *A doutrina da virtude*, a segunda parte da *Metafísica da moral*, encontramos Kant dedicando toda uma seção à «autocorrupção carnal» em seu capítulo «Deveres do homem para com ele mesmo na condição de animal».[79] Além disso, ele explicitamente discute se a capacidade sexual pode ser usada sem consideração pelo propósito natural da relação entre os sexos (a saber, a procriação), e usa aqui o conceito de «luxúria que vai contra a natureza».[80] Portanto, não é que Kant silencie sobre o tópico dos desvios sexuais, como se estivesse sujeito a uma espécie de reticência pré-vitoriana. O que acontece é que as condições epistêmicas e conceituais necessárias para formular a noção de *doenças da sexualidade* não estavam ainda dadas, e usar as lentes da medicina para ver atos sexuais antinaturais de modo inequívoco era tão impossível quanto fazer isso no caso de qualquer outro problema essencialmente moral. A transferência da regulação das perversões do campo da lei/moralidade para o da medicina não foi apenas uma nova divisão institucional do trabalho; ela assinalava uma transformação fundamental e a inauguração de modos completamente novos de conceitualização de nós mesmos.

---

78 | Immanuel Kant, *Anthropology from a Pragmatic Point of View*. Haia: Martinus Nijhoff, 1974. pp. 82-9. [Ed. bras.: *Antropologia de um ponto de vista pragmático*. São Paulo: Iluminuras, 2009.]
79 | Id., *The Doctrine of Virtue*. Filadélfia: University of Pennsylvania Press, 1964. pp. 87-9. [Ed. bras.: "Doutrina da virtude". In: *Metafísica dos costumes*. 3. ed. São Paulo: Edipro, 2017.]
80 | Ibid., p. 89.

A perversão não era uma doença à espreita na natureza, esperando que um psiquiatra com capacidade de observação aguçada a descobrisse escondida em quase toda parte. Foi uma doença criada por uma nova compreensão (funcional) da doença, por uma mudança conceitual, uma mudança de raciocínio, que tornou possível interpretar vários tipos de atividade em termos médico-psiquiátricos. Não havia uma entidade mórbida natural a ser descoberta, até que a prática clínica psiquiátrica a inventou.[81] A perversão só passou a ser candidata a doença quando se tornou possível atribuir doenças ao instinto sexual, e não havia possíveis doenças do instinto sexual antes do século xix; quando a noção de doenças desse instinto perder completamente o poder sobre nós, livraremos o mundo de todos os seus pervertidos.[82]

É claro, não nego sequer por um momento que a psiquiatria do século xix acreditava estar descobrindo uma doença real, e não inventando uma. A maior parte dos livros que discuti inclui capítulos inteiros que tentam demonstrar a presença dessas doenças ao longo da história. Moreau, por exemplo, depois de uma excursão histórica desse tipo, insiste que não precisamos mais atribuir essas libertinagens espantosas à ira de Deus ou à rebelião de Satã contra Deus. Podemos agora vê-las de um ponto de vista científico, em conformidade com as «ideias modernas».[83] Essa reinterpretação particular da história era parte da «medicina

81 | Charcot ficou tremendamente perturbado com os críticos que afirmavam que a histeria era uma criação artificial, não encontrada na natureza, e que era aprendida pela imitação por «pacientes» que visitavam o Salpètrière. Ele afirmava com veemência que a verdade é *«que la grande attaque dont j'ai formulé les caractères, est bel et bien un type morbide naturel; ce n'est pas une création artificielle; ele appartient à tous les âges, à tous les pays»*. J. M. Charcot, *Leçons du Mardi à la Salpètrière. Policlinique 1887–1888*. Paris: Aux Bureaux du Progrès Médical, 1892. v. 1, p. 105.

82 | É claro, a doutrina geral do realismo científico passou a estar sob um ataque cada vez mais detalhado. Para a maior parte das críticas importantes recentes, ver Hilary Putnam, *Meaning and the Moral Sciences*. Londres: Routledge & Kegan Paul, 1978; *Reason, Truth and History*. Cambridge: Cambridge University Press, 1981 [ed. port.: *Razão, verdade e história*. Lisboa: Dom Quixote, 1992]; e *Realism and Reason*. Cambridge: Cambridge University Press, 1983; Nancy Cartwright, *How the Laws of Physics Lie*. Nova York: Oxford University Press, 1983; e Ian Hacking, *Representing and Intervening*. Cambridge: Cambridge University Press, 1983 [ed. bras.: *Representar e intervir*. Rio de Janeiro: EdUERJ, 2012].

83 | Moreau, op. cit., pp. 67-8.

retrospectiva» que estava tão na moda no século XIX, e que consistia na reinterpretação de fenômenos mal compreendidos do passado de acordo com categorias médicas.[84] Charcot, para usar um exemplo mais famoso, foi outro praticante dessa medicina revisionista, e seu *Les Démoniaques dans l'art* [Os demoníacos na arte], escrito com Paul Richer, afirma que as representações artísticas da possessão demoníaca são na verdade representações de histeria.[85] Portanto, não devemos nos surpreender ao encontrar repetidas vezes afirmações de que essas perversões sexuais podem ser descobertas em toda parte na história. No entanto, essas afirmações não devem nos deter; o que há antes do século XIX são descrições de sodomia, como confirmará uma leitura dessas descrições pré-século XIX. A perversão é um fenômeno completamente moderno.

VIII

Quero discutir com brevidade um último problema antes de passar às conclusões. Um dos conceitos mais comumente ligados à perversão sexual é o do degenerado. Esse conceito deriva de B. A. Morel e é visto por ele como um desvio doentio em relação ao tipo normal de humanidade; uma das características essenciais da degeneração é sua transmissibilidade hereditária.[86] A teoria da degeneração foi usada como um modelo pseudoexplanatório para praticamente todo estado psico-

---

84 | E. Littré, «Un fragment de médicine rétrospective», *Philosophie Positive* 5, 1869, pp. 103-20.
85 | J. M. Charcot; Paul Richer, *Les Démoniaques dans l'art*. Paris: Delahaye et Lecrosnier, 1887. Ver especialmente «Préface», p. vi. A medicina retrospectiva de Charcot é discutida em Jan Goldstein, «The Hysteria Diagnosis and the Politics of Anticlericalism in Late Nineteenth Century France», *Journal of Modern History* 54, n. 2, jun. 1982.
86 | B. A. Morel, *Traité des dégénérescences physiques, intellectuelles et morales de l'espèce humaine*. Paris: J. B. Ballière, 1857. pp. 4-5. Morel também usa a noção de lesão funcional (*lésion functionnelle*), p. 53. Para alguns exemplos do uso da teoria da degeneração, ver Jacques Borel, *Du concept de dégénérescence à la notion d'alcoolisme dans la médecine contemporaine*. Montpellier: Caues et cie, 1968; e Alan Corbin, *Les Filles de noce: Misère sexuelle et prostitution (19ᵉ et 20ᵉ siècles)*. Paris: Aubier Montaigne, 1978.

patológico sério com que o século XIX se deparou. A degeneração funcionou como um dos laços centrais entre aquilo que Foucault denominou de anatomopolítica do corpo humano e a biopolítica da população.[87] Todo mundo de Westphal a Charcot considerou a perversão sexual um exemplo dessa sempre presente degeneração. Krafft-Ebing acreditava que as anomalias funcionais do instinto sexual eram «sinais funcionais de degeneração»;[88] Kraepelin, em seu grande esquema classificatório das psicopatologias, enquadrava o instinto sexual contrário na categoria geral de «estados psicopatológicos constitucionais (insanidade da degeneração)».[89] Uma vantagem de ver a perversão como um estado degenerado herdado era que, nessa hipótese, ficava difícil duvidar de que se tratava de uma doença verdadeira. Como se imaginava que a etiologia da perversão era constitucional, independente de volição e cultivo, a distinção entre perversidade e perversão em princípio era feita com facilidade. No entanto, junto com essa clara vantagem de permitir, até mesmo exigir, que a psiquiatria tratasse a perversão como uma doença vinha uma lamentável desvantagem «de um ponto de vista social e terapêutico».[90] Era natural supor que seria impossível modificar ou remover uma condição congênita, herdada, e assim a teoria da degeneração levou a «um niilismo terapêutico e a uma desesperança social».[91] Nas palavras de Kraepelin, «não se pode pensar em tratamento para uma doença como essa, que surgiu com o desenvolvimento da personalidade e que tem origens tão profundas no indivíduo».[92] Como se poderia justificar a intervenção psiquiátrica em um caso no qual, segundo a teoria, a eficácia terapêutica seria pequena? Já que não havia esperança na tentativa de tratar esses pacientes, podiam parecer bastante limitados os modos pelos quais a psiquiatria poderia usar seus conhecimentos e seu

87 | Foucault, *The History of Sexuality*, op. cit., p. 139.
88 | Krafft-Ebing, *Psychopathia Sexualis*, op. cit., p. 32.
89 | Kraepelin, op. cit.
90 | Prince, op. cit., p. 85.
91 | Ibid. Uma das primeiras pessoas a reconhecer essa consequência da teoria da generação sobre a perversão foi A. von Schrenck-Notzing, *Therapeutic Suggestion in Psychopathia Sexualis*. Filadélfia: F. A. Davis, 1895, publicado em alemão em 1894. Ver, por exemplo, p. 145.
92 | Citado por von Schrenck-Notzing, op. cit., p. 145.

poder no caso das perversões. A. von Schrenck-Notzing talvez tenha sido o primeiro a defender detalhadamente que essas influências alheias e a educação eram na verdade os fatores etiológicos mais importantes na gênese das perversões.[93] Ele tratou 32 pacientes homossexuais com sugestão hipnótica e descobriu que 70% melhoraram bastante e 34% se curaram.[94] Como ele diz no prefácio a seu livro:

> Os resultados favoráveis obtidos com uranistas «congênitos» por meio de tratamento psíquico em estado de hipnose me fizeram ter de escolher entre duas alternativas: ou supor que a sugestão seja capaz de influenciar anormalidades mentais congênitas ou provar que o fator hereditário é atualmente superestimado na ideia da homossexualidade, em relação às influências educacionais.[95]

Ele escolheu, sem hesitar, a segunda alternativa, enfatizando que indivíduos que realmente sofriam de instinto sexual contrário consideravam a teoria da hereditariedade conveniente, pois «nela encontram uma bem-vinda desculpa para sua peculiaridade».[96] Von Schrenck-Notzing disse que o objetivo de seu livro era demonstrar que «é possível transformar esses indivíduos pervertidos em membros úteis da sociedade» e que ele esperava que seu trabalho «abrisse para trabalhadores da área da terapia sugestiva um novo e produtivo campo de atividade e de ambição humanitária!».[97] Morton Prince também reconheceu que a teoria educacional das perversões oferecia «esperança e possibilidade», possibilidade de intervenção terapêutica bem-sucedida que trouxesse consigo a esperança que sempre desempenhara um papel tão grande na psiquiatria americana.[98] Mas Prince também insistia que a teoria segundo a qual a perversão era adquirida ou cultivada, em função dos

---

93 | Ibid.
94 | Ibid., p. 304.
95 | Ibid., p. v.
96 | Ibid., p. 146.
97 | Ibid., p. 305.
98 | Prince, op. cit., p. 85.

efeitos da educação, da imitação inconsciente, da sugestão externa, do exemplo e assim por diante, tinha suas infelizes desvantagens. De acordo com essa teoria, as perversões não eram na verdade vícios em vez de doenças, perversidade em vez de genuína perversão?[99] E, se fosse o caso, então continuava existindo uma dificuldade para justificar a intervenção psiquiátrica. Como a psiquiatria poderia legitimar uma interferência em problemas puramente morais; ela não deveria se limitar a verdadeiras doenças mentais, que são o domínio da ciência médica?[100] A matriz de poder/conhecimento psiquiátrico seria maximizada caso fosse possível afirmar tanto que a perversão sexual não era congênita quanto que era uma doença. Caso ela não fosse congênita, a intervenção terapêutica podia ser eficaz; caso fosse uma doença, a intervenção terapêutica seria necessária. Era exatamente nisso que Prince se fiava em sua teoria das neuroses de hábito e das genuínas doenças funcionais. Ele acreditava que, para sustentar que a perversão, embora adquirida, mesmo assim era uma doença, seria necessário demonstrar que hábitos intensamente cultivados podiam acabar se tornando automáticos, independentes de controle voluntário. O pervertido ficava então sujeito a «sensações e ideias imperativas reais».[101]

> Uma analogia com o que ocorre em outras áreas do sistema nervoso tornaria inteligível que as sensações e as ações sexuais podem por meio de repetição (cultivo) se associar umas às outras e se desenvolver até o ponto de serem atividades neurais quase independentes, que podem então se tornar praticamente independentes da vontade — ou, em outras palavras, uma psicose.[102]

Prince pôde então argumentar que, dada sua teoria, cabe a uma «contraeducação substituir os processos mórbidos por outros saudáveis».[103] Essa contraeducação

---

99 | Ibid., p. 95.
100 | Ver o prefácio de Krafft-Ebing para a primeira edição de *Psychopathia Sexualis*, op. cit., p. XIV.
101 | Prince, op. cit., p. 95.
102 | Ibid.
103 | Ibid., p. 96.

podia incluir quase tudo que se desejasse, e assim a psiquiatria estava a caminho de uma regulação disciplinar ilimitada da vida sexual. Essa teoria da perversão como doença adquirida induzia a um abandono completo do domínio da anatomia patológica e a uma firme adoção da psicologia. Morton Prince, afinal, fundou tanto o *Journal of Abnormal Psychology* (1906) quanto a Associação Americana de Psicopatologia (1910). A personalidade sexual foi criada para que se pudesse controlar melhor o corpo.

IX

Foi Immanuel Kant quem disse que nunca temos como conhecer o «eu» como ele realmente é, e que só podemos conhecer o modo como ele se apresenta a nós.[104] Kant imaginava poder fazer uma dedução que revelaria as categorias determinadas e imutáveis por meio das quais tudo, inclusive nosso próprio eu, deve se apresentar a nós. Mesmo que rejeitemos a dedução do próprio Kant, não devemos abandonar sua ideia básica. As categorias e as conceitualizações do eu determinam não apenas o modo como os outros nos veem, mas também o modo como cada pessoa se concebe. E as concepções que temos de nós mesmos têm grande influência na maneira como nos comportamos. Parte da «genealogia do sujeito na civilização ocidental» de Foucault deve consistir de uma investigação sobre a origem das novas categorias do eu.[105] Essas categorias podem vir dos mais estranhos e diversificados lugares. Ian Hacking demonstrou que os grandes estudos estatísticos do início do século XIX ofereceram muitas novas classificações do eu.[106] Não será surpresa se a psiquiatria se mostrar outra fonte fértil de novas conceitualizações do eu. O conceito de per-

---

104 | Immanuel Kant, *Critique of Pure Reason*. Nova York: St. Martin's Press, 1929. pp. B68-B69. [Ed. bras.: *Crítica da razão pura*. 4. ed. Petrópolis, Bragança Paulista: Vozes, EdUSF, 2015.]

105 | Michel Foucault, «Sexuality and Solitude», *London Review of Books* 3, n. 9, 1981, p. 5. [Trad. bras.: «Sexualidade e solidão». In: FOUCAULT, M., *Ditos e escritos*, vol. V: *Ética, sexualidade, política*. Rio de Janeiro: Forense Universitária, 2012.]

106 | Ian Hacking, «Biopower and the Avalanche of Numbers», *Humanities in Society* 5, n. 3/4, 1982. Ver também de Hacking «The Invention of Split Personalities», *I & C*, n. 10/11, 1988.

versão, que já foi exclusivamente parte das discussões especializadas do século XIX, se tornou, no século XX, uma maneira dominante de organizar o modo como pensamos sobre nossa própria sexualidade. Pessoas diagnosticadas como pervertidas passaram a se ver como doentes, como mórbidas, uma experiência que não era possível antes do período de maior popularidade do estudo da perversão que descrevi. Westphal acreditava que o instinto sexual contrário era sempre acompanhado de uma consciência da morbidez da condição.[107] Ser classificado como pervertido poderia alterar tudo, da autoconcepção do indivíduo a seu comportamento e a suas circunstâncias sociais. E mesmo aqueles dentre nós que não são totais pervertidos tivemos de nos reconceber; todo pequeno desvio do instinto sexual pode ser um sinal de nossa iminente perversão. Somos todos possíveis pervertidos. O legado da psiquiatria do século XIX é a perversão como um possível modo de vida, uma possível categoria do eu. A noção da perversão penetrou de tal modo em nosso quadro de categorias que hoje a pessoa pensa em si mesma de modo natural e inquestionado como pervertida, quando antes isso era estranho e questionável. Ian Hacking afirmou que

> a organização de nossos conceitos e as dificuldades filosóficas que dela surgem têm por vezes a ver com suas origens históricas. Quando há uma transformação radical de ideias, seja por meio de evolução ou de uma mutação abrupta, acredito que seja o que for que tornou essa transformação possível deixa suas marcas sobre o raciocínio subsequente.[108]

O problema da perversão é um exemplo desse tipo. Todo o nosso raciocínio subsequente sobre a perversão é afetado pelas origens históricas do conceito. Além disso, não podemos nos livrar do conceito de perversão, mesmo que afirmemos não

---

107 | Westphal, op. cit. Ver também Gley, op. cit., pp. 83-4, nota de rodapé.
108 | Ian Hacking, «How Should We Do the History of Statistics?», *I & C* 8, 1981, p. 17. Ver também de Hacking *The Emergence of Probability*. Cambridge: Cambridge University Press, 1975, e sua Dawes Hicks Lecture on Philosophy, «Leibniz and Descartes: Proof and Eternal Truths». In: *Proceedings of the British Academy*. Londres: Oxford University Press, 1974.

mais acreditar que exista uma função natural do instinto sexual. Somos prisioneiros do espaço histórico da psiquiatria do século XIX, «moldado pela pré-história, e apenas a arqueologia pode mostrar seu molde».[109] A arqueologia da perversão é um estágio crucial da compreensão do eu no século XX. Talvez chegue um momento em que possamos pensar: «Como te amo; deixe-me contar de quantos modos», sem mais temer nossa possível perversão.

---

109 | Hacking, «Leibniz and Descartes: Proof and Eternal Truths», op. cit., p. 188.

2. O SEXO E O SURGIMENTO DA SEXUALIDADE[1]

Alguns anos atrás, uma coleção de ensaios históricos e filosóficos sobre sexo era vendida com o seguinte *slogan*: os filósofos voltaram a se interessar por sexo. Desde então a história da sexualidade se tornou um tópico quase inevitável, dando origem a um número de livros e artigos suficiente para satisfazer a qualquer um. No entanto, ainda há problemas conceituais imperceptivelmente negligenciados quando se discute esse tópico, negligenciados, pelo menos em parte, por parecerem básicos ou óbvios demais, a ponto de fazer parecer tempo mal gasto ocupar-se demais deles. Contudo, sem voltar a esse conjunto de problemas, você quase literalmente fica sem saber a história do que está escrevendo quando escreve a história da sexualidade.

Um excelente exemplo de texto dos mais sofisticados da atualidade nesse campo pode ser encontrado em *Sexualidades ocidentais*, uma coleção de ensaios que é resultado de um seminário conduzido por Philippe Ariès na École des hautes études em sciences sociales em 1979-80.[2] Como era de esperar, *Sexualidades*

---

[1] | Estou em dívida com Stanley Cavell, Lorraine Daston, Peter Galison, Ian Hacking, Erin Kelly, John McNees e Joel Snyder por conversas sobre o tema deste ensaio.

[2] | Philippe Ariès; André Béjin (Orgs.), *Western Sexuality: Practice and Precept in Past and Present Times*. Oxford: Blackwell, 1985. [Ed. bras.: *Sexualidades ocidentais: contribuições para a história e para a sociologia da sexualidade*. 3. ed. São Paulo: Brasiliense, 1987.]

ocidentais se caracteriza por uma diversidade de abordagens metodológicas e historiográficas — história social, história intelectual, história cultural (a que um historiador que conheço se refere como a história das más ideias), sociologia histórica, análise de textos literários e aquele tipo característico de história praticado por Michel Foucault e também em evidência no curto ensaio de Paul Veyne. Uma perspectiva virtualmente ausente dessa coleção é a da história da ciência, e, como creio que a história da ciência tem uma contribuição decisiva e irredutível a dar na história da sexualidade, não é por acidente que vou me concentrar nessa conexão. Porém a história da sexualidade é também uma área em que a historiografia ou a epistemologia implícita do autor imprimirá, de maneira irrevogável, a escrita da história. É uma arena em que preocupações filosóficas e históricas inevitavelmente se chocam.

Em suas *Tanner Lectures* de 1979, Foucault diz estar preocupado com o problema das «relações entre experiências (como loucura, doença, transgressão das leis, sexualidade, autoidentidade), conhecimento (como psiquiatria, medicina, criminologia, sexologia, psicologia) e poder (como o poder detido pelas instituições psiquiátricas e penais, e por todo outro tipo de instituição que lida com o controle individual)».[3] A questão que ele aponta no centro de seu trabalho é: «De que modo essas experiências fundamentais como loucura, sofrimento, morte, crime, desejo, individualidade estão conectadas, ainda que não estejamos conscientes disso, com o conhecimento e com o poder?»[4] No prefácio do segundo volume da *História da sexualidade*, tentando explicar o deslocamento cronológico dos séculos XVIII e XIX (o foco do primeiro volume) para o período da Antiguidade (no segundo e terceiro volumes), Foucault enfatiza que o período em torno do século XIX, «quando essa forma singular de experiência, a sexualidade, tomou forma, é particularmente comple-

---

3 | Michel Foucault, «Omnes et Singulatim: Towards a Criticism of 'Political Reason'». In: MCMURRIN, Sterling M. (Org.), *The Tanner Lectures on Human Values*. Salt Lake City: University of Utah Press, 1981. p. 239. [Trad. bras.: «Omnes et Singulatim: uma crítica da razão política». In: FOUCAULT, M., *Ditos e escritos*, vol. IV: *Estratégia poder-saber*. Rio de Janeiro: Forense Unviersitária, 2012.]
4 | Ibid., p. 240.

xo».[5] Em especial, a formação dos campos de conhecimento e o papel dos vários sistemas normativos tiveram um efeito determinante sobre a constituição dessa experiência. Por várias razões, Foucault decidiu se ocupar de

> períodos em que o efeito do conhecimento científico e a complexidade dos sistemas normativos eram menores, [...] para acabar compreendendo formas de relação com o eu diferentes daquelas que caracterizam a experiência da sexualidade [...] Em vez de me colocar no limiar da formação da *experiência da sexualidade*, tentei analisar a formação de certo modo de relação com o eu na *experiência da carne*.[6]

A distinção feita por Foucault entre a experiência da sexualidade e a experiência da carne tem como objetivo marcar o fato de que nossa experiência da sexualidade tem uma gênese histórica específica e característica. Embora pensemos nela como um fenômeno natural, um fenômeno da natureza que não recai nos domínios do surgimento histórico, nossa experiência da sexualidade é produto de sistemas de conhecimento e modalidades de poder que não têm como se declarar inevitáveis. E uma análise da Antiguidade tardia e dos primeiros tempos do cristianismo revelaria, segundo Foucault, uma experiência da carne muito distinta de nossa experiência da sexualidade, e que não deve ser confundida com ela. A confusão dessas experiências é resultado de uma epistemologia grosseira que tem como consequência um anacronismo desfigurador e incapacitante. Veyne expressa basicamente a mesma ideia em seu artigo «A homossexualidade em Roma», ao afirmar que o mundo romano antigo não enxergava a experiência da homossexualidade como «um problema separado», que a questão nunca era a homossexualidade em si, mas sim ser livre e não ser um agente passivo. O que ele descobre é «um mundo em que o comportamento do indivíduo era julgado não por sua preferência por meninas ou meninos, e sim pelo papel

---

5 | Foucault escreveu diversos prefácios ou introduções para o segundo volume de *História da sexualidade*. Essa aparece em RABINOW, Paul (Org.), *The Foucault Reader*. Nova York: Pantheon Books, 1984. p. 338.
6 | Ibid., p. 339 (grifo meu).

ativo ou passivo que a pessoa desempenhava».[7] Caso desejemos isolar o problema da homossexualidade, precisaremos saltar até o século XIX para encontrá-lo.

Quero me concentrar na relação entre as formas de experiência e os sistemas de conhecimento, no trajeto durante o qual aquilo que viemos a chamar de «sexualidade» surge como produto de um sistema de conhecimento psiquiátrico que tem seu estilo de raciocínio e argumentação muito particular. Nenhum relato completo da gênese da sexualidade pode ignorar as modalidades de poder no século XIX, aquilo que Foucault chama de biopoder, que tem relações detalhadas e precisas com nossa experiência da sexualidade, tópico sobre o qual não terei praticamente nada a dizer. Porém o surgimento da sexualidade e o surgimento de um novo estilo psiquiátrico de raciocínio têm a tal ponto uma conexão íntima entre si que, enquanto não articularmos plenamente essa conexão, nossa experiência permanecerá sem ser plenamente articulada.

Para ajudar na compreensão, ainda que apenas em um nível intuitivo, de como eu entendo a noção de um estilo de raciocínio ou argumentação, deixe-me dar um exemplo de dois estilos de raciocínio radicalmente diferentes em relação à doença — aquilo que chamo de estilos anatômico e psiquiátrico de raciocínio. Como Foucault, estou preocupado com o modo como os sistemas de conhecimento nos moldam como sujeitos, o modo como esses sistemas literalmente nos tornam sujeitos. Nos tempos modernos, as categorias da sexualidade determinaram parcialmente o modo como pensamos em nós mesmos, a forma que temos como sujeitos. Se pegarmos o exemplo da identidade sexual e seus transtornos, podemos ver dois sistemas de conhecimento, exibindo dois estilos de raciocínio, do modo como eles vieram a ocorrer no século XIX. O caso particular do estilo anatômico de raciocínio que vou considerar foi tornado célebre por Foucault com a publicação de seu estudo sobre o hermafrodita francês do século XIX Herculine Barbin. Foucault afirma na introdução do texto que na Idade Média tanto a lei canônica

---

[7] | Paul Veyne, «Homosexuality in Ancient Rome». In: ARIÈS, Philippe; BÉJIN, André (Orgs.), *Western Sexuality*, op. cit., p. 29. [Trad. bras.: «A homossexualidade em Roma». In: ARIÈS, Philippe; BÉJIN, André (Orgs.), *Sexualidades ocidentais: contribuições para a história e para a sociologia da sexualidade*. 3. ed. São Paulo: Brasiliense, 1987.]

quanto a lei civil designavam como «hermafroditas» pessoas em quem os dois sexos se justapunham em proporções variáveis. Em alguns desses casos, o pai ou o padrinho determinavam o sexo da criança na época do batismo. No entanto, mais tarde, quando chegava a hora de o hermafrodita se casar, ele próprio podia decidir se desejava manter o sexo que lhe havia sido atribuído ou se escolhia o sexo oposto. A única restrição é que não se podia mudar de ideia de novo: era necessário manter pelo resto da vida o sexo escolhido.[8] Embora o relato de Foucault se aplique apenas a um tipo de hermafrodita medieval (e a brevidade do texto simplifica relações complexas entre os tratamentos legais, religiosos e médicos do hermafroditismo na Idade Média e na Renascença),[9] sua afirmação simplesmente ecoa, por exemplo, o que Ambroise Paré diz em *Des monstres et prodiges* [Monstros e prodígios], de 1573.[10]

Como Foucault enfatiza, nos séculos XVIII e XIX, todos os hermafroditas aparentes passaram a ser tratados como pseudo-hermafroditas, e se tornou tarefa do especialista médico decifrar «o verdadeiro sexo que estava oculto por trás das aparência ambíguas» (*HB*, p. VIII), para descobrir o único sexo genuíno do chamado hermafrodita. É nesse contexto que o caso de Herculine Barbin deve ser visto. Adelaide Herculine Barbin, também conhecido como Alexina ou Abel Barbin, foi criado como mulher mas depois se decidiu que se tratava de um homem. Dada essa determinação de sua verdadeira identidade sexual, o *status* civil de Barbin foi modificado, e, incapaz de se adaptar à sua nova identidade, ele se suicidou. Os detalhes do caso são fascinantes, mas o que me interessa aqui é o modo como a ciência médica determinou a real identidade sexual de Herculine. Seguem aqui algumas observações do

---

8 | Ver Foucault, introdução a *Herculine Barbin, Being the Recently Discovered Memoirs of a Nineteenth-Century French Hermaphrodite*. Trad. Richard McDougal. Nova York: Pantheon Books, 1980. pp. VII-VIII; todas as futuras referências a essa obra, abreviada *HB*, serão incluídas no texto. [Ed. bras.: *Herculine Barbin: o diário de um hermafrodita*. Rio de Janeiro: Francisco Alves, 1982.]

9 | Para uma crítica de algumas afirmações de Foucault, ver Lorraine Daston; Katharine Park, «Hermaphrodites in Renaissance France», *Critical Matrix: Princeton Working Papers in Women's Studies* 1, n. 5, 1985.

10 | Ver Ambroise Paré, *Des monstres et prodiges*. Org. Jean Céard. Genebra: Librairie Droz, 1971. pp. 24-7.

médico que fez o primeiro exame em Barbin, e que publicou um relato em 1860 nos *Annales d'hygiène publique et de médecine légale*. Depois de descrever a região genital de Barbin, o dr. Chesnet pergunta:

> O que podemos concluir dos fatos acima? Será Alexina uma mulher? Ela tem vulva, grandes lábios e uma uretra feminina [...] Ela tem vagina. Verdade, é uma vagina muito curta, muito estreita; mas, afinal, o que será aquilo senão uma vagina? Esses são atributos completamente femininos. Sim, porém Alexina jamais menstruou; toda a parte externa de seu corpo é a de um homem, e minhas explorações não me permitiram encontrar um útero [...] Por fim, para resumir o assunto, corpos ovais e cordões espermáticos são encontrados por meio do toque em um escroto dividido. *São essas as reais provas do sexo*. Podemos agora concluir e dizer: Alexina é um homem, hermafrodita, sem dúvida, mas com um evidente predomínio das características sexuais masculinas. (*HB*, pp. 127-8; grifos meus)

Perceba que as provas reais do sexo são encontradas na estrutura anatômica dos órgãos sexuais de Barbin.

Escrevendo nove anos mais tarde no *Journal de l'anatomie et de la physiologie de l'homme*, o dr. E. Goujon confirma de modo definitivo as conclusões de Chesnet, usando aquela grande técnica da anatomia patológica, a autópsia. Depois de discutir os órgãos genitais de Barbin, Goujon oferece um relato detalhado de seus órgãos genitais internos:

> Ao abrir o corpo, via-se que apenas o epidídimo do testículo esquerdo tinha passado pelo anel; era menor do que o direito; os vasos deferentes se aproximavam por trás e ligeiramente abaixo da bexiga e tinham conexões normais com as vesículas seminais. Dois canais ejaculatórios, um de cada lado da vagina, sobressaíam saindo de trás da membrana mucosa da vagina e passavam pelas vesículas até chegar ao orifício vulvar. As vesículas seminais, sendo a direita um pouco maior do que a esquerda, ficavam distendidas por um esperma que tinha consistência e cor normais. (*HB*, pp. 135-6)

Toda a ciência médica, com seu estilo da anatomia patológica, concordou com Auguste Tardieu quando ele afirmou em seu livro, que tinha o título revelador de *Question médico-légale de l'identité dans ses rapports avec les vices de conformation des organes sexuels* [Questão médico-legal da identidade relacionada com os defeitos de conformação dos órgãos sexuais], que, «sem dúvida, as aparências típicas do sexo feminino foram levadas muito longe neste caso, mas tanto a ciência quanto a lei foram mesmo assim forçadas a admitir o erro e a reconhecer o verdadeiro sexo desse jovem» (*HB*, p. 123).[11]

Deixe-me agora saltar algumas décadas. Estamos em 1913, e o grande psicólogo do sexo, Havelock Ellis, escreveu um artigo intitulado «Inversão sexo-estética» que aparece no jornal trimestral *Alienist and Neurologist*. O texto começa assim:

> Por «inversão sexual», estamos nos referindo exclusivamente a uma mudança nos impulsos sexuais da pessoa, resultado de uma constituição nata, de modo que o impulso se volte a indivíduos do mesmo sexo, ao passo que todos os demais impulsos e gostos podem permanecer os mesmos do sexo a que a pessoa pertence de acordo com sua configuração anatômica. Existe, porém, um tipo mais amplo de inversão, que não apenas engloba muito mais do que a direção do impulso sexual, como também pode até não incluir o impulso sexual, o que frequentemente acontece. Essa é a inversão em que os gostos e os impulsos da pessoas são a tal ponto alterados que, caso se trate de um homem, ele enfatiza e até exagera as características femini-

---

11 | O livro de Tardieu foi publicado em 1874. Partes dele tinham sido publicadas anteriormente em *Annales d'hygiène publique* in 1872. Controvérsias relativas à identidade do sexo de um indivíduo muitas vezes giravam em torno de questões sobre as capacidades reprodutivas e sobre sua adequação para o casamento. No século XIX, essas determinações subordinaram as considerações fisiológicas às anatômicas. Basear as classificações do hermafroditismo em fatos fisiológicos, em vez de usar fatos anatômicos, era visto como «completamente inadmissível no estágio atual da ciência». Ver Isidore Geoffroy Saint-Hilaire, *Histoire générale et particulière des anomalies de l'organisation chez l'homme et les animaux*. 3 vols. Paris: J.B. Baillière, 1832-37. v. 3, p. 34n. Para uma discussão geral de algumas dessas questões, ver Pierre Darmon, *Le Tribunal de l'impuissance: Virilité et défaillances conjugales dans l'ancienne France*. Paris: Seuil, 1979 [ed. bras.: *O tribunal da impotência: virilidade e fracassos conjugais na antiga França*. Rio de Janeiro: Paz e Terra, 1988]. Estou em dívida com Joel Snyder por esclarecimentos sobre esse ponto.

nas de sua própria pessoa, gosta de manifestar atitudes femininas e muito especialmente sente peculiar satisfação em se vestir como mulher e em adotar os modos das mulheres. No entanto, o sujeito dessa perversão experimenta a atração sexual normal, embora em alguns casos a inversão geral de gostos possa se estender, talvez gradualmente, aos impulsos sexuais.[12]

Depois de descrever alguns casos, Ellis escreve ainda:

> A natureza precisa da inversão estética só pode ser estabelecida pela apresentação de exemplos ilustrativos. Há pelo menos dois tipos desses casos; um, o tipo mais comum de encontrar, em que a inversão se restringe principalmente à esfera do vestuário, e outro, menos comum porém mais completo, em que o *cross-dressing* é visto com comparativa indiferença, mas em que o sujeito se identifica a tal ponto com as características físicas e psíquicas que lembram aquelas do sexo oposto que sente como se realmente pertencesse àquele sexo, embora não tenha nenhuma ilusão em relação à sua conformação anatômica.[13]

Na categorização dos transtornos, a clara separação que Ellis faz entre dois tipos distintos de coisas, a configuração anatômica e as características psíquicas, oferece uma manifestação superficial de uma profunda e abrangente mutação epistemológica. É isso que torna possível a inversão sexual-estética, como doença, em primeiro lugar.

A discussão de Ellis é descendente do estilo de raciocínio psiquiátrico que tem início, *grosso modo*, na segunda metade do século XIX, período durante o qual as regras para a produção de discursos verdadeiros sobre a sexualidade mudam de maneira radical. A identidade sexual deixa de estar exclusivamente ligada à estrutura anatômica dos órgãos genitais internos e externos. Agora ela é uma questão de impulsos,

---

12 | Havelock Ellis, «Sexo-Aesthetic Inversion», *Alienist and Neurologist* 34, 1913, p. 156.
13 | Ibid., p. 159.

gostos, aptidões, satisfações e características psíquicas. Há todo um novo conjunto de conceitos que torna possível separar questões relativas à identidade sexual de fatos sobre a anatomia, possibilidade que só passou a existir com o surgimento de um novo estilo de raciocínio. E com esse novo estilo de raciocínio apareceram tipos totalmente novos de doenças e transtornos sexuais. Há 150 anos, teorias psiquiátricas relativas a transtornos de identidade sexual não eram falsas, na verdade elas não chegavam sequer a se candidatar a ser verdadeiras ou falsas.[14] Apenas com o nascimento do estilo psiquiátrico de raciocínio surgiram categorias de indícios, verificação, explicação e assim por diante que permitiram a essas teorias ser verdadeiras ou falsas. E, para que não se pense que a discussão de Ellis está ultrapassada, devo ressaltar que a terceira edição do *Manual diagnóstico e estatístico de transtornos mentais* da Associação Americana de Psiquiatria discute transtorno de identidade sexual em termos quase conceitualmente idênticos aos de Ellis. O texto denomina esses transtornos, «caracterizados pela sensação de desconforto e inadequação do indivíduo quanto a seu sexo anatômico e pelos persistentes comportamentos geralmente associados ao outro sexo», de *transtornos de identidade de gênero*.[15] Vivemos com o legado desse estilo relativamente recente de raciocínio psiquiátrico, tão estranho às teorias médicas anteriores sobre o sexo. As chamadas cirurgias de mudança de sexo não apenas eram tecnologicamente impossíveis em séculos anteriores; também eram impossíveis do ponto de vista conceitual. Antes da segunda metade do século XIX, as pessoas de determinado sexo anatômico não podiam ser vistas como pertencendo de fato, isto é, psicologicamente, ao sexo oposto. O sexo anatômico esgotava a identidade sexual do indivíduo; considerações psicológicas não poderiam oferecer a base para a «cirurgia de redesignação sexual», já que essas considerações não eram relevantes para a definição da identidade sexual. Nosso atual conceito

---

14 | Para uma explicação sobre essa terminologia, ver Ian Hacking, «Language, Truth, and Reason». In: HOLLIS, Martin; LUKES, Steven (Orgs.), *Rationality and Relativism*. Cambridge: MIT Press, 1982. pp. 48-66.

15 | Associação Americana de Psiquiatria, Força-Tarefa sobre Nomenclatura e Estatísticas, *Diagnostic and Statistical Manual of Mental Disorders*. 3. ed. Washington, D.C., 1980. p. 261. [Ed. bras.: *Manual de diagnóstico e estatística de distúrbios mentais — DSM III*. 3. ed. São Paulo: Manole, 1989.]

médico de redesignação sexual teria sido incompreensível ou incoerente, já que não era coerente com o estilo de raciocínio relativo à identidade sexual.

O estilo anatômico de raciocínio adotou o sexo como seu objeto de investigação e se ocupava de doenças de anormalidade estrutural, com mudanças patológicas que resultavam de mudanças anatômicas macroscópicas ou microscópicas. É por esse motivo que o hermafroditismo exemplifica de modo mais visível esse modo de raciocínio. Mas, para que a sexualidade se tornasse um objeto do conhecimento clínico, era necessário um novo estilo de raciocínio psiquiátrico. A discussão de Ellis já *dá como certo* o novo estilo de raciocínio, e por isso trata a sexualidade e seus transtornos, como a inversão sexual-estética, como se fossem naturalmente dados. Mesmo um historiador sofisticado como Ariès pode confundir esses objetos diferentes de investigação clínica, o que inevitavelmente leva a uma confusão histórica. Escrevendo sobre a homossexualidade, ele declara: «A anomalia condenada era a da ambiguidade sexual, o homem efeminado, a mulher com órgãos masculinos, o hermafrodita».[16] Porém qualquer tentativa de escrever uma história unificada que passasse do hermafroditismo para a homossexualidade fundiria figuras que uma epistemologia histórica adequada deve manter separadas. O hermafrodita e o homossexual são tão diferentes quanto a genitália e a psique. A noção de estilo de raciocínio nos ajuda a ver como isso se dá.

Na verdade, não creio que seja ir longe demais defender a tese, por mais paradoxal que ela possa parecer, de que a própria sexualidade seja produto do estilo psiquiátrico de raciocínio. A sexualidade só se tornou objeto possível da investigação psicológica, da teorização e da especulação em função de uma forma de raciocínio característica que teve origem historicamente específica; ou, para dizer de outra forma, afirmações sobre a sexualidade passaram a ter uma positividade, uma possibilidade de serem verdadeiras ou falsas, apenas quando o espaço conceitual associado ao estilo psiquiátrico de raciocínio foi articulado pela primeira vez. Uma

---

16 | Ariès, «Thoughts on the History of Homosexuality», in: *Western Sexuality*, op. cit., p. 66. [Trad. bras.: "Reflexões sobre a história da homossexualidade". In: ARIÈS, Philippe; BÉJIN, André (Orgs.), *Sexualidades ocidentais: contribuições para a história e para a sociologia da sexualidade*. 3. ed. São Paulo: Brasiliense, 1987.]

confirmação um tanto prosaica — e que nem por isso deixa de ser surpreendente — dessa afirmação é dada de fato ao se observar a origem da palavra «sexualidade». A própria palavra «sexualidade», assim como nosso conceito de sexualidade, aparece pela primeira vez, segundo o *Oxford English Dictionary*, em fins do século xix. O OED dá como seu primeiro exemplo de «sexualidade», definida como «posse de capacidades sexuais, ou capacidade de sensações sexuais», uma afirmação de 1879 feita por J. Duncan em seu *Diseases of Women* [Doenças femininas]: «Ao remover os ovários, não necessariamente se destrói a sexualidade de uma mulher». Nada poderia ilustrar melhor minha afirmação de que a sexualidade é um objeto distinto do estilo de raciocínio anatômico sobre as doenças. A sexualidade de uma mulher não pode ser reduzida a fatos sobre seu sistema reprodutor ou à existência desses órgãos, e, tendo em vista essa compreensão, era necessário ter um modo de conceitualizar a sexualidade que permitisse dizer algo sobre a sexualidade sem invocar, de modo essencial, esses fatos anatômicos. Foi o estilo de raciocínio psiquiátrico que tornou possível essa fala na medicina, que possibilitou declarações como a de Duncan. Sem esse estilo de raciocínio, estaríamos sempre falando sobre sexo, e não sobre sexualidade.

Apesar das observações de Foucault em contrário ao final do primeiro volume de *História da sexualidade*, creio que é de importância epistemológica decisiva distinguir com cuidado entre sexo e sexualidade, em que o primeiro é compreendido, conforme a definição do OED, como «uma das duas divisões dos seres orgânicos distinguidos como macho e fêmea respectivamente»; um exemplo desse uso é a afirmação de Crooke em *Body of Man* [Corpo do homem], de 1615: «Caso respeitemos a [...] conformação dos dois sexos, o macho é aperfeiçoado mais cedo [...] no ventre». O OED oferece outra definição de «sexo» que é com efeito uma especificação da primeira definição, «a soma das diferenças na estrutura e na função dos órgãos reprodutores que servem como base para a distinção dos seres em machos e fêmeas, e de outras diferenças psicológicas decorrentes dessas»; um exemplo desse uso é uma observação de H. G. Wells de um livro de 1912 sobre casamento: «É necessário [...] contar aos jovens [...] tudo o que sabemos sobre essas três coisas fundamentais: a primeira das quais é Deus [...] e a terceira, o sexo». Esses usos estão intimamente ligados com o uso do verbo «sexar», que o OED define como «determinar o sexo de, por meio de exame anatômico».

Embora a relação seja íntima, estou preocupado sobretudo com os conceitos de sexualidade e de sexo, mais do que com as palavras «sexualidade» e «sexo». Um bom exemplo de que a mesma palavra pode ser usada para expressar dois conceitos distintos é dado pelo único caso que conheço em que a noção de sexualidade está associada à biologia e não à psicologia. Isso ocorre no *Handbook of Medical Science* [Manual de ciências médicas] de Buck, de 1888: «De acordo com uma definição estritamente biológica, a sexualidade é a característica dos elementos reprodutivos de macho e fêmea (genoblastos), e o sexo dos indivíduos em que os elementos reprodutivos surgem. Um homem tem sexo, uma sexualidade espermatozoide». Essa afirmação é bizarra a ponto de produzir espanto e silêncio. É possível que um espermatozoide seja heterossexual, homossexual ou bissexual? Será que ele pode sofrer de desvio de sexualidade, ou de uma sexualidade anormalmente aumentada ou diminuída? Poderá ter desejos masoquistas, sádicos ou fetichistas? A resposta para essas perguntas não é nem sim nem não, já que as perguntas extraem seu sentido do estilo psiquiátrico de raciocínio, que não tem como ser aplicado a um espermatozoide. Nós quase literalmente não compreendemos a afirmação de que «um homem tem sexo, uma sexualidade espermatozoide», pois não há sexualidade fora do estilo psiquiátrico de raciocínio. A irredutível esquisitice ou incompreensibilidade da afirmação de Buck é um bom exemplo de como conceitos específicos são produzidos por estilos característicos de raciocínio, de como pensamos sobre a sexualidade e de como distinguimos entre sexo e sexualidade. Ao olhar para a origem de nosso conceito de sexualidade, fazemos bem em prestar atenção ao conselho de Oscar Wilde segundo o qual «só pessoas superficiais não julgam pelas aparências». Devemos examinar a palavra «sexualidade» nos lugares em que ela é usada, ou seja, devemos observar frases em que a «sexualidade» aparece, e ver o que é feito com essas frases pelas pessoas que as usam. Tipicamente, pelo menos quando estamos lidando com uma ruptura epistemológica, descobriremos que o conceito investigado entra em relação sistemática com outros conceitos muito específicos, e que ele é usado em tipos característicos de frases para desempenhar funções regulares, porque frequentemente repetidas. O que devemos evitar é a tentativa de ir além das aparências, de oferecer alguma reconstrução hermenêutica sutil que ignore ou ultrapasse a superfície das frases.

Caso alguém ache que até aqui falei apenas sobre palavras e não sobre coisas, que não saí dos conceitos para o mundo, será útil relembrar alguns exemplos dos critérios wittgensteinianos. Na mais atraente discussão de que tenho conhecimento sobre as noções de Ludwig Wittgenstein a respeito de critérios e gramática, Stanley Cavell, em *The Claim of Reason* [A reivindicação da razão], põe em foco alguns exemplos, um dos quais diz respeito à gramática da «dor»:

> E a dor pode ser amortecida (não alterada, como uma opinião) ou obnubilada (não serenada, como no caso do humor); você pode localizar certas dores, ou pode precisar fazer isso, cutucando, por exemplo, ativando a dor, fazendo com que ela se renove, se concentrando nela; falamos que alguém está com dores, mas não com prazer (e com nojo, e com medo, mas não com felicidade ou com fúria); é possível causar dor, mas não prazer, que é dado ou tirado (assim como o orgulho e a coragem, mas diferente da felicidade, que só pode ser encontrada; embora você possa fazer alguém orgulhoso e feliz, e do mesmo modo também envergonhado e infeliz); e assim por diante.[17]

É somente parte de nosso conceito de dor podermos dizer que ela pode ser amortecida ou obnubilada, mas não alterada ou serenada, dizermos que alguém está com dor, mas não com prazer, que causamos dor, mas damos prazer? Ou é da natureza da própria dor podermos dizer essas coisas dela? A gramática da dor de Cavell pretende demonstrar que qualquer distinção fácil entra em colapso sob o peso desse exemplo. E nesse mesmo capítulo, intitulado «Como uma coisa é (chamada)», contrastando o que ele chama de tipo de objeto austiniano e o tipo de objeto wittgensteiniano, ele demonstra de modo mais específico que,

> caso você não conheça os critérios gramaticais dos objetos wittgensteinianos, falta-lhe, por assim dizer, não apenas uma informação ou um conhecimento, e sim a possibilidade de obter quais-

---

17 | Stanley Cavell, *The Claim of Reason: Wittgenstein, Skepticism, Morality, and Tragedy.* Nova York: Oxford University Press, 1979. p. 78.

quer informações sobre tais objetos *überhaupt*; é impossível dizer a você o nome do objeto porque ainda não há *objeto* daquele tipo para que você ligue a ele um nome vindouro.[18]

Nesses termos, posso formular minha afirmação dizendo que a sexualidade é um objeto wittgensteiniano e que ninguém tinha como conhecer os critérios gramaticais desse objeto antes do surgimento do estilo psiquiátrico de raciocínio, o que significa dizer que antes desse momento ainda não havia um objeto a que pudéssemos ligar o nome «sexualidade».

Reconheço que estou defendendo aqui uma tese muito forte, contraintuitiva, até mesmo aparentemente artificial, portanto deixe-me tentar aumentar sua plausibilidade. Quero abordar essa questão discutindo alguns aspectos do brilhante livro de Leo Steinberg *The Sexuality of Christ in Renaissance Art and in Modern Oblivion* [A sexualidade do Cristo na arte da Renascença e no oblívio moderno].[19] Embora eu vá me concentrar quase exclusivamente em uma inadequação conceitual do relato de Steinberg, não desejo sequer por um momento diminuir o grande feito desse livro, que transcende as fronteiras de qualquer disciplina, articulando questões que levam o leitor muito além dos domínios da história da arte. Seu livro tem um interesse quase ilimitado, e o tipo de provocação que ele permite é um indicador infalível de suas raríssimas virtudes. O título do livro de Steinberg devia nos fazer parar para pensar, uma vez que, de acordo com a afirmação que acabo de fazer, parece que não poderia haver algo como a *sexualidade* de uma pessoa, Cristo incluído, na Renascença. Uma leitura atenta do livro mostra de maneira inequívoca que ele trata não da sexualidade de Cristo, mas da representação da genitália do Cristo na arte renascentista. Na verdade, o argumento de Steinberg exige que as pinturas que ele discute sejam sobre o sexo do Cristo, o fato de seu sexo.

Para resumir rapidamente o argumento de Steinberg, ele acredita que essas representações são motivadas pela centralidade de uma teologia encarnacional,

---

18 | Ibid., p. 77.
19 | Leo Steinberg, *The Sexuality of Christ in Renaissance Art and in Modern Oblivion*. Nova York: Pantheon Books, 1983. Todas as referências futuras a essa obra, abreviada *SC*, serão incluídas no texto.

que a representação do pênis do Cristo, menino ou adulto, dá uma realidade visível ao mistério da encarnação. Para que Cristo redimir a humanidade por meio de sua morte, era preciso que fosse um homem em todos os aspectos, e essas pinturas renascentistas o representam deste modo:

> A representação do Cristo encarnado, cada vez mais inequivocamente carne e osso, é um projeto religioso, pois dá testemunho da grande obra de Deus. E deve ser esse o motivo que induz o artista da Renascença a incluir, em sua apresentação do Menino Jesus, até mesmo momentos que normalmente seriam excluídos em nome da modéstia — como a exibição ou a manipulação da genitália do menino (SC, p. 10).

Como Steinberg diz de modo sucinto mais adiante, «a apresentação do membro sexual do Cristo serve como sinal da humanização de Deus» (SC, p. 13). E, como ele próprio reconhece, o dogma da encarnação exige que o Cristo seja «tanto destinado à morte quanto sexuado» (SC, p. 13), e esses artistas nos permitem ver que ele é sexuado, por meio de exame anatômico; o argumento não exige absolutamente nada acerca da sexualidade do Cristo. O fato anatômico do sexo do Cristo, a representação de seu pênis, encontra paralelo nas discussões e nos sermões da Renascença sobre a circuncisão do Cristo e, como ressaltou André Chastel, pelo relicário do santo prepúcio, chamado de Relíquia da Circuncisão, no Santo dos Santos em Latrão, que foi roubado em 1527 durante o saque de Roma. De novo, há muito sobre sexo mas nada sobre sexualidade nessas tradições. Em determinado momento de sua resenha do livro de Steinberg, Chastel o acusa de «uma injustificada transferência de uma concepção atual para uma descrição de uma situação dos séculos XV e XVI».[20] Mas a transferência mais flagrante e de maior consequência, que passou despercebida a Chastel, ocorre no próprio título de sua obra. É claro, pode-se pen-

---

20 | André Chastel, «A Long-Suppressed Episode», resenha de *The Sexuality of Christ in Renaissance Art and in Modern Oblivion*, de Leo Steinberg. Trad. David Bellos and Christopher Benfry, *New York Review of Books*, 22 nov. 1984, p. 35n2.

sar que Steinberg foi simplesmente descuidado na escolha das palavras, que sua escolha não traz nenhuma consequência importante, já que, independentemente das palavras que ele venha a usar, é evidente que ele se refere ao «sexo». Mas a escolha por «sexualidade», seja descuidada ou estudada, encobre algo genuinamente importante e que se perde com grande naturalidade. É essa aplicação automática e imediata de conceitos, como se conceitos não tivessem temporalidade, que permite, e muitas vezes exige, que façamos analogias e inferências inadequadas que derivam de uma perspectiva historicamente inadequada e conceitualmente indefensável. Sendo assim, deixe-me voltar a algumas representações de sexo e de sexualidade para sublinhar suas diferenças radicais.

A representação iconográfica do sexo ocorre por meio do retrato do corpo, mais especificamente dos genitais. A representação iconográfica da sexualidade se dá pelo retrato da personalidade, e normalmente assume a forma do retrato do rosto e de suas expressões. As Figuras 2.1 a 2.5, todas presentes no livro de Steinberg, representam o sexo de Cristo ao chamar a atenção explicitamente para o fato de sua genitália. A Figura 2.1 mostra santa Ana manipulando a genitália do Cristo enquanto Maria e José observam. A obra como um todo não mostra nenhum traço de escândalo ou blasfêmia, e creio que Steinberg está correto ao interpretar a palpação do pênis do Cristo por Ana como uma «prova palpável» de que «Deus se fez homem» (SC, p. 8). Perceba que quase não se vê o perfil do Cristo, já que seu rosto está voltado para Maria e não é uma parte destacada nem importante da xilogravura. As distâncias e as profundidades a que certas pessoas estão dispostas a ir para negar aquilo que é evidente aos olhos é impressionante. Um historiador da arte, resenhando o livro de Steinberg, disse o seguinte sobre a interpretação que ele deu à xilogravura de Baldung:

> O gesto [de santa Ana] é no mínimo ambíguo, uma vez que os dedos poderiam estar bem atrás do pênis, sem absolutamente tocar nele. Na verdade, tendo em vista que os demais dedos dela se encontram ao redor do joelho dele, essa é a interpretação mais provável [...] Caso eles [os contemporâneos de Baldung] tivessem

Figura 2.1: Hans Baldung, *Sagrada Família*, 1511

> suposto inicialmente que santa Ana estava acariciando o pênis do Cristo, com certeza teriam olhado novamente para ver se alguma outra interpretação menos inadequada era possível. Eles teriam notado não apenas a posição dos demais dedos como também teriam observado que sua mão direita está atrás das costas da criança e que ela se inclina para a frente para pegá-lo das mãos da filha. Esse é um tema familiar; e, uma vez que o reconhecemos, podemos ver que a mão esquerda ambiguamente colocada não poderia estar tocando os genitais. A composição de Baldung é um tanto estranha, porém não representa um tema único na arte europeia.[21]

A descrição, embora reconheça que a composição de Baldung é «um tanto estranha», demonstra um resenhista que é exemplo do oblívio moderno. Em primeiro lugar, a interpretação de Steinberg não é nem de longe «extremamente inapropriada» quando colocada no contexto de sua interpretação de dezenas de outras pinturas e pelos indícios visuais de outras 245 reproduções em seu livro. Além disso, a interpretação alternativa de que os dedos «poderiam estar bem atrás do pênis», supostamente tornada «mais provável» pelo fato de que «os demais dedos dela se encontram ao redor do joelho dele», é altamente improvável. Caso os dedos de santa Ana estivessem de fato em torno do joelho do Cristo, seria mais natural que o polegar dela estivesse estendido, o que não é o caso, e que o pulso estivesse em um ângulo mais inclinado em direção ao corpo dela. Além disso, e mais importante, a posição da mão esquerda dela é mais do que ligeiramente estranha caso santa Ana esteja erguendo o Cristo dos braços de Maria. Se, segundo essa interpretação, a mão direita está de fato erguendo o peso, então a posição da outra mão é inteiramente sem motivo. A interpretação alternativa é a de que a mão esquerda supostamente participa do movimento para erguer o menino. Mas, caso alguém ponha suas mãos na exata posição das mãos de Santa Ana e tente erguer um bebê no ângulo em que ela supostamente estaria erguendo o Cristo, perceberá que a função mais direta dessa posição da mão esquerda seria para torcer ou deslocar

---

21 | Charles Hope, «Ostentatio Genitalium», *London Review of Books*, 15 nov.-5 dez. 1984, p. 20.

Figura 2.2: Paolo Veronese, *Sagrada Família com santa Bárbara e o menino são João*, c. 1560

o joelho esquerdo ou o quadril do menino. A erudição histórica de Steinberg para interpretar pinturas não se faz à custa da lucidez de seu olhar.

A Figura 2.2, uma pintura de Veronese, retrata, em sentido horário, Maria, são José, são João e santa Bárbara, com o menino Jesus no meio. A imagem central da pintura é o menino Jesus tocando em si mesmo, tema que reaparece em muitas outras obras da Renascença. Embora de passagem Steinberg descreva o menino Jesus nesse quadro como um «bebê contente», a expressão de seu rosto é na verdade mínima, quase vazia, seu «contentamento» sendo mais a ausência de inquietação do que qualquer outra coisa. A outra imagem central da pintura é são João beijando o dedo do menino. Há uma longa tradição na exegese e na interpretação cristãs segundo a qual a cabeça e os pés representam respectivamente o divino e o humano. Assim, o beijo de são João no pé de Jesus, bem como o fato de o menino estar tocando a si mesmo, chama a atenção para sua humanidade, e isso é realçado pelo olhar de todos os protagonistas (ninguém olha para o rosto de Jesus) e pelo fato de que a parte superior do corpo dele está sombreada de um modo que a parte inferior não está. Além disso, como Steinberg ressalta em outro contexto, «pés» são um eufemismo bíblico para genitália — são Jerônimo se refere à «meretriz que abre seus pés para todo aquele que passa» (*SC*, p. 144).[22] A Figura 2.3 é uma das três pinturas de Maerten van Heemskerck que retratam o Cristo, o místico *Homem das dores*. Todas as três pinturas, sem falar em outras discutidas por Steinberg, claramente mostram uma ereção fálica.

Embora pensemos na ereção como uma representação da sexualidade — a presença do desejo emergente —, aqui não se pode encontrar esse sentido, já que o valor simbólico da ereção é bastante diferente. Steinberg especula, de modo nada insensato, que nessas pinturas a ereção deve equivaler a ressurreição: «Se a verdade da Encarnação foi provada pela mortificação do pênis, a verdade da anástase, a ressurreição, não seria provada por sua ereção? Não seria essa a maior demonstração de poder do corpo?» (*SC*, p. 91). Independentemente do que se pense em última instância dessas representações, seria vão procurar qualquer expressão de sexualidade. As Figuras 2.4 e 2.5 mostram um gesto do Cristo morto com a mão na virilha.

22 | Toda a dissertação 18 de Steinberg é relevante aqui.

Figura 2.3: Maerten van Heemskerck, *Homem das dores*, c. 1525-30

Figura 2.4: Mattia Preti (?), *Cristo morto com anjos*

Figura 2.5: David Kindt, *Lamentação*, 1631

Embora esse tema traga muitos problemas interpretativos, discutidos longamente por Steinberg (ver *SC*, dissertação 38), bastará dizer que homens mortos não podem ter sexualidade, ainda que o morto seja Cristo exibindo, por meio do gesto de sua mão esquerda, seu sexo, sua humanidade. A razão pela qual reproduzo essas ilustrações é que, como todos os indícios iconográficos de Steinberg, elas podem ser interpretadas plenamente sem que se invoque a noção de sexualidade; na verdade, evocar essa noção seria compreender mal o que está sendo retratado.

Compare essas representações com algumas ilustrações dos textos psiquiátricos do século xix.[23] Pense, primeiro, na Figura 2.6, extraída de um artigo de 1879 de um pediatra húngaro chamado S. Lindner, citado e discutido no segundo dos *Três ensaios sobre a teoria da sexualidade* de Freud.[24] A característica central do desenho é a relação representada entre a sucção do polegar e a estimulação genital, relação que pretende demonstrar um dos componentes essenciais da sexualidade infantil. O antebraço/ombro esquerdo e a mão direita da menina são contíguos, sugerindo um movimento único, interconectado, até mesmo contínuo, ligando a sucção do polegar à manipulação genital. O desenho demonstra, como Freud enfatizaria, que a sexualidade não deve ser confundida com os genitais, que os fatos da sexualidade abrangem bem mais do que o fato do sexo da pessoa. Pense nos motivos que Lindner teve para fazer acompanhar seu texto desse desenho — não há necessidade de exibir provas visíveis do sexo da menininha; não é como se a pessoa estivesse se deparando com um hermafrodita; o fato de que a pessoa vê uma criança do sexo feminino não é problemático nem ambíguo. Mas como Lindner poderia demonstrar os fatos da sexualidade infantil a seus hesitantes colegas de pediatria? Esse é o problema a que o desenho pretendia responder. Ele liga, por assim dizer, por meio de pro-

---

23 | Uma discussão útil da iconografia da loucura pode ser encontrada em Sander L. Gilman, *Seeing the Insane*. Nova York: John Wiley, 1982.

24 | S. Lindner, «Das Saugen an den Fingern, Lippen etc. bei den Kindern (Ludeln). Eine Studie», *Jahrbuch für Kinderheilkunde und physische Erziehung* 14, 1879, p. 68; ver Sigmund Freud, *Three Essays on the Theory of Sexuality, The Standard Edition of the Complete Psychological Works of Sigmund Freud*. Ed. e trad. de James Strachey, 24 vols. Londres: Hogarth, 1953-74. v. 7, pp. 179-81 [ed. bras.: "Três ensaios sobre a teoria da sexualidade". In: FREUD, S., *Obras completas*. São Paulo: Companhia das Letras, 2016. v. 6].

Figura 2.6: De S. Linder, «Das Saugen and den Fingern, Lippen, etc. bei den Kindern (Ludeln). Eine Studie», *Jb. Kindernheilk*, 1879

va ocular, o prazer psicológico e a satisfação da sucção do polegar com a satisfação que se obtém com a estimulação genital. Não há explicação plausível do desenho que não evoque a psicologia da sexualidade em oposição à anatomia do sexo. Além disso, a expressão no rosto da menina, embora talvez demonstre contentamento (é difícil determinar inequivocamente), é sobretudo de distração e ensimesmamento. Os olhos dela jamais cruzam plenamente com os nossos; a falta de direção no olhar dela expressa a preocupação com a própria atividade. Esse tipo de ensimesmamento infantil demonstra de modo mais sutil outro aspecto da sexualidade infantil — o estilo psiquiátrico de raciocínio denomina isso de «autoerotismo». As Figuras 2.7 a 2.9 ilustram a ênfase psiquiátrica no rosto e em suas expressões como modo de representar transtornos de personalidade. Da «Feliz, hilária mania» à «insanidade impulsiva», a fisionomia era a chave para a personalidade. Como James Shaw, autor de uma série de artigos de fins do século XIX intitulada «Expressão facial como um dos meios de diagnóstico e prognóstico na doença mental», diz:

> Após examinar a face em repouso, é necessário, para estudar a reação facial, conversar com o paciente, ou, caso ele esteja sofrendo de grande debilidade intelectual, fazer a ele uma pergunta, ou fazer uma afirmação ou um movimento calculado para chamar sua atenção, e depois observar cuidadosamente as mudanças na expressão facial, ou perceber sua ausência [...] A atenção a essas orientações simples, somada a um conhecimento geral dos sinais faciais oferecido abaixo, permitirá a qualquer profissional encaixar a maioria dos casos em um dos dez grandes grupos sintomáticos em que dividi os casos mentais para os propósitos dessa monografia. Em muitos casos será possível ainda fazer o diagnóstico em relação às subdivisões etiológicas, patológicas ou sintomáticas a que eles pertencem, e, na maior parte dos outros, o médico será levado a um diagnóstico que se confirmará pela fala, conversa, conduta e anamnese (histórico pessoal e familiar) do paciente.[25]

---

25 | Esses artigos apareceram originalmente em *The Medical Annual*, v. 12 (1894), v. 15 (1897) e v. 21 (1903). Eles foram republicados como *The Physiognomy of Mental Disease and Degeneracy*. Bristol: John Wright & Co., 1903. A citação é desta última.

Figura 2.7 : James Crichton Browne, «Feliz, hilária mania», *c.* 1869

Para meus objetivos imediatos, a Figura 2.10 é de grande interesse. É a única fotografia de perversão sexual entre as 55 fotos reproduzidas no *Physiognomy of Mental Diseases and Degeneracy* [Fisionomia de doenças mentais e degenerescência] de Shaw. Eis o comentário de Shaw sobre essa fotografia:

> O jovem surdo-mudo representado [...] sofre de uma forma leve de perversão sexual, que o leva a não querer usar vestuário masculino exceto sob compulsão. Seu rosto sugere efeminação, e os ombros caídos reforçam essa impressão. É comum que pervertidos sexuais do sexo masculino se pareçam com mulheres e vice-versa.[26]

Obviamente não há dúvida de que a semelhança aqui é de sexualidade, não de sexo. O pervertido tem gostos, impulsos, desejos, disposições e assim por diante que exibem uma sexualidade feminina, estando tudo isso simbolizado no rosto efeminado. Uma afirmação como a de Duncan de que a retirada dos ovários não necessariamente destrói a sexualidade da mulher, separando assim a sexualidade do sexo, era parte do espaço conceitual que tornou possível para os homens exibirem sexualidade feminina e vice-versa, tornou possível que houvesse tipos de sexualidade que não correspondiam ao sexo do indivíduo.

Deixe-me voltar brevemente a Steinberg para antecipar, sem responder totalmente, uma possível objeção a meu relato. Há uma longa tradição cristã de discussões sobre a virgindade e a castidade do Cristo, uma tradição presente em muitos sermões da Renascença, e pode parecer que essa tradição se dirige explicitamente à sexualidade do Cristo, e não apenas a seu sexo. Afinal, como se deve entender a castidade, senão com referência à sexualidade? Porém, como enfatiza Steinberg, a castidade consiste na potência psicológica em xeque; é um triunfo da vontade sobre a carne e é exemplar pela abstinência voluntária diante da possibilidade fisiológica da atividade sexual (ver *SC*, p. 17, e dissertação 15). Comentando sobre uma pintura de Andrea del Sarto, Steinberg observa que ele «contrasta o membro mais rijo do menino Jesus com o de são João — uma diferenciação que sugere a razão mais provável para o tema: a demonstração

26 | Ibid.

Figura 2.8: Depressão maníaca. O estado maníaco está à esquerda, o estado depressivo à direita. De Theodor Ziehen, *Psychiatrie für Ärzte und Studierende bearbeitet*, 1894

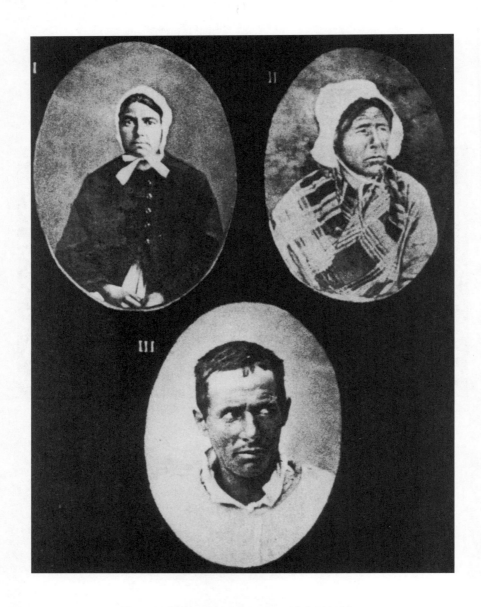

Figura 2.9: Três estudos sobre a insanidade impulsiva.
De Henri Dagonet, *Nouveau traité élémentaire et pratique des maladies mentales*, 1876

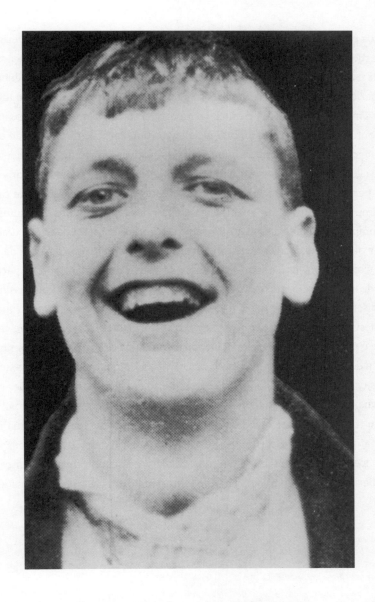

Figura 2.10: Perversão sexual com surdez e mutismo.
De James Shaw. *Physiognomy of Mental Diseases and Degeneracy*, 1903

no bebê da potência fisiológica sem a qual a castidade do adulto de nada valeria» (SC, p. 79). Castidade e virgindade são categorias morais que denotam uma relação entre a vontade e a carne; não são categorias de sexualidade. Embora nossa tendência seja interpretar com nossas próprias categorias de sexualidade, colocando-as no lugar de categorias morais mais antigas, é crucial para meu argumento que separemos as duas coisas. Confundir os dois tipos de categoria leva a uma falta de diferenciação epistemológica e conceitual e resulta em um contágio historiográfico que o grande historiador da ciência francês Georges Canguilhem chamou de «vírus do precursor».[27] Procuramos perpetuamente precursores de nossas categorias de sexualidade em campos essencialmente diferentes, produzindo, na melhor das hipóteses, anacronismos e, na pior, incompreensibilidade. A distinção entre categorias de moralidade e sexualidade faz surgir questões excepcionalmente difíceis, porém acredito ser possível demonstrar, por exemplo, que até mesmo a discussão de Tomás de Aquino sobre as partes ou espécies de luxúria na Parte 2.2, Questão 154 da Suma teológica não deve ser assimilada à nossa discussão sobre a sexualidade. É preciso não supor que na psiquiatria do século XIX desvios morais foram simplesmente transformados em doença. E no caso da castidade é preciso distingui-la com cuidado daquilo que Krafft-Ebing denominou de «anestesia do instinto sexual» em *Psychopatia Sexualis*: «Aqui todo impulso sexual que surge dos órgãos sexuais, assim como todo impulso em geral, e as impressões sensoriais visuais, auditivas e olfativas falham em excitar sexualmente o indivíduo».[28] Aqui temos um transtorno da sexualidade, não um triunfo da vontade, e sim uma forma de psicopatologia. É quase certo que o Cristo não padecia desse transtorno. É claro, ao me concentrar no Renascimento e no século XIX, passei por cima de muitos anos intermediários. Porém o livro de Steinberg tem tal importância, e pode ser usado para

---

27 | Georges Canguilhem, «Introduction: L'Objet de l'histoire des sciences». In: _____. *Études d'histoire et de philosophie des sciences*. Paris: J. Vrin, 1983. pp. 9-23. [Trad. bras.: "Introdução: O objeto da história das ciências". In: CANGUILHEM, G., *Estudos de história e filosofia das ciências*. Rio de Janeiro: Forense Universitária, 2012.]

28 | Richard von Krafft-Ebing, *Psychopathia Sexualis, with Especial Reference to the Antipathic Sexual Instinct: A Medico-Forensic Study*. Trad. de Franklin S. Klaf. Nova York: Stein and Day, 1965. p. 34; todas as futuras referências a essa obra, abreviada *PS*, serão incluídas no texto.

iluminar de tal modo o contraste epistemológico, que desejo apontar que a discussão detalhada do trabalho vale nosso foco conceitual. (O século XVIII faz surgir seus próprios problemas intrigantes e exigiria uma discussão totalmente à parte.)

Eis um último indício visual do novo estilo psiquiátrico emergente de representação de doenças. Não era incomum que os textos médicos até o século XIX incluíssem desenhos representando hermafroditas (Figura 2.11). Essas pobres criaturas eram mostradas exibindo sua anatomia defeituosa, com a estrutura patológica de seus órgãos revelando, para que todos vissem, a condição de sua identidade sexual doentia. Seu *status* ambíguo era um *status* anatômico ambíguo. Mas poucas décadas depois, quando um novo estilo de raciocínio surgiu, encontramos aquela iconografia radicalmente distinta das doenças sexuais a que já me referi. Outro exemplo dessa nova iconografia é o frontispício do tratado de D. M. Rozier sobre a masturbação feminina (Figura 2.12), um livro do século XIX publicado, de modo significativo, no limiar do surgimento do estilo psiquiátrico de raciocínio.[29] Ao abrir

---

29 | D. M. Rozier, *Des habitudes secrètes ou des maladies produites par l'onanisme chez les femmes*. Paris: Audin, 1825. Esse frontispício aparece pela primeira vez na terceira edição em 1830.
Lendo este ensaio, preparando-o para publicação neste livro, acho agora que as observações neste parágrafo referentes ao desenho que aparece no livro de Rozier contêm um equívoco significativo e importante. O desenho da masturbadora habitual, pelo menos como Rozier o compreende, não participa do espaço conceitual do estilo psiquiátrico de raciocínio. A obra de Rozier pertence ao regime de discurso do século XVIII sobre a masturbação, cuja exemplificação mais influente é *L'Onanisme* [O onanismo], de Tissot, que discuto no quarto ensaio. Os masturbadores de Rozier praticam o vício solitário, têm hábitos secretos que são de interesse da moralidade e da teologia, embora essa prática também produza efeitos psicopatológicos e anatômicos. O masturbador habitual não é visto como um tipo de personalidade psicopatológica, mas como uma pessoa má cujo hábito solitário devia ser combatido. O desenho não mostra «sua psique, sua personalidade, se desintegrando diante de nossos olhos», e sim um transtorno da alma, retratado nos olhos e no rosto. Entre essa alma cuja ordem é defeituosa e a desintegração da personalidade, entre 1825 e 1870, existe toda a distância de uma ruptura conceitual, a distância marcada pelo surgimento do tema da sexualidade. Embora tratados posteriores pudessem se apropriar do desenho de Rozier, redescrevendo-o, descrevendo-o de modo equivocado, retirado de seu contexto conceitual original, para fazer com que ele se adequasse ao estilo psiquiátrico de raciocínio, é crucial reconhecer que essa redescrição é uma distorção epistemológica, assim como a redescrição de Charcot da possessão demoníaca como casos de histeria convulsiva. Falei longamente sobre esse equívoco de interpretação porque ele também recapitula, de um ângulo diferente, parte das questões que aparecem em minha crítica a Steinberg. E reenfatiza as dificuldades que cercam o uso de indícios visuais, e sublinha o problema da relação entre retrato visual e representação conceitual.

esse livro, o leitor se depara com o desenho de uma jovem. A cabeça dela está rígida, inclinada para a esquerda, e os olhos estão revirados, sem foco, as pupilas quase invisíveis. Ela é uma masturbadora regular. A parte de seu corpo que é retratada parece normal, mas podemos ver sua psique, sua personalidade, se desintegrando diante de nossos olhos. Ela é um emblema dos transtornos psiquiátricos, completamente diferente de seus predecessores representados em termos anatômicos.

Como o número de casos aparentemente problemáticos para minha explicação é maior do que eu seria capaz de discutir aqui, quero pegar um exemplo, voltando mais uma vez a um documento da Renascença, para mostrar como eu defenderia minhas afirmações em relação a alguns aparentes contraexemplos de importância histórica. Um caso útil para começar seria uma conversa entre Foucault e alguns membros do departamento de psicanálise da Universidade de Paris/Vincennes que ocorreu depois da publicação do primeiro volume da *História da sexualidade* de Foucault. Perto do fim dessa conversa, Alan Grosrichard pergunta a Foucault o seguinte:

> Grosrichard: O que você diz em seu livro sobre perversões se aplica do mesmo modo ao sadomasoquismo? Fala-se há muito tempo sobre pessoas que se deixam chicotear por prazer sexual.
>
> Foucault: Veja, isso é algo difícil de demonstrar. Você tem alguma documentação?
>
> Grosrichard: Sim, existe um tratado *Sobre o uso do chicote nos assuntos de Vênus*, escrito por um médico e que data, acredito, de 1665, que apresenta um catálogo completo de casos. O livro é citado na época das convulsões de St. Médard, para demonstrar que o suposto milagre ocultava uma história sexual.[30]

Foucault afirma que, apesar disso, o prazer obtido ao levar chibatadas não era catalogado no século XIX como uma doença do instinto sexual, e a questão é deixada de lado — cedo demais, em minha opinião, para que se percebesse o que de fato es-

---

30 | Michel Foucault, «The Confession of the Flesh». In: _____. *Power/Knowledge: Selected Interviews and Other Writings, 1972-1977*. Ed. Colin Gordon. Trad. Gordon et al. Nova York: Pantheon Books, 1980. p. 221.

Figura 2.11: Um hermafrodita. De James Paris du Plessis, «Uma breve história de prodígios humanos e nascimentos monstruosos...», manuscrito inédito, início do século XVII

tava em jogo. Foucault anunciou que trataria da perversão no quinto volume de sua *História da sexualidade*, que seria intitulado, bastante apropriadamente, *Pervertidos*. Porém ele em breve reconceberia os tópicos para o projeto de sua história da sexualidade e jamais ofereceu muitos detalhes históricos que embasassem suas afirmações sobre a perversão. Um relato do surgimento da sexualidade deve ser suplementado pela história do surgimento da perversão como uma categoria de doenças, algo que tentei fazer em outro lugar.[31] Ou, para ser mais preciso, nossa experiência da sexualidade nasceu na mesma época em que a perversão surgiu como um tipo de desvio pelo qual a sexualidade foi incessantemente ameaçada. Afirmei não apenas que nosso conceito médico de perversão não existia antes de meados do século XIX, mas também que não havia pervertidos antes desse conceito. Essa mudança do surgimento de um conceito («perversão») para o surgimento de um tipo de pessoa (o pervertido), para voltar a uma questão que já mencionei, é subscrita pela doutrina que Ian Hacking denominou de «nominalismo dinâmico». Hacking defende que, em muitos campos das ciências humanas, «categorias de pessoas passam a existir ao mesmo tempo que passam a existir tipos de pessoas que se encaixem nessas categorias, e há uma interação de mão dupla entre esses processos». O nominalismo dinâmico mostra como «a história desempenha papel fundamental na constituição dos objetos, em que os objetos são as pessoas e o modo como elas se comportam», uma vez que as ciências humanas «dão vida a novas categorias que, em parte, dão vida a novos tipos de pessoas».[32] Hacking dá a personalidade múltipla como exemplo de invenção de pessoas e oferece outros exemplos a partir da história das estatísticas.[33]

---

31 | Primeiro ensaio deste volume.
32 | Ian Hacking, «Five Parables». In: RORTY, R.; SCHNEEWIND, J. B.; SKINNER, Q. (Orgs.), *Philosophy in History: Essays on the Historiography of Philosophy*. Cambridge: Cambridge University Press, 1984. pp. 122 e 124.
33 | Ver Ian Hacking, «The Invention of Split Personalities». In: DONAGAN, Alan; PEROVICH Jr., Anthony N.; WEDIN, Michael V. (Orgs.), *Human Nature and Natural Knowledge*. Dordrecht: Reidel, 1986. pp. 63-85; e, também de Hacking, «Making Up People». In: HELLER, Thomas C.; SOSNA, Morton; WELLBERY, David E. (Orgs.), *Reconstructing Individualism: Autonomy, Individuality, and the Self in Western Thought*. Stanford: Stanford University Press, 1986. pp. 222-36. Hacking atribui a doutrina do nominalismo dinâmico a mim neste último artigo com base no meu «Fechando os cadáveres» (primeiro ensaio deste volume).

Figura 2.12: Uma masturbadora. De D. M. Rozier,
Des habitudes secrètes ou des maladies produites par l'onanisme chez les femmes, 1830

Os pervertidos e a história da perversão são outro exemplo de invenção de pessoas. Nossa experiência da sexualidade é tudo a que a sexualidade se resume, e essa experiência foi formada de modo decisivo e muito recente por um conjunto de conceitos ou categorias, dentre elas a «perversão», e um estilo de raciocínio associado a ele.

Como o problema sugerido por Grosrichard é um bom teste para o que estou afirmando, quero me voltar diretamente para o tratado que ele menciona. Em 1629 (ou, de acordo com algumas fontes, 1639), John Henry Meibomius, «um médico de Lubeck», escreveu um breve tratado intitulado «Sobre o uso dos flagelos nos assuntos médicos e venéreos, a função dos rins e das entranhas». O tratado começa com um catálogo de casos de chibatadas que não traz nenhuma relação com questões de sexualidade. Meibomius afirma que o chicoteamento foi usado como cura para a melancolia, a loucura, para ajudar pessoas magras «a ganhar corpo», para curar membros, para acelerar a erupção da varíola e para curar obstruções na barriga. Depois de listar esses casos, que supõe serem incontroversos, ele se volta para a questão de «pessoas que são estimuladas à indulgência sexual por golpes de bastão, e que são levadas a um fogo de luxúria pelas batidas».[34] Ele estabelece a veracidade desse tipo de caso pelo testemunho de outros médicos, assim como por sua própria experiência médica. Eis um dos exemplos que ele cita:

> Acrescento um novo e recente exemplo, que aconteceu nesta cidade de Lubeck, onde hoje resido. Um cidadão de Lubeck, queijeiro de profissão, foi intimado a comparecer diante dos magistrados, dentre outros crimes, por adultério, e, tendo o fato sido comprovado, ele foi banido. Uma cortesã, com quem esse indivíduo teve um caso regular, confessou diante dos deputados do Estado que ele jamais conseguia ter uma ereção potente e realizar os deveres de um homem, até que ela deu com a chibata nas costas dele; e que, quando o negócio chegou ao fim, ele não conseguia ser levado a uma repetição a não ser que fosse excitado por uma segunda sessão de flagelos. (FVA, pp. 20-1)

---

34 | Johann Heinrich Meibom, *On the Use of Flogging in Venereal Affairs.* Chester, Pa., 1961. p. 19; todas as futuras referências a essa obra, abreviada FVA, serão incluídas no texto. A tradução para o inglês desse tratado latino apareceu pela primeira vez em 1801.

Tendo assim estabelecido a veracidade desses exemplos, ele passa a considerar «qual razão pode ser dada para uma ação tão estranha e incomum». Primeiro ele cogita uma explicação astrológica, a saber: que «a propensão do homem a Vênus foi causada no momento do nascimento, e destinada ao castigo corporal por ameaçadores raios das estrelas vindos de direções opostas», mas logo a seguir rejeita a ideia, já que «os céus e as estrelas são causas universais, e sendo assim não podem ocasionar tais efeitos particulares em um ou dois indivíduos» (*FVA*, p. 21). A seguir, ele examina a explicação dos costumes, a ideia de que esses atos estranhos e incomuns se devessem a maus hábitos praticados na infância, «um estranho exemplo do poder que a força da educação tem para enxertar hábitos ruins e inveterados em nossa moral». Porém essa explicação é também rejeitada porque nem todo jovem que chega a participar dessa prática continua a praticá-la regularmente; e, além disso, «não é provável que todos aqueles meninos que mencionamos tenham iniciado sua juventude expondo à venda sua castidade com essa comunicação recíproca do vício, e usado desde o início a chibata a fim de provocar lubricidade» (*FVA*, p. 22). A explicação mais adequada para esses casos estranhos, de acordo com Meibomius, pode ser encontrada ao examinar a fisiologia e a anatomia dos rins e das entranhas. Depois de discutir com algum detalhe as relações anatômicas entre os rins, as entranhas, as artérias seminais e os testículos, além de determinar o modo como «cada um de modo diferente é apropriado tanto para a elaboração da semente quanto para a realização do trabalho de geração» (*FVA*, p. 23), Meibomius conclui

> que chibatadas nas costas e nas entranhas, sendo essas partes apropriadas para a geração da semente, e para carregá-la até os genitais, aquecem e inflamam essas partes, e muito contribuem para a estimulação da luxúria. Donde, portanto, não é de espantar que tais miseráveis desavergonhados, vítimas de um apetite detestado como mencionamos [masturbação], ou outros esgotados por uma repetição demasiado frequente, drenados seu ventre e seus vasos, tenham buscado remédio no flagelo. Pois é muito provável que as partes refrigeradas se aqueçam com tais golpes, e excitem um calor na matéria seminal, e que a dor das partes golpeadas, que é a razão para que o

sangue e os espíritos sejam atraídos em maior quantidade, comuniquem calor também para os órgãos de geração, e dessa forma o perverso e frenético apetite se satisfaz. Assim a natureza, embora inadvertidamente, é levada além dos domínios de seu poder comum, e torna-se parte na consumação desse crime abominável. (*FVA*, p. 30)[35]

No parágrafo seguinte, Meibomius deixa mais claro o objetivo por trás da escrita desse tratado. Como médico, ele evidentemente curou alguns homens que antes disso eram incapazes de desempenhar o ato gerador, com esse tratamento de chicotadas e golpes nas costas. Esse remédio parece ter se tornado objeto de ampla discussão e questionamento entre seus colegas médicos e entre os leigos. Meibomius admite que talvez alguns dos que vão até ele em busca de tratamento estejam simplesmente exaustos pelo excesso de atividade venérea e solicitem seu tratamento meramente para poderem continuar nessa «mesma diversão repugnante». Porém ele pede àqueles que questionam essa prática: «Deveis, com toda vossa consciência, perguntar também: se uma pessoa que praticou o legítimo amor, e que ainda sente suas entranhas e seus flancos lânguidos, não poderá fazer uso do mesmo método, para quitar uma dívida que não vou dizer que está vencida, mas para agradar o credor?» (*FVA*, p. 30). Meibomius deseja legitimar sua prática afirmando que o uso de chibata nos assuntos de Vênus pode ser uma modalidade terapêutica justificada, que os médicos e os pacientes podem praticar sem a imputação de crime a nenhuma das partes.

Essas citações já nos permitem antecipar meu argumento de que o tratado de Meibomius não é um contraexemplo para a afirmação de que só no século XIX a perversão surge como fenômeno médico. Antes de eu desenvolver esse argumento, porém, deixe-me lembrar como o masoquismo era compreendido pela psiquiatria do século XIX. Para essa compreensão, o melhor é nos voltarmos uma vez mais para o *Psychopathia Sexualis* de Krafft-Ebing, já que o autor foi, afinal, o inventor do conceito de masoquismo. Eis o que Krafft-Ebing diz no princípio de sua seção sobre masoquismo:

---

35 | A cópia do texto que citei tem um erro de numeração de páginas; a p. 23 é seguida da p. 30.

> Por masoquismo compreendo uma perversão peculiar da vida psíquica sexual em que o indivíduo afetado, nas sensações e pensamentos sexuais, é controlado pela ideia de ficar completa e incondicionalmente sujeito à vontade de uma pessoa do sexo oposto; de ser tratado por essa pessoa como se ela fosse sua dona, ser humilhado e insultado. Essa ideia é colorida por uma sensação lasciva; o masoquista vive em fantasias, em que ele cria situações desse tipo e frequentemente as realiza. Por essa perversão seu instinto sexual muitas vezes se torna mais ou menos sensível aos encantos do sexo oposto — incapaz de uma vida sexual normal — psiquicamente impotente. Porém essa impotência psíquica não depende de modo algum de um horror ao sexo oposto, e sim do fato de que o instinto perverso encontra uma satisfação adequada que difere do normal, com mulheres, decerto, mas não no coito. (PS, pp. 86-7)

Krafft-Ebing é firme em suas afirmações de que o masoquismo é um tipo especial de transtorno psicopatológico que afeta o funcionamento do instinto sexual de modo muito particular. A direção normal do instinto sexual fica bloqueada no masoquismo, e esse instinto e a vida psíquica sexual são redirecionados para um caminho anormal que Krafft-Ebing caracteriza por vários traços distintivos. O masoquismo é um modo de disfunção do instinto sexual que seleciona um *tipo de indivíduo*. O mundo da psicopatologia sexual de Krafft-Ebing é habitado não meramente por indivíduos que querem ser flagelados mas por indivíduos masoquistas, um tipo muito específico de criatura doente. Caso fôssemos listar os modos de expressar ou representar no universo de Krafft-Ebing, o masoquismo estaria nessa lista. Ser um masoquista, no *Psychopatia Sexualis*, é um modo possível de se conceber, um modo possível de ser uma pessoa.[36]

Voltando ao tratado de Meibomius, descobrimos, primeiro de tudo, não haver a menor insinuação de que as pessoas que recebem chibatadas, mesmo que por motivos venéreos, sofrem de uma doença ou de um transtorno que se manifesta em um desejo por essas chicotadas. Em 1629 não havia doença possível que consistisse no prazer de ser chicoteado; a própria ideia dessa doença era um conceito

---

36 | Para mais discussões sobre essa terminologia, ver os ensaios de Hacking citados na n. 33.

impossível. É uma das muitas ironias do mesmo tipo da história da medicina que, longe de ser uma doença, o chicoteamento dos pacientes, até mesmo o desejo dos pacientes de receber essas chibatadas, fosse visto como terapeuticamente eficaz e justificado. Além disso, no panfleto de Meibomius não há nenhum indício de que os homens que são chicoteados nos assuntos venéreos constituam um tipo distinto de indivíduo, diferente de outras pessoas em função de traços especiais de sua personalidade. Qualquer um pode ser candidato a essa terapia, dependendo apenas do fato de suas lânguidas entranhas não poderem, por assim dizer, ser ativadas de outro modo mais simples. A questão para Meibomius e seus interlocutores é se a lascívia que as chicotadas fazem surgir é sempre moralmente proibida, se pode ser assim provocada «sem a imputação de crime». A questão não é se existe algum tipo de pessoa para quem as chibatadas oferecem satisfação psicológica adequada.

Essa leitura do tratado encontra base também em dois ensaios adicionais anexados ao livro quando ele foi reimpresso, em 1669. Em nenhum desses ensaios há qualquer antecipação do conjunto de conceitos necessário para descrever o fenômeno do masoquismo. Na verdade, todos os três ensaios, quando não tentam produzir uma explicação para os efeitos causados pelas chibatadas, se encaixam perfeitamente na tradição da filosofia moral e da teologia que lida com a natureza e os tipos de luxúria. Embora eu não tenha como discutir essa tradição em detalhes aqui, quero fazer algumas poucas observações gerais de fundo. No Livro 12 da *Cidade de Deus*, Agostinho usa o conceito teológico de perversão para descrever atos maus da vontade. A vontade é afetada de modo perverso quando deixa de aderir a Deus, quando abandona o bem imutável em nome do mutável. A perversão não está intrinsecamente conectada com a luxúria, mas descreve qualquer ato da vontade que seja contrário a Deus e portanto contrário à natureza.[37] Na Parte 2.2, Questão 154 da *Suma teológica*, Tomás de Aquino afirma que há vícios não naturais e que são uma espécie determinada de luxúria, já que são contrários não apenas à razão, o que é comum a

---

37 | Agostinho, *Concerning the City of God against the Pagans*. Nova York: Penguin, 1972. Livro 12. [Ed. bras.: *A cidade de Deus: contra os pagãos*. 8. ed. Petrópolis, São Paulo: Vozes, Federação Agostiniana Brasileira, 2013. Parte II.]

todos os vícios da luxúria, mas, além disso, são «contrários à ordem natural do ato venéreo conforme apropriado para a raça humana».[38] No entanto, mesmo na fascinante tentativa de Tomás de Aquino de distinguir entre os tipos de luxúria, fica claro que espécies distintas de luxúria não mapeiam tipos distintos de indivíduos; todos estamos sujeitos a todo tipo de luxúria, e o princípio pelo qual distinguimos entre os tipos de luxúria não nos permite distinguir entre diferentes tipos de pessoas. Nessa tradição da teologia moral, classificam-se tipos de pecados, e não exatamente tipos de indivíduos e com certeza não tipos de transtornos.

Na verdade, Krafft-Ebing estava bastante preocupado com a questão do flagelo e com a maneira pela qual ela era discutida na filosofia moral e na teologia. Ele dedica uma seção de *Psychopatia Sexualis* à distinção cuidadosa entre a flagelação passiva e o masoquismo, insistindo que a primeira é uma perversidade, e portanto um tópico apropriado para discussões éticas e legais, e que só o masoquismo é uma perversão genuína, um fenômeno médico:

> Não é difícil demonstrar que o masoquismo é algo essencialmente diferente da flagelação, e mais abrangente. Para o masoquista, o principal é a sujeição à mulher; a punição é apenas a expressão dessa relação — o efeito mais intenso disso que ele pode fazer recair sobre si. Para ele o ato tem valor apenas simbólico, e é um meio para chegar ao fim da satisfação mental de seus desejos peculiares. Por outro lado, o indivíduo que está enfraquecido e não sujeito ao masoquismo e que se deixa flagelar deseja apenas uma estimulação mecânica de seu centro espinhal. (*PS*, p. 93)

Krafft-Ebing prossegue, especificando também as características que distinguem o masoquista do «devasso enfraquecido» que deseja o flagelo passivo, sendo a mais importante dessas características psicológica. Ele conclui afirmando que o masoquismo tem com a simples flagelação uma relação análoga à que existe

---

38 | Tomás de Aquino, *Summa Theologica*. Trad. dos frades da Província Dominicana da Inglaterra. Westminster, Md., 1911. v. 4, p. 1819. [Ed. bras.: *Suma teológica*. São Paulo: Loyola, 2005. v. 7.]

entre o instinto sexual invertido e a pederastia; ambas as relações são exemplos do contraste mais geral entre perversão e perversidade, e portanto entre doença e desvio moral. O fenômeno do masoquismo, como o fenômeno geral da perversão, é um fenômeno completamente moderno. Como Krafft-Ebing observa, sem nenhum comentário adicional, a perversão do masoquismo era, até a época de Leopold von Sacher-Masoch, «praticamente desconhecida do mundo científico» (PS, p. 87).

Deixe-me voltar ao tratado de Meibomius para fazer uma última observação conceitual. Nesse tratado, o adjetivo «perverso» aparece duas vezes, uma na frase «apetites perversos e frenéticos» e outra na frase «vícios da luxúria perversa» (FVA, pp. 30, 22). O contexto de ambas as ocorrências deixa claro que «perverso» é utilizado como um termo geral de desaprovação, embora não se explique precisamente em que consiste essa desaprovação. Na verdade, se observarmos os padrões lexicais nos tratados de filosofia moral e teologia que discutem a perversão, e mesmo nos textos médicos anteriores ao século XIX que parecem lidar com esse tópico, as formas adjetivas, adverbiais e verbais «perverso», «perversamente» e «perverter» parecem ocorrer de modo bem mais predominante do que a forma substantiva «perversão» ou, em especial, do que a forma substantiva «pervertido». No entanto, não quero apenas afirmar que as ocorrências numéricas da forma substantiva são muito mais raras do que as adjetivas, adverbiais e verbais, embora nas obras que examinei pareça que isso seja verdade. Contudo, independentemente de observar e contar padrões lexicais, creio que se pode afirmar que o substantivo tinha um lugar conceitualmente derivativo na teologia moral, mas um lugar conceitualmente central na medicina do século XIX. Seria possível confirmar isso estudando, por exemplo, o uso desse termo na *Cidade de Deus*, de Agostinho. E mais ou menos na época em que o tratado de Meibomius foi publicado, um uso comum em inglês do subjetivo «pervertido» era como antônimo de «convertido» — sendo pervertido aquele que passou do bem para o mal, e o convertido, seu oposto. Esse uso claramente implica que o fenômeno principal deve ser localizado nas escolhas e ações perversas do indivíduo, sendo a pessoa um pervertido ou um convertido, dependendo de suas escolhas éticas.

No entanto, no *Psychopatia Sexualis*, de Krafft-Ebing, temos um livro dedicado à descrição, na verdade à constituição, de quatro tipos de caráter: o homossexual ou invertido, o sádico, o masoquista e o fetichista. Isso significa dizer que temos um livro que estabelece as características distintivas de um novo tipo de pessoa — o pervertido. Krafft-Ebing insistia que para diagnosticar corretamente o pervertido era preciso «investigar por inteiro a personalidade do indivíduo» (PS, p. 53). Ele sempre enfatiza que o diagnóstico não pode vir apenas do exame dos atos sexuais realizados. É preciso investigar impulsos, sentimentos, arroubos, desejos, fantasias, tendências e assim por diante, e o resultado dessa investigação será assinalar novos tipos de pessoas, distintas e separadas do indivíduo heterossexual normal. É o pervertido que vem em primeiro lugar, estando as escolhas e ações perversas subordinadas a um papel conceitualmente secundário. Se na psiquiatria o foco conceitual passa da escolha perversa para o pervertido, e se as formas linguísticas refletem tais mudanças conceituais, então não deveria ser surpresa encontrarmos aí um uso mais distintivo e frequente de «pervertido» e até mesmo de «perversão».

Associado a esse novo foco está o fato de que a psiquiatria do século xix muitas vezes acreditava que a sexualidade era o modo que melhor representava a mente. Conhecer a sexualidade equivale a conhecer a pessoa. A sexualidade é a externalização da essência interior oculta da personalidade. E, para conhecer a sexualidade, para conhecer a pessoa, precisamos conhecer suas anomalias. Krafft-Ebing era bastante claro quanto a isso. Em seu *Textbook of Insanity* [Compêndio sobre a insanidade], um livro enorme que cobre todo o campo das anormalidades mentais, ele escreve: «Essas anomalias são disfunções elementares de grande importância, uma vez que *a individualidade mental depende em grande medida da natureza da sensibilidade sexual*».[39] A sexualidade individualiza, transforma a pessoa em um tipo específico de ser humano — sádico, masoquista, homossexual, fetichista. Esse elo entre sexualidade e individualidade explica em parte a paixão com que a psiquiatria deu forma ao pervertido. Quanto mais detalhes temos sobre as anomalias da perversão, mais

---

39 | Richard von Krafft-Ebing, *Textbook of Insanity Based on Clinical Observations*. Trad. Charles Gilbert Chaddock. Filadélfia: F. A. Davis, 1904. p. 81.

somos capazes de penetrar na individualidade oculta do eu. Apenas um psiquiatra, depois de meticuloso exame, poderia reconhecer um verdadeiro pervertido. Ou, para ser mais preciso, também se pensava haver outro tipo de pessoa que poderia reconhecer um verdadeiro pervertido, mesmo sem um exame meticuloso: como se, por uma espécie de percepção hipersensitiva, um pervertido conseguisse reconhecer seu semelhante. É claro, seria necessária uma quantidade muito maior de detalhes históricos para produzir um argumento inequivocamente convincente provando a mudança conceitual da escolha perversa para o pervertido. Porém qualquer um que leia umas poucas dezenas de textos relevantes sobre teologia moral e psiquiatria se dará conta plenamente, penso eu, daquilo que Foucault denominou certa vez de «textura epistemológica diferente».[40]

Grande parte de minha discussão se ocupou de uma ruptura nos estilos de raciocínio dentro da medicina, uma passagem da anatomia patológica em todas as suas formas para o surgimento do raciocínio psiquiátrico. Essa ruptura delineia uma problemática interna à história da medicina. No entanto, minha discussão sobre o tratado de Meibomius e sobre as questões que ele faz surgir, assim como sobre as observações de Steinberg sobre a castidade do Cristo, traz à tona um problema associado, que não é interno à história da medicina, e sim centrado na apropriação pela medicina de um domínio relacionado, porém inicialmente não medicalizado. Não é que a medicina tenha assumido o estudo de algo que antes era parte da moralidade; o desvio moral não se transformou meramente em doença. Em vez disso, o fenômeno moral da perversidade da vontade forneceu um ponto de referência que ao mesmo tempo abriu caminho para a constituição médica da perversão e se apresentou como obstáculo para esse mesmo processo. Essa problemática, que mal começou a ser trabalhada, diz respeito à travessia do «limiar da cientificidade».[41] Foucault, em *A arqueologia do saber*, descreveu de modo muito preciso as questões

---

40 | Foucault, «The Confession of the Flesh», op. cit., p. 221. Foucault usa essa expressão em um contexto diferente do meu, porém relacionado.
41 | Michel Foucault, *The Archaeology of Knowledge and the Discourse on Language*. Trad. A. M. Sheridan Smith. Nova York: Pantheon Books, 1972. p. 190. [Ed. bras.: *A arqueologia do saber*. 8. ed. Rio de Janeiro: Forense Universitária, 2015.]

que devem ser respondidas quando se tenta compreender como tal limiar pode ser atravessado. Ao descrever não sua própria posição, mas a de Canguilhem e de Gaston Bachelard, o tipo de história da ciência que ele chama de «história epistemológica das ciências», Foucault escreve:

> Seu propósito é descobrir, por exemplo, como um conceito — ainda recoberto por metáforas ou conceitos imaginários — foi purificado, e como recebeu o *status* e a função de um conceito científico. Descobrir como uma região da experiência que já foi mapeada, que já foi parcialmente articulada, mas que segue recoberta por usos práticos imediatos ou por valores relacionados a esses usos, se constituiu como um domínio científico. Descobrir como, em geral, uma ciência foi estabelecida sobre e contra um nível pré-científico, que ao mesmo tempo pavimentou esse caminho e resistiu a seu avanço, como ela foi bem-sucedida em superar os obstáculos e as limitações que continuavam em seu caminho.[42]

Não conheço melhor descrição sucinta do que está em jogo nesse nível de análise. Uma história adequada do surgimento da sexualidade terá de olhar não apenas para as mudanças nos estilos de raciocínio dentro da medicina, como também para as relações de múltiplas camadas entre nossas descrições éticas das práticas sexuais e suas contrapartes científicas.

42 | Ibid.

3. COMO FAZER A HISTÓRIA DA PSICANÁLISE: UMA LEITURA DOS *TRÊS ENSAIOS SOBRE A TEORIA DA SEXUALIDADE* DE FREUD[1]

Tenho dois objetivos principais com este ensaio, objetivos que estão interligados de modo inextricável. Primeiro, quero trazer à tona algumas questões historiográficas e epistemológicas sobre como escrever a história da psicanálise. Embora surjam de modo bastante geral na história da ciência, essas questões têm um *status* e uma urgência especiais quando o domínio é a história da psicanálise. Em segundo lugar, à luz da orientação epistemológica e metodológica que vou defender, quero dar início a uma leitura dos *Três ensaios sobre a teoria da sexualidade* de Freud, uma leitura cuja especificidade é resultado de meu apego a essa orientação, a um modo particular de trabalhar a história da psicanálise. Apesar da enorme quantidade de páginas que vêm sendo escritas sobre os *Três ensaios* de Freud, é muito fácil subestimar a densidade desse livro, uma densidade ao mesmo tempo histórica, retórica e conceitual. E isso deriva em parte de presunções históricas que rapidamente nos afastam das questões fundamentais.

---

1 | Discussões, tanto recentes quanto antigas, com Dan Brudney, Nancy Cartwright, Peter Galison, Erin Kelly e David Wellbery ajudaram tremendamente neste ensaio. Conversas com Stanley Cavell sobre como abordar os textos de Freud foram de grande utilidade. Uma versão deste ensaio foi apresentada como palestra no Instituto para Treinamento e Pesquisas em Psicanálise em Nova York, e sou grato pela discussão que se seguiu à apresentação.

Ao trazer à tona questões sobre a historiografia da história da ciência, é óbvio que não tenho de começar do começo. Sendo assim, pretendo começar de um ponto bem mais adiante, com os escritos de Michel Foucault. Acredito que a obra de Foucault, junto com a de Gaston Bachelard e a de Georges Canguilhem, exemplifica uma perspectiva muito particular sobre como escrever a história da ciência. No mundo anglófono, talvez apenas a obra de Ian Hacking compartilhe dessa perspectiva e rivalize com seus equivalentes franceses em termos de originalidade e qualidade. Nenhum resumo breve pode evitar omitir as diferenças entre Bachelard, Canguilhem, Hacking e Foucault; na verdade, o resumo que vou fazer nem sequer captura plenamente a perspectiva de Foucault, que ele denominou «arqueologia».[2] Porém esse esboço terá de bastar para os propósitos que tenho em mente aqui, cujo objetivo final é reorientar nossa abordagem da história da psicanálise.

Em uma entrevista de 1977, Foucault fez aquilo que podemos considerar um resumo de uma frase de seu método arqueológico: «A 'verdade' deve ser compreendida como um sistema de procedimentos ordenados para a produção, regulação, distribuição, circulação e operação de afirmações».[3] Pensando nessa caracterização de seu ponto de vista, deveríamos acreditar que Foucault realizou seu trabalho arqueológico para escrever uma história das afirmações que reivindicam o *status* de verdade, uma história desses sistemas de procedimentos ordenados. A tentativa de escrever uma história desse tipo envolve isolar certos tipos de práticas discursivas — práticas para a produção de afirmações — que serão «caracterizadas pela delimitação de um campo de objetos, definição de uma perspectiva legítima para o agente do conhecimento e fixação de normas para a elaboração de conceitos e teorias. Assim, cada prática discursiva implica um jogo de prescrições

---

2 | O esboço a seguir reproduz, com algumas omissões e acréscimos, o início de meu «Archaeology, Genealogy, Ethics». In: HOY, David (Org.), *Michel Foucault: A Critical Reader*. Londres: Blackwell Publishers, 1986. pp. 221-34.

3 | Michel Foucault, «Truth and Power». In: _____. *Power/Knowledge: Selected Interviews and Other Writings, 1972-1977*. Ed. Colin Gordon. Trad. Gordon et al. Nova York: Pantheon Books, 1980. p. 133. [Trad. bras.: «Verdade e poder». In: FOUCAULT, M., *Microfísica do poder*. 4. ed. Rio de Janeiro: Paz e Terra, 2016.]

que designam suas exclusões e escolhas».[4] O projeto de Foucault, anunciado no prefácio à edição inglesa de *As palavras e as coisas*, era escrever uma história daquilo que Hacking chamou de *ciências imaturas* — aquelas ciências que, nas palavras de Foucault, são «consideradas matizadas demais pelo pensamento empírico, expostas demais aos caprichos do acaso ou das imagens, às antigas tradições e aos eventos externos, para não se supor que sua história pudesse não ser irregular»[5] do ponto de vista de uma arqueologia das práticas discursivas.[6] Foucault afirmou, o que talvez hoje seja lugar-comum, mas que na época em que ele escreveu pela primeira vez era ousado e até mesmo radical, que esse tipo de saber tem uma regularidade bem definida, que uma história desse saber pode exibir sistemas de regras e suas transformações, que tornam possíveis diferentes tipos de afirmações. Essas regras, porém, jamais são formuladas pelos participantes da prática discursiva; elas não estão à disposição de sua consciência, porém constituem o que Foucault em certa ocasião chamou de «inconsciente positivo do saber».[7]

Se essas regras são relativamente autônomas e anônimas, se tornam possível que indivíduos façam as afirmações que fazem nos momentos em que fazem, então a história dessas regras e desse saber não se parecerá com o tipo de história com que estamos mais familiarizados. Ela não irá necessariamente, por exemplo, agrupar conjuntos de regularidades em torno de obras e autores individuais; nem se contentará com os limites ordinários daquilo que imaginamos ser uma ciência ou uma disciplina. Na verdade, ela irá forçar o reagrupamento de afirmações e de práticas em uma «nova e ocasionalmente inesperada unidade».[8] Como Foucault

---

4 | Id., «History of Systems of Thought». In: BOUCHARD, Donald F. (Org.), *Language, Counter-Memory, Practice: Selected Essays and Interviews*. Trad. Donald Bouchard e Sherry Simon. Nova York: Ithaca, 1970. p. 199.
5 | Id., *The Order of Things: An Archaeology of the Human Sciences*. Nova York: Pantheon Books, 1970. p. IX. [Ed. bras.: *As palavras e as coisas: uma arqueologia das ciências humanas*. 10. ed. São Paulo: Martins Fontes, 2016.]
6 | Ver Ian Hacking, «Michel Foucault's Immature Science», *Noûs*, 13 mar. 1979, pp. 39-51.
7 | Foucault, *The Order of Things*, op. cit., p. xi.
8 | Id., «History of Systems of Thought», op. cit., p. 200.

desejava descrever práticas discursivas do ponto de vista da arqueologia, o tema da descontinuidade tinha destaque em parte de suas principais obras. A exumação de descontinuidades entre sistemas de saber não é premissa desse método, e sim consequência dele. Caso alguém pretenda descrever as trajetórias históricas das ciências em termos de regras anônimas para a formação e produção de afirmações, então aquilo que parecia contínuo de outras perspectivas agora pode muito bem parecer radicalmente descontínuo. Problemas de periodização e de unidade de um domínio podem ser quase totalmente transformados: o pesquisador irá descobrir, por exemplo, que novos tipos de afirmações que parecem ser meros acréscimos incrementais ao conhecimento científico se tornaram na verdade possíveis em função de as regras subjacentes para a produção discursiva terem sido alteradas de modo significativo. Contudo, o método da arqueologia também torna possível a descoberta de novas continuidades, ignoradas em função de uma aparência superficial de descontinuidade. A arqueologia não parte de nenhuma premissa a respeito do predomínio da descontinuidade sobre a continuidade na história do saber; ela, porém, torna extremamente provável que aquilo que foi visto como um agrupamento natural de pensamentos se revele, nesse nível de análise, algo bastante artificial.

Em outros textos, tentei adotar e adaptar a perspectiva arqueológica de Foucault, usando-a para escrever uma história das teorias psiquiátricas da sexualidade no século XIX.[9] Afirmei que a partir de 1870, mais ou menos, surge um novo estilo de raciocínio psiquiátrico, tornando possíveis, entre outras coisas, afirmações sobre perversão sexual — sobre homossexualidade, fetichismo, sadismo e masoquismo — que então rapidamente se tornam lugares-comuns nas discussões sobre sexualidade. O surgimento e a proliferação dessas afirmações foram consequência direta desse novo estilo de raciocínio, que podemos ver, nos termos de Foucault, como o nascimento de uma nova prática discursiva. Um elemento epistemologicamente central de um estilo de raciocínio, em minha interpretação, é um conjunto de conceitos unidos entre si por regras especificáveis que determinam quais afirmações podem e

9 | Ver os dois primeiros ensaios deste volume.

quais não podem ser feitas de acordo com os conceitos.[10] Assim, escrever a história da psiquiatria do século XIX usando essa noção exige que se escreva a história do surgimento de um novo sistema de conceitos e que se demonstre como esses conceitos se relacionam entre si por meio de um conjunto de regras e formam aquilo que podemos ver como um espaço conceitual determinado. Queremos ver quais conceitos, conectados de quais modos particulares, permitiram afirmações sobre perversões sexuais que jamais tinham sido feitas antes, permitiram a criação de um novo tema do discurso médico — a sexualidade. Desse modo, insisti que precisamos de uma história conceitual da sexualidade, sem a qual não temos como saber sobre o que se estava falando quando o domínio do discurso psiquiátrico se tornou fixado na sexualidade.

Esse mesmo tipo de método foi empregado por Heinrich Wölfflin em seus *Principles of Art History: The Problem of the Development of Style in Later Art* [*Conceitos fundamentais da história da arte: o problema da evolução dos estilos na arte mais recente*]. Wölfflin caracterizou as diferenças entre a arte clássica e a barroca em termos de dois sistemas distintos de conceitos determinantes. Ele tentou demonstrar o modo como os traços da arte clássica se uniram para formar um espaço visual barroco característico.[11] Não é surpresa que Paul Veyne, em sua aula inaugural no Collège de France, tenha invocado os nomes de Wölfflin e Foucault; nem é de surpreender, quando lembramos o papel secundário que os grandes homens desempenham na história da ciência na obra de Foucault, que Arnold Hauser tenha se referido à história da arte de Wölfflin como «história da arte sem nomes».[12]

---

10 | Discuto longamente essa noção em meu ensaio «Styles of Reasoning, Conceptual History, and the Emergence of Psychiatry». In: GALISON, Peter; STUMP, David (Orgs.), *The Disunity of Science*. Palo Alto: Stanford University Press, 1995, assim como no quinto ensaio deste volume.

11 | Ver Heinrich Wölfflin, *Principles of Art History: The Problem of the Development of Style in Later Art*. Trad. M. D. Hottinger. Nova York: Dover, 1950. [Ed. bras.: *Conceitos fundamentais da história da arte: o problema da evolução dos estilos na arte mais recente*. 4. ed. São Paulo: Martins Fontes, 2006.]

12 | Ver Paul Veyne, *L'Inventaire des différences: Leçon inaugurale au Collège de France*. Paris: Seuil, 1976 [ed. bras.: *O inventário das diferenças: história e sociologia*. São Paulo: Brasiliense, 1983]; e Arnold Hauser, *The Philosophy of Art History*. Evanston: Northwestern University Press, 1985. Hauser está se referindo à frase do próprio Wölfflin, «Kunstgeschichte ohne Namen», que aparece no prefácio à primeira edição de *Principles of Art History*. Esse prefácio foi omitido de edições posteriores e da tradução para o inglês do livro de Wölfflin.

Seja qual for a plausibilidade de uma história da arte sem nomes, e seja qual for a aplicabilidade geral dessa perspectiva metodológica na história da ciência, pode muito bem ser que ainda persista um consumado ceticismo. Como a psicanálise está tão diretamente interligada com o nome de Sigmund Freud, é natural objetar que escrever sua história sem o nome de Freud seria equivalente a não escrever a história da psicanálise. Essa é, sem dúvida, uma característica peculiar da psicanálise, uma característica que exige uma narrativa mais detalhada do que sou capaz de oferecer aqui: o fato de que não importa qual você pense ser a última palavra sobre a psicanálise, a primeira e a segunda palavras sempre serão de Freud. E isso não apenas porque Freud foi o criador da psicanálise, mas sobretudo porque os conceitos, afirmações e problemas centrais da psicanálise não receberam especificações mais profundas depois de terem sido congelados em seus textos. Portanto, existe um sentido evidente em que qualquer história da psicanálise deve continuamente invocar o nome de Freud. Esse fato, no entanto, não resolve, nem deve resolver, a forma que essa invocação deve ter. Wölfflin não relutou em discutir as grandes obras da arte clássica e do Barroco; ele queria demonstrar que essa grandeza não era incompatível com o fato de seus artistas estarem sujeitos a restrições especificáveis. «Nem tudo é possível a todo momento» é a célebre afirmação de Wölfflin, e sua história da arte, sem nomes, tentava conceitualizar os limites daquilo que era possível artisticamente em determinado período histórico e demonstrar como uma mudança nos limites poderia levar a uma reorganização dos limites do possível.[13] Para fazer isso com êxito, Wölfflin precisou operar em um nível distinto da biografia e da psicologia individuais. Ao escrever a história da psicanálise, quero preservar esse nível, cuja articulação exige uma história de um sistema de conceitos estruturalmente relacionado, um espaço conceitual, que fica abaixo, ou atrás, da obra de qualquer autor em particular, mesmo das grandes obras de grandes autores.

Dois mitos concorrentes sobre Freud foram pouco a pouco se desenvolvendo. O primeiro, o mito oficial da psicanálise, retrata Freud como um gênio solitário, isolado e colocado no ostracismo pelos colegas, moldando sozinho a psicanálise e

---

13 | Wölfflin, op. cit., p. IX.

em uma luta perpétua com o resto do mundo. A história da psicanálise dominada por esse mito se transformou na história de Freud como um revolucionário triunfante. O segundo mito, oposto a esse, retrata Freud como alguém que pegou todas as suas ideias de outra pessoa — em geral Wilhelm Fliess, embora os nomes de Jean Martin Charcot, Havelock Ellis e Albert Moll, dentre muitos outros, também sejam mencionados com frequência — e levou crédito por aquilo que na verdade não era mais do que pequenas modificações em teorias desenvolvidas antes. Esse é o mito dos descontentes com a profissão, e a história da psicanálise dominada por ele se tornou a história de Freud como um demagogo, usurpador e megalomaníaco. Ao primeiro mito, pode-se responder *ex nihilo nihil fit*, um *slogan* tão apropriado para a história da ciência quanto para a teologia. O segundo mito tira sua força de uma leitura empobrecida de Freud e de uma noção também empobrecida de como ler Freud. Quando aplicado aos *Três ensaios sobre a teoria da sexualidade*, esse mito tenta se reafirmar demonstrando que, por exemplo, Richard von Krafft-Ebing empregou a ideia de libido e Ellis a ideia de autoerotismo, que Fliess usou de modo central a noção de bissexualidade, que Moll descobriu a sexualidade infantil anos antes de Freud, que Iwan Bloch falava sobre zonas erógenas, e assim por diante, *ad infinitum*. Como Freud tinha plena consciência desses escritos, prossegue a história, como é possível que ele fosse algo além de um usurpador, com um reino construído a partir de materiais roubados?

Ambos os mitos, imagens especulares um do outro, dependem do mesmo tipo de premissas históricas, não reconhecidas, nocivas e, em minha opinião, equivocadas. Independentemente de Freud ter ou não ter descoberto a sexualidade infantil, independentemente da avaliação instável que ele próprio tinha de sua dívida com Fliess, independentemente de ele ter sido o primeiro, o segundo ou o terceiro a usar a palavra *Trieb* ao falar de sexualidade, todas essas afirmações, tanto a favor quanto contra, são radicalmente inadequadas caso queiramos compreender seu lugar na história da psiquiatria. Ambos os mitos dependem de uma invocação inapropriada de seu nome; ambos entendem de maneira incorreta o papel que essa invocação deveria ter ao se escrever a história da psicanálise. A biografia de Freud, seu drama pessoal, e quem ele lê em qual ano são todos tópicos que, evidentemente, têm interesse e importância. Mas não nos darão base sólida para responder se ele foi um pensador original ou apenas alguém que conservou, e por vezes ampliou, ideias de outras pessoas.

O modo como caracterizamos o lugar de Freud na história da psiquiatria não deveria depender de quem disse o que primeiro, mas sim de sabermos o que a estrutura de conceitos associada aos escritos de Freud faz em relação ao espaço conceitual da psiquiatria do século xix: se dá continuidade a ele, se o amplia, se diverge dele ou se o debilita. O que precisamos, conforme indiquei, é de uma história dos conceitos usados na psicanálise, uma narrativa de suas origens históricas e de suas transformações, de suas regras de combinação e de seu emprego em um modo de raciocínio.[14] Essa tarefa supõe, em primeiro lugar, que possamos isolar os conceitos característicos da psiquiatria do século xix, articular suas regras de combinação, e assim discernir quais eram seus limites de possibilidade. Precisamos depois realizar exatamente a mesma tarefa em relação à obra de Freud, o que, com detalhes suficientes, nos permitirá ver de modo mais claro se o espaço conceitual de Freud dá continuidade ao de seus predecessores ou se rompe com eles. Embora Freud possa usar em grande parte a mesma terminologia de muitos autores que sabemos que ele lia, a estrutura dos conceitos que ele emprega, aquilo que venho chamando de seu espaço conceitual, pode mesmo assim se desviar em maior ou menor medida desses demais pensadores.

A validade dessas observações metodológicas, ainda que breves e abstratas, depende de saber se elas nos permitem produzir uma narrativa filosoficamente esclarecedora e historicamente plausível das questões com que estamos lidando. Se elas não nos levarem diretamente a uma leitura mais adequada de Freud, então seu interesse seguirá sendo apenas breve e abstrato. Portanto, quero agora me voltar para algumas questões históricas que esse método arqueológico prescreve. Este é o lugar para reconhecer as implicações algo enganosas do título deste ensaio. Não tentarei nada que se pareça com uma leitura completa dos *Três ensaios*. Quero me concentrar exclusivamente nos problemas encontrados na leitura do primeiro

---

14 | Discuti algumas dessas questões relativas à histeria em meu «Assault on Freud», *London Review of Books*, 5-19 jul. 1984, pp. 9-11.

ensaio, «As aberrações sexuais». Dada a estrutura do livro de Freud, é óbvio que também terei de observar passagens dos demais ensaios, porém vou discutir essas passagens apenas na medida em que elas forem relevantes para exumar a conceitualização que Freud faz das perversões sexuais. O escopo de minha tarefa fica limitado aqui por meu desejo de me aproximar de uma leitura abrangente apenas do primeiro ensaio. Mesmo para fazer só isso, terei de começar antes de Freud, com o conceito prevalente da perversão sexual na literatura psiquiátrica do século XIX. Portanto, deixe-me tentar demarcar o espaço conceitual dentro do qual a perversão era um elemento que dominava a psiquiatria europeia na época em que Freud estava escrevendo os *Três ensaios*.[15]

Durante a segunda metade do século XIX houve uma explosão virtual de discussões médicas sobre as perversões sexuais, aquilo que Foucault chamou de uma incitação ao discurso, uma imensa prolixidade.[16] Essas discussões dominaram o interesse da psiquiatria europeia e, mais tarde, da psiquiatria americana, o que resultou em uma epidemia de perversão que parecia rivalizar com os recentes surtos de cólera. Apesar das muitas diferenças entre esses loquazes psiquiatras, diferenças tanto teóricas quanto clínicas, todos compartilhavam o conceito de perversão que sustentava essas discussões — as perversões eram um *objeto compartilhado* do discurso psiquiátrico sobre o qual havia formas de raciocínio comumente reconhecidas e padronizadas. O melhor meio de começar a compreender o espaço conceitual do século XIX em torno da perversão é examinar a noção de instinto sexual, pois o conceito de perversão por trás do pensamento clínico era o de uma disfunção desse instinto. Isso significa que a classe de doenças que afetava o instinto sexual era exatamente a das perversões sexuais. Uma compreensão funcional do instinto permitia que se isolasse um conjunto de transtornos ou doenças que eram perturbações de suas funções especiais. Moreau

---

15 | No trecho a seguir, reconto, com algumas citações adicionais, partes do primeiro ensaio deste volume. Documentação histórica mais detalhada para minhas afirmações pode ser encontrada naquele ensaio.
16 | Ver Michel Foucault, *The History of Sexuality*, vol. 1: *An Introduction*. Nova York: Pantheon Books, 1978. [Ed. bras.: *A história da sexualidade*, vol 1: *A vontade de saber*. 2. ed. Rio de Janeiro: Paz e Terra, 2015.]

de Tours, em um livro que influenciou a primeira edição do *Psychopathia Sexualis* de Krafft-Ebing, afirmava que os fatos clínicos forçosamente levavam a que se aceitasse como absolutamente demonstrada a existência de um sexto sentido, que ele denominou de sentido genital.[17] Embora a noção de um sentido genital possa parecer ridícula, a caracterização de Moreau foi adotada por clínicos franceses posteriores, e sua expressão «*sens genital*» foi preservada, por Charcot entre outros, como uma tradução de nosso «instinto sexual». O sentido genital é apenas o instinto sexual, mascarado por palavras diferentes. Sua caracterização como um sexto sentido foi uma analogia útil. Assim como era possível ficar cego ou ter uma visão aguçada ou ser capaz de discriminar apenas uma parte do espectro de cores, e assim como se podia ficar surdo ou ter uma audição anormalmente sensível ou ser capaz de ouvir apenas certa extensão de sons, do mesmo modo esse sexto sentido poderia ser reduzido, aumentado ou pervertido. O que Moreau esperava demonstrar era que esse sentido genital tinha funções especiais, distintas das funções realizadas por outros órgãos, e, que assim como ocorria com os demais sentidos, esse sexto sentido podia sofrer perturbações sem que o bom funcionamento das outras funções mentais, sejam afetivas, sejam intelectuais, sofresse danos.[18] Uma demonstração como a de Moreau era essencial para isolar doenças da sexualidade como entidades doentias distintas.

O *Oxford English Dictionary* relata que o primeiro uso médico moderno do conceito de perversão ocorreu em 1842 no *Medical Lexicon* [Léxico médico] de Robley Dunglison: «'Perversão', uma das quatro modificações que ocorrem em uma doença; sendo as três outras o aumento, a diminuição e a abolição».[19] As noções de perversão e função estão inextricavelmente interligadas. Quando se oferece uma caracterização funcional do instinto sexual, as perversões se tornam uma classe natural de doenças; e sem essa caracterização não há espaço conceitual para esse tipo de doença. Independentemente dos termos da anatomia patológica que ele e outros ofereceram, fica claro que Krafft-Ebing compreendia o instinto sexual de modo funcional.

---

17 | Ver Paul Moreau de Tours, *Des aberrations du sens génésique*. Paris: Asselin, 1880. p. 2.
18 | Ver ibid., p. 3.
19 | *Oxford English Dictionary*, s. v. «perversion».

Em seu *Textbook of Insanity*, Krafft-Ebing não deixa margem para dúvidas em sua afirmação de que a vida apresenta dois instintos, o de autopreservação e o da sexualidade; ele insiste que a vida anormal não apresenta nenhum instinto novo, embora os instintos da autopreservação e da sexualidade «possam ser reduzidos, ampliados ou se manifestar de maneira pervertida».[20] O instinto sexual muitas vezes era comparado ao instinto de autopreservação, que se manifestava por meio do apetite. Em uma seção intitulada «Perturbações dos instintos», Krafft-Ebing primeiro discute as anomalias dos apetites, que ele divide em três tipos diferentes. Há aumentos do apetite (hiperorexia), redução do apetite (anorexia) e perversões do apetite, como um «verdadeiro impulso de comer aranhas, sapos, minhocas, sangue humano etc.» (*TI*, p. 80; ver também pp. 77-81). Uma classificação desse gênero é exatamente o que se poderia esperar de uma compreensão funcional do instinto. As anomalias do instinto sexual são também classificadas em um desejo reduzido ou ausente (anestesia), anormalmente ampliado (hiperestesia) e em uma expressão pervertida (parestesia); além dessas, há uma quarta classe de anomalias do instinto sexual, que consiste em sua manifestação fora do período dos processos anatômicos e fisiológicos nos órgãos reprodutivos (paradoxia) (ver *TI*, p. 81).[21] Tanto em seu *Textbook of Insanity* quanto no *Psychopatia Sexualis*, Krafft-Ebing também divide as perversões em sadismo, masoquismo, fetichismo e instinto sexual contrário (ver *TI*, pp. 83-6; e *PS*, pp. 34-6).

Para poder determinar com precisão quais fenômenos são disfunções ou doenças do instinto sexual, também é preciso, evidentemente, especificar qual é a função normal ou natural desse instinto. Sem saber qual é essa função, qualquer coisa — ou coisa alguma — poderia ser vista como uma disfunção. Não haveria um critério fixo para incluir nenhum comportamento na categoria da perversão nem

---

20 | Richard von Krafft-Ebing, *Textbook of Insanity Based on Clinical Observations*. Trad. Charles Gilbert Chaddock. Filadélfia: F. A. Davis, 1904. p. 79; futuras referências a essa obra, abreviada *TI*, serão incluídas no texto. Krafft-Ebing considera a abolição o caso extremo da diminuição.

21 | Essa mesma classificação aparece em Richard von Krafft-Ebing, *Psychopathia Sexualis, with Especial Reference to the Antipathic Sexual Instinct: A Medico-Forensic Study*. Trad. Franklin S. Klaf. Nova York: Stein and Day, 1965. p. 34; todas as futuras referências a essa obra, abreviada *PS*, serão incluídas no texto.

para excluí-lo dela. Portanto, é preciso primeiro crer que há uma função natural do instinto sexual e depois crer que essa função é bastante determinada. Seria de imaginar que questões importantes como essa teriam sido amplamente debatidas durante o auge da perversão no século XIX. Mas, de modo curioso, nenhuma discussão desse tipo aparece. Há praticamente uma *unanimidade tácita* sobre o fato de que esse instinto tem de fato uma função natural e sobre qual seja essa função. A visão de Krafft-Ebing é representativa aqui:

> Durante o tempo da maturação dos processos fisiológicos nas glândulas reprodutivas, os desejos surgem na consciência do indivíduo, tendo como propósito a perpetuação da espécie (instinto sexual) [...]
> Com oportunidade para a satisfação natural do instinto sexual, toda expressão dele que não corresponda ao propósito da natureza — ou seja, a propagação — deve ser vista como pervertida.
> (*PS*, pp. 16, 52-3)[22]

Caso alguém duvide da representatividade da concepção de Krafft-Ebing, deixe-me citar uma longa passagem das *Perversions of the Sex Instinct* [Perversões do instinto sexual] (1891) de Moll, já que este é considerado por Frank Sulloway, entre outros, alguém que antecipou Freud de modo direto.[23] Embora Moll contestasse muitas afirmações específicas de Krafft-Ebing, é notável o grau de concordância tácita sobre a concepção apropriada da perversão. Moll acreditava que muitas teorias da homossexualidade com que ele estava familiarizado (a homossexualidade sendo a mais bem documentada dentre as perversões sexuais) não levavam suficientemente em conta a analogia entre o instinto sexual e as demais funções:

> Para compreender o ímpeto homossexual, precisamos considerar o instinto genital não como um fenômeno isolado das demais

---

22 | Ver também *TI*, p. 81.
23 | Ver Frank J. Sulloway, *Freud, Biologist of the Mind*. Nova York: Burnett Books, 1979, esp. cap. 8.

funções, e sim como uma função psíquica. As modificações mórbidas do instinto genital pareceriam menos incompreensíveis caso admitíssemos que quase todas as demais funções, sejam físicas ou psíquicas, podem estar sujeitas a modificações semelhantes. As anomias sexuais nos parecem singulares porque a maior parte dos indivíduos que possui os atributos do sexo masculino deseja mulheres. Mas não devemos nos deixar enganar pela frequência e regularidade desse fenômeno. De um ponto de vista teleológico, que é o ponto de vista da reprodução da espécie, consideramos *natural* o desejo que o homem normal sente pelas mulheres. No entanto, em certas condições patológicas os órgãos não se adéquam às finalidades que lhes são reservadas. Os dentes têm como propósito triturar a comida, e no entanto há homens que não têm dentes ou que os têm em pequena quantidade. A função do fígado é a secreção da bile, que é levada aos intestinos, e em certos transtornos do fígado ou dos dutos biliares a bile não é secretada e não alcança o intestino. A função da fome é lembrar ao organismo sua necessidade por alimento. No entanto, há estados patológicos em que a sensação de fome fica ausente, embora o estômago continue a funcionar normalmente. O mesmo se dá com a ausência do desejo sexual pelas mulheres no caso de um homem que possui órgãos genitais normais. É improvável que possamos estabelecer uma conexão entre os órgãos genitais do homem e o desejo que ele sente por mulheres, a não ser de um ponto de vista teleológico. Caso contrário, não se percebe por que os homens deviam sentir o ímpeto de ter conexões com mulheres, uma vez que a ejaculação do esperma pode ser obtida de vários outros modos. Seria bastante surpreendente se o instinto genital não apresentasse as mesmas anomalias mórbidas das demais funções.[24]

Como no caso de outros psiquiatras do século XIX, a *façon de parler* teleológica de Moll vinha mesclada com considerações evolucionárias, nas quais supostamente se baseavam. Mas meu interesse não está em saber por que Moll disse o que disse, e sim exatamente no que ele disse. Nesse sentido, suas concepções e a de Krafft-Ebing são quase intercambiáveis.

24 | Albert Moll, *Perversions of the Sex Instinct*. Newark: Julian Press, 1931. pp. 171-2 (grifo meu).

A psiquiatria do século XIX silenciosamente adotou essa concepção da função do instinto sexual. Era comum que se considerasse tal concepção como natural a ponto de não precisar ser afirmada de modo explícito, já que essa era a única concepção que dava sentido à prática psiquiátrica.[25] Não é nem de longe óbvio por que sadismo, masoquismo, fetichismo e homossexualidade devam ser tratados como espécie de uma mesma doença, pois à primeira vista eles não apresentam traços essenciais em comum. No entanto, caso se acredite que a função natural do instinto sexual seja a propagação, e se se considera que a satisfação psicológica correspondente e natural desse instinto consiste na satisfação que deriva da relação genital heterossexual, torna-se possível ver por que eles foram todos classificados juntos como perversões. Sadismo, masoquismo, fetichismo e homossexualidade, todos apresentam o mesmo tipo de expressão pervertida, o mesmo tipo básico de desvio funcional, que se manifesta no fato de que a satisfação psicológica é obtida sobretudo por meio de atividades desconectadas da função natural do instinto. Como Moll afirma de modo sucinto, enfatizando o elemento fisiológico dessa função natural, «devemos considerar como mórbida a ausência de desejos heterossexuais mesmo quando a possibilidade da prática do coito normal existe».[26] Essa compreensão do instinto permite um tratamento unificado da perversão, o que possibilita colocar em um mesmo tipo um grupo aparentemente heterogêneo de doenças. Caso alguém negasse que o instinto sexual tinha uma função natural ou que essa função era a procriação, as doenças da perversão, como as compreendemos, não teriam entrado na nosologia psiquiátrica.

Com base nesse pano de fundo conceitual e histórico, podemos colocar em uma perspectiva adequada os dois parágrafos de abertura do primeiro ensaio de Freud:

---

25 | Para alguns exemplos franceses dessa compreensão, ver Maurice Paul Legrain, *Des anomalies de l'instinct sexuel et en particulier des inversions du sens genital*. Paris: Carré, 1896; e dr. Laupts (pseudônimo de Georges Saint-Paul), *L'homosexualité et les types homosexuels: Nouvelle édition de Perversion et perversités sexuelles*. Paris: Vigot, 1910.

26 | Moll, op. cit., p. 180.

> O fato da existência de necessidades sexuais nos seres humanos e nos animais se expressa na biologia pela presunção de um «instinto sexual», em uma analogia com o instinto da nutrição, que é a fome. A linguagem cotidiana não possui uma contraparte para a palavra «fome», mas a ciência utiliza a palavra «libido» para essa finalidade.
> A opinião popular tem ideias bastante definidas sobre a natureza e as características desse instinto sexual. Em geral, acredita-se que ele está ausente na infância, tendo início na puberdade em conexão com o processo de chegada à maturidade e se revelando pelas manifestações de uma atração irresistível que um sexo exerce sobre o outro; quanto a seu objetivo, supõe-se que seja a união sexual, ou em todo caso ações que levem nessa direção. Temos todo motivo para crer, porém, que essa visão retrata a verdadeira situação de modo bastante incorreto. Se olharmos para essas afirmações com mais atenção, veremos que elas contêm vários erros, imprecisões e conclusões apressadas.[27]

Ao descrever a opinião popular sobre o instinto sexual, o uso de Freud da analogia com a fome indica, como aconteceu ao longo do século XIX, a concepção funcional desse instinto. Além disso, como seria de esperar, a função natural desse instinto sexual se expressa por meio de uma atração irresistível entre os sexos, uma atração cujo objetivo final é a união sexual. O uso que Freud faz do termo «opinião popular» pode facilmente enganar o leitor, levando-o a pensar que essa concepção do instinto sexual define «popular» em oposição à opinião dos eruditos. Mas, independentemente de quão popular fosse essa opinião, essa era exatamente a visão daqueles psiquiatras listados na primeira nota de rodapé desse ensaio, de quem Freud diz ter derivado essa informação.[28] Se o argumento do primeiro ensaio de Freud é

---

27 | Sigmund Freud, *Three Essays on the Theory of Sexuality, The Standard Edition of the Complete Psychological Works of Sigmund Freud*. Ed. e trad. James Strachey, 24 vols. Londres: Hogarth, 1953-74. v. 7, p. 135 [ed. bras.: «Três ensaios sobre a teoria da sexualidade». In: FREUD, S., *Edição standard brasileira das obras psicológicas completas de Sigmund Freud*. 24 vols. Rio de Janeiro: Imago, 1996. v. 7]; futuras referências a essa obra, abreviada *T*, serão incluídas no texto.

28 | Em minha discussão, deixarei de lado os comentários de Freud sobre a opinião popular relativa à ausência de uma sexualidade infantil. A questão da relação entre opinião popular e erudita sobre esse assunto é complexa demais para ser tratada aqui.

que essa visão «retrata a verdadeira situação de modo bastante incorreto», podemos esperar que as conclusões de Freud o levem a se opor tanto à opinião popular quanto, e isso é mais importante, à opinião médica. O problema é como caracterizar de modo preciso essa oposição.

No último parágrafo dessa seção preliminar do primeiro ensaio, Freud apresenta o que ele chama de «dois termos técnicos». O *objeto sexual* é «a pessoa de quem a atração emana», enquanto o *objetivo sexual* é «o ato para o qual o instinto tende» (*T*, pp. 135-6). A motivação de Freud para apresentar esses termos não é apenas, como ele afirma explicitamente, o fato de a observação científica revelar muitos desvios no que se refere tanto ao objeto sexual quanto ao objetivo sexual. Mais importante, esses são os dois tipos conceitualmente básicos de desvios que devemos esperar dos escritores que subscrevem a concepção popular do instinto sexual. Desvios relativos ao objeto sexual são desvios da atração natural que um sexo exerce sobre o outro; desvios relativos ao objetivo sexual são desvios do propósito natural da união sexual. O restante do primeiro ensaio está estruturado em torno dessa distinção entre o objeto sexual e o objetivo sexual, e o papel central dessa distinção em si depende fortemente da visão do instinto sexual que Freud dirá ser falsa. Dou ênfase a esse ponto porque é preciso reconhecer que a oposição de Freud à opinião compartilhada em relação ao instinto sexual é uma oposição interna, que o argumento dele se desenvolve tendo essa opinião compartilhada como dada. A oposição de Freud, digo já, participa da mentalidade que ele critica. Esse ponto de partida decisivo, a crítica imanente de Freud, irá se revelar em suas formulações finais e em suas conclusões, em especial em suas ambiguidades e hesitações.

Quero a seguir lembrar as linhas gerais das duas seções seguintes do primeiro ensaio, que em vários sentidos são o coração deste ensaio. A seção seguinte discute desvios relativos ao objeto sexual. Nessa categoria Freud inclui a escolha de crianças e animais como objetos sexuais, mas a discussão que ele detalha mais é a da inversão, o desvio a que os psiquiatras do século xix também haviam se dedicado mais. Depois de descrever diferentes graus de inversão, Freud afirma que a inversão não deveria ser vista como um indicativo inato de degeneração nervosa — uma avaliação que era amplamente, ainda que não em termos universais, aceita no século xix. A rejeição da teoria da degeneração como explicação dos transtornos nervosos teve importância central na história da psiquiatria do século xix e do início do século xx, e Freud teve um papel nisso, assim como muitos outros.[29] Na verdade, Freud insistia que a escolha entre afirmar que a inversão era inata e afirmar que ela era adquirida era falsa, já que nenhuma das duas hipóteses explica de modo adequado a inversão. Freud imediatamente passa, em uma seção complicada e problemática, para o papel da bissexualidade na explicação da inversão, e não devo tentar discutir agora essa seção. Apesar da atenção dada recentemente à noção da bissexualidade no desenvolvimento do pensamento psicanalítico inicial de Freud, as observações que ele faz nessa seção se tornam cada vez mais intrigantes à medida que são estudadas com mais atenção.

A seguir, Freud descreve as características do objeto sexual e do objetivo sexual dos invertidos e termina essa seção como um todo sobre desvios relativos ao objeto sexual com uma conclusão extraordinária, uma conclusão mais inovadora, até mesmo revolucionária, do que suspeito que ele fosse capaz de reconhecer.

> Informam-nos que tem sido habitual ver a conexão entre instinto sexual e objeto sexual como mais íntima do que ela realmente é. A experiência dos casos considerados anormais mostrou que neles o instinto sexual e o objeto sexual são meramente fundidos um com o outro — um fato que corremos o risco de ignorar em função da uniformidade do retrato normal, em que o objeto parece ser parte do instinto. Somos assim alertados para que afrouxemos o laço que existe em nossos pensamentos entre instinto e objeto. Parece provável que o instinto sexual seja inicialmente independente de seu objeto; e também não é provável que ele se deva à atração do objeto.
> (T, pp. 147-8)

Nas teorias psiquiátricas do século xix que precederam Freud, tanto um objeto específico quanto um objetivo específico eram parte desse instinto. A natureza do instinto sexual se manifestava, como eu disse, na atração por membros do sexo

---

29 | Para um panorama útil, ver Sulloway, op. cit.

oposto e em um desejo pela relação genital com eles. Assim, a inversão era uma disfunção que ia contra a natureza do instinto sexual, um desvio em que o objeto natural desse instinto não exercia sua atração de modo adequado. Ao afirmar, na realidade, que não existe um objeto natural para o instinto sexual, que o objeto sexual e o instinto sexual são apenas fundidos um com o outro, Freud deu um golpe conceitualmente devastador em toda a estrutura das teorias da psicopatologia sexual. Para mostrar que a inversão era uma disfunção verdadeira e não apenas uma anormalidade estatística sem importância patológica, era preciso conceber o objeto «normal» do instinto como parte do próprio conteúdo do instinto. Caso o objeto não seja interno ao instinto, não pode haver significado clínico-patológico intrínseco no fato de que o instinto pode se ligar a um objeto invertido. A distinção entre objeto normal e objeto invertido já não coincidirá com a divisão entre natural e não natural, que era em si uma divisão entre o normal e o patológico. Como a natureza do instinto, de acordo com Freud, não tem vínculo com nenhum tipo especial de objeto, parecemos forçados a concluir que o suposto desvio de inversão não é mais do que uma mera diferença. Na verdade, a própria linguagem de Freud é indicativa da força de sua conclusão. Ele diz: «A experiência dos casos *considerados* anormais», qualificando assim «anormais» de modo retoricamente revelador.[30] Esses casos de inversão são *considerados* anormais em função de certa concepção do instinto sexual em que um tipo de objeto é parte natural do próprio instinto. Fora dessa concepção, esses casos não podem ser considerados patológicos, não podem ser exemplos do conceito de anormalidade empregado por Krafft-Ebing, Moll e outros. Acredito que nossa conclusão deve ser, levando em conta a lógica do argumento de Freud e sua conceitualização radicalmente nova nesse parágrafo, a de que casos de inversão não podem mais ser considerados patologicamente anormais.

    À luz dessas observações, creio que podemos concluir que Freud opera com um conceito do instinto sexual diferente daquele de seus contemporâneos, ou, melhor ainda, que ele não emprega o conceito de instinto sexual em sua teoria da sexuali-

---

30 | Em alemão, «Die Erfahrung an den für abnorm gehaltenen Fällen lehrt uns...». Freud, *Gesammelte Schriften*. Viena: Internationaler Psychoanalytischer Verlag, 1924. v. 5, p. 20.

dade. O que está em questão aqui não é a escolha de palavras de Freud. Comentaristas sempre observam que os leitores de língua inglesa de Freud são levados ao erro pela tradução de *Trieb* como «instinto», já que *Trieb* é mais bem traduzido por «pulsão», reservando «instinto» para *Instinkt*.[31] No entanto, como muitos contemporâneos de Freud, entre os quais Krafft-Ebing, usaram *Trieb*, a terminologia de Freud não constitui uma ruptura com a terminologia previamente estabelecida. Não é a introdução de uma nova palavra que sinaliza a originalidade de Freud, e sim o fato de que *Sexualtrieb* não é um conceito igual ao do instinto sexual. Podemos ver isso, para reiterar meu argumento principal, reconhecendo que a conclusão de Freud é explícita e diretamente oposta a qualquer conclusão que poderia ser alcançada usando o conceito do instinto sexual. A relação entre os conceitos de *instinto sexual* e *objeto sexual* encontrada nos textos do século XIX, uma regra de combinação parcialmente constitutiva do conceito do instinto sexual, foi completamente minada por Freud, e, como consequência da derrubada dessas velhas fundações, a inversão não podia mais ser vista como uma disfunção do instinto sexual contrária à natureza. Demonstra-se que *Sexualtrieb* não é o mesmo que instinto sexual pelo fato de que o conceito do instinto sexual desempenhou um papel muito específico em um espaço estrutural altamente organizado, governado por regras, um espaço dentro do qual as teorias psiquiátricas da sexualidade operaram mais ou menos desde os anos 1870.

Caso as conclusões de Freud sejam tão radicais quanto eu as fiz parecer, caso essas conclusões de fato causem uma reviravolta na estrutura conceitual das teorias da psicopatologia sexual do século XIX, podemos então nos perguntar o que preparou o caminho para essas conclusões. Acredito que podemos indicar uma *atitude* que preparou o caminho para Freud, embora haja uma lacuna muito grande entre essa atitude e as novas conclusões a que Freud chegou. O próprio Freud nos conta, em uma nota de rodapé, a fonte de sua atitude, e o fato de ele mencionar isso apenas de passagem não deve nos levar a subestimar a profundidade de sua importância:

31 | Para um exemplo recente, ver Bruno Bettelheim, *Freud and Man's Soul*. Nova York: First Vintage Books, 1982 [ed. bras.: *Freud e a alma humana*. São Paulo: Cultrix, 2010]. Critiquei as afirmações de Bettelheim em «On the Englishing of Freud», *London Review of Books*, 3-16 nov. 1983.

«A abordagem patológica do estudo da inversão foi substituída pela antropológica. O mérito dessa mudança pertence a Bloch» (T, p. 139, n. 2). Em 1902-3, Iwan Bloch publicou um livro em dois volumes, *Beiträge zur Aetiologie der Psychopathia Sexualis* [Mensagens sobre a etiologia do *Psychopathia Sexualis*], que foi central para estabelecer que a degeneração era inadequada como explicação para as perversões. O trabalho cataloga exaustivamente a existência universal das aberrações, que, de acordo com Bloch, estiveram presentes em todos os períodos históricos, em todas as raças e em todas as culturas. A atitude dele em relação a esses fatos é surpreendente e, pode-se dizer, potencialmente revolucionária, embora sua obra não faça a rearticulação conceitual que era precondição para quaisquer conclusões radicais.

Na introdução ao primeiro volume de sua obra, Bloch anuncia sua pretensão de demonstrar que «a visão puramente médica das anomalias sexuais, tão bem articulada por Casper, Krafft-Ebing, Eulenburg, Moll, Schrenck-Nozing, [e] Havelock Ellis [...] [não basta] para uma explicação fundamental dos fenômenos relativos a esse campo», e ele então opõe à «teoria clínico-patológica» das aberrações sexuais seu próprio «conceito antropológico-etnológico dos fatos da chamada '*psychopathia sexualis*'».[32] Ele afirma que irá demonstrar que «esse conceito geral das anomalias sexuais como fenômenos universais e ubíquos do humano torna necessário reconhecer como fisiológico grande parte do que antes era tido como patológico» (AS, p. 6). (Bloch segue uma concepção médica padrão do século XIX de frequentemente usar o contraste fisiológico/patológico em vez de normal/patológico.) Dada sua atitude «antropológica», Bloch não tem dificuldade em fazer afirmações como as seguintes:

> Cremos que os desvios da norma da *vita sexualis* são bastante gerais. Há poucas pessoas que em em algum ponto não chegaram à fronteira entre o normal e a indulgência patológica. (AS, pp. 165-6)

---

[32] | Iwan Bloch, *Anthropological Studies on the Strange Sexual Practises of All Races and All Ages*. Nova York: Anthropological Press, 1933. pp. 5 e 6; todas as futuras referências a essa obra, abreviada AS, serão incluídas no texto. Essa é uma tradução do vol. 1 de *Beiträge zur Aetiologie der Psychopathia Sexualis*, de Bloch (Dresden: Dohrn, 1902-3). Acho que Sulloway não vê adequadamente o papel da obra de Bloch nos *Três ensaios* de Freud.

> Não pode haver dúvidas de que um indivíduo normal pode se acostumar a várias aberrações sexuais a ponto de elas se tornarem «perversões», cujos desvios aparecem na mesma forma tanto nas pessoas sãs quanto nas doentes.[33]

A tênue fronteira entre o normal e o patológico, o fato de que as aberrações sexuais são um fenômeno humano universal, foi o principal indício para Bloch de que a degeneração nervosa não era uma rubrica explanatória ou diagnóstica na qual fosse possível alocar as perversões. E sua atitude em relação às aberrações sexuais foi bastante diferente — menos inequívoca, menos psiquiátrica — da atitude dos autores com os quais ele debatia. Porém essa atitude em relação à inversão e a outras perversões, por mais distinta que fosse da visão puramente médica e por mais instável que parecesse em muitos momentos, jamais levou Bloch a duvidar do conceito do instinto sexual que tornava possível a classificação desses fenômenos como desvios (e que portanto exigia alguma explicação alternativa para seu *status* patológico). Freud poderia ter acreditado que as observações antropológicas de Bloch, somadas a outras evidências clínicas que ele cita, demonstravam meramente que a inversão, ainda que apenas em forma rudimentar ou ainda como uma sombra, era muito mais disseminada do que a maioria dos psiquiatras acreditava. Essa afirmação continuaria permitindo uma prioridade conceitual para a «uniformidade do retrato normal». Freud poderia ter então avançado com suas conclusões para tornar ainda menos nítida a fronteira entre o normal e o patológico, dando assim mais um golpe na ideia de que uma classe particular de indivíduos degenerados sofria de inversão. Mas, em vez de chegar a essa conclusão limitada, embora significativa, Freud foi ao coração da questão e substituiu de maneira decisiva o conceito do instinto sexual pelo de pulsão sexual «em primeira instância independente de seu objeto». Essa era uma inovação conceitual digna de ser classificada como genial — embora o gênio não precise estar consciente da própria genialidade, como veremos se nos

---

33 | Id., *Anthropological and Ethnological Studies in the Strangest Sex Acts in Modes of Love of All Races Illustrated*. Nova York: Anthropological Press, 1935. Pt. 2, p. 4. Essa é uma tradução do vol. 2 do *Beiträge zur Aetiologie der Psychopathia Sexualis*, de Bloch.

voltarmos para a seção seguinte do primeiro ensaio, intitulada «Desvios relativos ao objetivo sexual».

Freud define as perversões como

> atividades sexuais que ou (a) se estendem, em um sentido anatômico, para além das regiões do corpo designadas para a união sexual, ou (b) se demoram nas relações intermediárias com o objeto sexual que normalmente deveriam ser atravessadas rapidamente no caminho para o objetivo sexual final. (T, p. 150)

A definição da perversão se explica pelo fato de que, nas palavras de Freud,

> o objetivo sexual normal é visto como a união dos genitais no ato conhecido como cópula, que leva a um alívio da tensão sexual e a uma extinção temporária do instinto sexual — uma satisfação análoga à de quando saciamos nossa fome. (T, p. 149)

Sendo assim, uma vez que o objetivo sexual normal é a cópula e a região anatômica apropriada para esse objetivo são os genitais, são possíveis dois tipos principais de desvios perversos em relação ao objetivo sexual. Sob a rubrica de extensões genitais, Freud discute atividades sexuais do tipo oral-genital, do tipo anal-genital, beijos e fetichismo, reconhecendo que este último também pode ser classificado como um desvio relativo ao objeto sexual. Sob a rubrica de fixação em objetivos sexuais preliminares, Freud discute tocar e olhar, além de sadismo e masoquismo. Como não posso discutir aqui cada um desses exemplos, vou me concentrar em uns poucos casos representativos.

O uso sexual da membrana mucosa dos lábios e bocas de duas pessoas, conhecido como beijo, é, estritamente falando, uma perversão, uma vez que, como Freud diz, «as partes do corpo envolvidas não formam parte do aparato sexual, constituindo na verdade a entrada do trato digestivo» (T, p. 150). Porém, quando as membranas mucosas dos lábios de duas pessoas se unem, não temos o hábito de classificar a extensão anatômica nem o objetivo resultante como perversão. Na verdade, Freud observa que temos o beijo «em alta estima» e afirma que beijar é «o ponto de contato com aquilo que é normal» (T, pp. 150-1). Sendo assim, tendo em vista o *status* técnico do beijo como perversão e nossa recusa em classificá-lo como tal, aqueles que afirmam que as atividades do tipo oral-genital e anal-genital são perversões devem estar «cedendo a uma inequívoca sensação de *aversão*, que os impede de aceitar objetivos sexuais desse tipo» (T, p. 151). Freud imediatamente acrescenta que «os limites dessa aversão, porém, são *puramente convencionais*» (T, p. 151; grifo meu).[34]

Ao discutir o tipo de olhar que traz em si certo tom sexual, Freud reconhece que a maior parte das pessoas normais se deixa demorar até certo ponto nessa forma de prazer, e por isso ele estabelece algumas condições sob as quais esse prazer da observação, em geral denominado escopofilia, se torna uma perversão. A mais importante dessas condições se dá quando, «em vez de ser *preparatório* para o objetivo sexual normal, ele [o prazer da observação] o suplanta». E Freud a seguir observa que «a força que se opõe à escopofilia, e que no entanto pode ser vencida por ela (de modo paralelo ao que vimos no caso da aversão), é a *vergonha*» (T, p. 157). De maneira semelhante, quando o componente agressivo do instinto sexual «usurpou a posição principal» de modo que a satisfação sexual «passa a ser inteiramente condicionada à humilhação e aos maus-tratos impostos ao objeto», nos deparamos com a perversão do sadismo (T, p. 158). A vergonha e a aversão são as duas forças de «maior destaque» a manter o instinto sexual «dentro dos limites vistos como normais» (T, p. 162), mas Freud também lista a dor, o horror e ideais estéticos e morais como outras restrições normalizadoras.[35]

Na conclusão da terceira seção, depois de mencionar a importância dessas restrições, Freud insiste que, como essas perversões podem ser analisadas, ou seja, como «podem ser decompostas», elas devem ter uma «natureza complexa»:

---

34 | Em alemão, «Die Grenze dieses Ekels ist aber häufig rein konventionell» (*Gesammelte Schriften*, op. cit., 5, v. p. 25).

35 | Dor e horror são mencionados, respectivamente, nas pp. 159 e 161; os ideais estéticos e morais estão listados na p. 177.

Isso nos fornece um indício de que talvez o instinto sexual não seja algo simples, e sim formado por componentes que podem ser novamente separados nas perversões. Se for esse o caso, a observação clínica dessas anormalidades terá chamado nossa atenção para amálgamas que a visão não encontrava no comportamento uniforme das pessoas normais. (T, p. 162)

Essa passagem apresenta o conceito de instintos componentes, uma noção que só mais tarde assumirá plenamente seu papel na concepção que Freud tem da sexualidade, quando ele a associar à ideia de organizações libidinais pré-genitais. Alguns desses instintos componentes se especificam por sua fonte em uma zona erógena, uma região do corpo capaz de excitação sexual — exemplos são os instintos componentes oral e anal (ver esp. T, pp. 167-9).[36] Outros instintos componentes se especificam por seu objetivo, independente de qualquer zona erógena — exemplos são os instintos compostos da escopofilia e da crueldade (ver T, pp. 191-3).

Na edição de 1905, a primeira edição, dos Três ensaios, compreende-se que os instintos componentes funcionam de modo anárquico até que se estabeleça a primazia da zona genital. Em seu artigo de 1913, «A disposição para a neurose obsessiva», Freud apresenta o conceito de organização pré-genital, reconhecendo que há uma organização anal da libido. Na edição de 1915 dos Três ensaios, Freud reconhece uma organização oral da libido, e, por fim, em seu artigo de 1923, «A organização genital infantil», ele descreve uma organização fálica da libido. Todas essas organizações pré-genitais são teoricamente incorporadas na edição de 1924 dos Três ensaios na seção do segundo ensaio intitulada «As fases do desenvolvimento da organização sexual». Embora não devamos subestimar a importância da noção de organizações pré-genitais da libido, foi a articulação por Freud dos instintos componentes que constituiu outra de suas grandes inovações conceituais (sem a qual a noção de organizações pré-genitais não teria feito sentido). O conceito de instintos componentes possibilitou que Freud dissesse, para citar seu resumo final dos Três ensaios, que «o

---

36 | Freud usa o termo «instintos erógenos» uma vez na p. 193. O alemão é «*erogenen Trieben*» (*Gesammelte Schriften*, op. cit., 5, v. p. 68).

próprio instinto sexual deve ser algo formado por diversos fatores, e que nas perversões se desmancha, por assim dizer, em seus componentes» (T, p. 231).

A ideia de que o instinto sexual é formado por componentes, de que ele combina uma multiplicidade de zonas erógenas e de objetivos, é outra ruptura radical com a conceitualização médica que o século XIX tinha do instinto sexual. O argumento de Freud, sua estrutura de conceitos, leva à afirmação de que nem a zona erógena genital nem o objetivo da cópula têm conexão privilegiada com o instinto sexual. O objetivo «normal» do instinto sexual, a relação genital, não é parte do conteúdo do instinto; ou, para dizer de outro modo, recorrendo às conclusões prévias de Freud sobre o objeto sexual, o instinto sexual e o objetivo sexual são meramente fundidos um com o outro. Se não existe um objetivo natural para o instinto sexual, nenhum objetivo interno ao instinto, então os desvios em relação ao objetivo da relação genital parecem perder seu *status* de perversões genuínas, de aberrações patológicas cujo *status* ultrapassa qualquer suposta anormalidade estatística. Se a estrutura do argumento de Freud aqui, somada a seu argumento na seção anterior, demonstra que nem um objetivo específico nem um objeto específico têm vínculo constitutivo com o instinto sexual, e se o conceito anteriormente compartilhado de instinto sexual desse modo é de fato desmantelado, é difícil ver qual base conceitual pode restar para o conceito de desvios funcionais desse instinto que sejam contrários à natureza. Tanto no caso do objetivo sexual quanto do objeto sexual, é apenas a uniformidade aparente do comportamento normal que nos leva a pensar de modo distinto. Mas essa uniformidade aparentemente bem arraigada na verdade mascara as operações do instinto sexual, operações que, *quando conceitualizadas por Freud*, nos mostram que a ideia da função natural do instinto não tem nenhum fundamento.[37] Devemos concluir, pelo que Freud diz, que não há perversões reais. O espaço conceitual dentro do qual o conceito de perversão funciona e tem um papel estável foi completamente deslocado — e deslocado de modo que exige um novo conjunto de conceitos para a compreensão da sexualidade e uma nova maneira de raciocinar sobre ela.

---

37 | Freud usa essa noção de uniformidade em duas passagens cruciais. Ver *T*, pp. 148 e 162. Para os usos de «*gleichförmig*» em alemão, ver *Gesammelte Schriften*, op. cit., v. 5, pp. 21 e 36.

Esse é o ponto, obviamente, em que alguém poderá voltar à discussão de Freud sobre aversão e vergonha, afirmando que essas reações podem oferecer um critério independente para classificar certos fenômenos como perversões. Mas, independentemente de como compreendamos o papel dessas reações, as observações de Freud deixam perfeitamente claro que, embora ele acredite que alguns desses fenômenos são de tal tipo que «não temos como evitar chamá-los de 'patológicos'» (*T*, p. 161), essa denominação, nossa vergonha, a aversão e nossos ideais morais e estéticos não têm como oferecer um critério adequado para a perversão. O tom de seu exemplo dizendo que podemos sentir aversão pela ideia de usar a escova de dentes de outra pessoa, que se segue à afirmação de que essas reações são «em geral puramente convencionais», não permite nenhuma outra leitura inteligível (ver *T*, pp. 151-2). E, é claro, quase não é necessário dizer que essa tentativa final de salvar o conceito da perversão seria contrária à estrutura dos *Três ensaios* como um todo e tornaria irrelevante a maior parte de seu conteúdo.

Mesmo que as conclusões de Freud efetivamente causassem uma reviravolta no aparato conceitual da perversão, é notório que ele não adotou essas conclusões de modo claro e sem hesitações. Por vezes a linguagem de Freud faz parecer que ele não está consciente das inovações conceituais que forjou, como se as teorias da psicopatologia sexual do século xix pudessem permanecer seguras sobre suas bases. Na seção do terceiro ensaio intitulada «O primado das zonas genitais e o prazer preliminar», pode-se ver Freud se referindo à «estimulação apropriada [*geeignete*] de uma zona erógena (a própria zona genital, na glande do pênis) pelo objeto apropriado [*geeigneste*] (a membrana mucosa da vagina)» (*T*, p. 161). Porém o objetivo do argumento de Freud nesse primeiro ensaio foi justamente dizer que não há zona específica do corpo e nenhum objeto em particular que sejam especialmente adequados para a estimulação, ou qualificados para ela. A noção de adequação perdeu toda a sua plausibilidade conceitual porque o conceito de pulsão sexual se separou de um objeto e de um objetivo naturais. E, independentemente das transformações da puberdade que Freud possa querer esboçar nesse terceiro ensaio, essas transformações não podem restabelecer o antigo conceito do instinto sexual, segundo o qual existem tanto um objeto apropriado quanto uma estimulação adequada. A atitude receosa da discussão de Freud fica clara mais uma vez na seção seguinte do terceiro ensaio, «Perigos do prazer preliminar» (*Gefahren der Vorlust*), no qual Freud fala do «objetivo sexual normal» como ameaçado «pelo mecanismo em que a excitação está envolvida». O perigo em questão consiste no fato de que a pessoa pode se tornar fixada no prazer dos atos preparatórios do processo sexual, e que esses atos possam tomar o lugar do objetivo sexual normal. Esse deslocamento, nos diz Freud, é o «mecanismo de muitas perversões» (*T*, p. 211). Porém mais uma vez isso é perigoso, no sentido de patogênico, apenas caso apresente algum tipo de desvio contrário à natureza em relação ao objetivo normal do instinto sexual;[38] e, tendo em vista os argumentos anteriores de Freud, ele não tem como sustentar essa última afirmação. Ele vagamente indica estar consciente desse fato ao apresentar a distinção entre prazer preliminar e prazer final. O primeiro é o «tipo de prazer oriundo da excitação de zonas erógenas», ao passo que o segundo é o tipo de prazer oriundo «da descarga de substâncias sexuais» (*T*, p. 210). Como não resta espaço conceitual para a distinção entre, por assim dizer, prazer natural e contrário à natureza, sobra a Freud apenas a diferenciação entre dois tipos ou graus de prazer, livres de quaisquer implicações patológicas. Esse não é o único lugar em que Freud hesita em acreditar no que disse.

Quero me concentrar em mais umas poucas passagens que reforçarão a complexidade desse problema. A primeira passagem vem da discussão que Freud faz das «Perversões em geral» em seu primeiro ensaio, e quero ressaltar especialmente a atitude dessa passagem.

> Caso uma perversão, em vez de aparecer meramente *ao lado* do objetivo e do objeto sexuais normais, e apenas quando as circunstâncias não são favoráveis a *eles*, e são favoráveis a *ela* — se, em vez disso, a perversão os elimina completamente e assume seu lugar em todas as circunstâncias — se, em resumo, uma perversão tem as características de exclusividade e fixação —, então em geral estaremos justificados em vê-la como um sintoma patológico. (*T*, p. 161)[39]

---

38 | Freud usa a palavra patogênico (*pathogene*) nesse contexto.
39 | A passagem em alemão aparece em *Gesammelte Schriften*, op. cit., v. 5, pp. 34-5.

141

A frase «em geral estaremos justificados em vê-las como um sintoma patológico» mostra que nos deparamos aqui com a atitude, digamos, de um patologista, aparentemente o mesmíssimo tipo de atitude que encontramos em Krafft-Ebing, Moll e seus congêneres. A retórica dessa passagem enfatiza as características de exclusividade e fixação, como se as perversões fossem inofensivas até se tornarem exclusivas e fixas, como se esse fosse o real critério da patologia. Mas fica suficientemente claro que a tendência para a exclusividade e para a fixação na atividade genital não apenas não é patológica, como é um componente central da concepção que Freud tem de uma sexualidade normal e saudável. É só quando a atividade sexual se divorcia do objetivo sexual e do objeto sexual normais que ela se transforma em perversão e se qualifica para o *status* de patologia. No momento em que o conceito de perversão é introduzido, com seus conceitos correspondentes de objetivo e objeto normais, estamos preparados para a atitude que trata a perversão como patológica. O movimento crucial, o momento que torna a atitude medicalizante inevitável, não é aquele em que se listam explicitamente as características que tornam as perversões patológicas, e sim o uso do conceito.

A problematização que Freud faz da perversão fica demonstrada pelo fato de que no primeiro ensaio as palavras «normal», «patológico» e «perversão» aparecem com frequência entre aspas ou qualificadas por uma frase do tipo «aquilo que descreveríamos como»; à medida que passamos para os demais ensaios, as aspas se tornam mais raras e as qualificações menos enfáticas, até que, nas conclusões finais do livro, esses termos aparecem *simpliciter*. Na verdade, no parágrafo que antecede o que acabo de citar, «patológico» aparece entre aspas, mas ao final do parágrafo seguinte o fato de que encaramos como patológicas as perversões é algo que não aparece qualificado nem justificado.

Embora eu pudesse discutir apenas a única passagem posterior e mais detalhada dos *Três ensaios* em que Freud volta à inversão, em oposição à perversão, uma passagem na qual as mesmas questões de atitude vêm à tona (ver *T*, pp. 229-30), será mais útil, creio, me concentrar em uma passagem notável no resumo final do livro. A passagem aparece quando Freud discute os vários fatores que podem interferir no desenvolvimento de um instinto sexual normal.

> Autores que trataram do assunto, por exemplo, afirmaram que a precondição necessária para várias fixações perversas está em uma fraqueza inata do instinto sexual. Essa visão, dessa forma, me parece insustentável. Faz sentido, no entanto, se por fraqueza constitucional nos referimos a um fator em particular do instinto sexual, a saber, a zona genital — uma zona que assume a função de combinar as atividades sexuais separadas para o propósito da reprodução. Pois, se a zona genital for fraca, essa combinação, que deve ocorrer na puberdade, estará fadada ao fracasso, e o mais forte dentre os demais componentes da sexualidade dará continuidade à sua atividade na forma de perversão. (T, p. 237)[40]

Encontramos tanto nos textos de Moll quanto nos de Ellis a afirmação de que uma fraqueza inata do instinto sexual é frequentemente responsável pelo fracasso de um desenvolvimento heterossexual normal, sendo a perversão o resultado manifesto. Na verdade, muitos autores antes de Freud usaram os termos «instinto sexual» e «instinto genital» como intercambiáveis, como se este último fosse simplesmente um nome mais preciso para o primeiro. Essa identificação não era nem um pouco arbitrária, uma vez que o instinto sexual era concebido como se expressando em uma atração por membros do sexo oposto, sendo a relação genital o objetivo último dessa atração. E, como essas características especificavam a operação natural do instinto sexual, o uso comum da frase alternativa «instinto genital» não estava conceitualmente deslocado. Porém, depois de Freud ter reconcebido o instinto sexual como não tendo uma operação natural, depois que se concebeu que qualquer objetivo específico e qualquer objeto específico da pulsão estavam meramente fundidos com ela, a zona genital perdeu a primazia conceitual que era precondição para sua identificação com o próprio instinto. Quando se concebe o instinto sexual como um amálgama de componentes, sendo a zona genital um desses componentes, porém sem nenhum privilégio natural, discriminar essa zona como Freud faz nessa passagem, afirmar que uma fraqueza constitucional dela seja res-

---

40 | A passagem correspondente em alemão aparece em *Gesammelte Schriften*, op. cit., v. 5, p. 113.

ponsável pela perversão, é manter uma atitude em relação à genitalidade que já não é apropriada. Freud na verdade reintroduz, traindo a si próprio, uma identificação que ele mostrou ser insustentável. Sua afirmação de que esses autores estavam errados ao dizer que uma fraqueza inata do instinto sexual é responsável pela perversão, porém que suas afirmações fariam sentido «se por fraqueza constitucional nos referimos a um fator em particular do instinto sexual, a saber, a zona genital», é surpreendente, já que evidentemente era a isso que se referiam, e precisavam se referir, dada a concepção que eles tinham do instinto sexual. É Freud que não pode afirmar que a ausência desse fator em particular, a primazia da zona genital, seja uma condição da perversão. A última frase desse parágrafo diz: «Pois, se a zona genital for fraca, essa combinação, que deve ocorrer na puberdade, estará fadada ao fracasso, e o mais forte dentre os demais componentes da sexualidade dará continuidade à sua atividade na forma de perversão». As diferenças entre essas duas formulações representam aquilo que venho chamando de atitude de Freud.

Embora seja característica central do comentário o fato de não poder se estender de maneira indefinida, quero parar e me voltar, para concluir, a questões de orientação historiográfica. Talvez eu primeiro deva descrever o sentido em que acredito que minha leitura dos *Três ensaios* seja uma história da psicanálise sem nomes. Não é que eu tenha, é claro, me recusado a invocar o nome de Freud, ou os nomes de Bloch, Moll e outros. Mas sim que tratei seus nomes, por assim dizer, como substitutos para determinados conjuntos de conceitos e para o modo como esses conceitos se encaixam para formar um espaço conceitual. Vemos que esse conceito da perversão na psiquiatria do século XIX era parte de um espaço conceitual em que, por exemplo, o conceito do instinto sexual se combinava, de acordo com regras definidas, aos conceitos do objeto sexual, do objetivo sexual, do desvio funcional contrário à natureza, e assim por diante. Foi esse espaço conceitual, em si uma invenção do século XIX, que possibilitou aos psiquiatras fazer as afirmações sobre perversão que dominaram o período. Essas afirmações estavam portanto inseridas em uma prática discursiva compartilhada. Os *Três ensaios sobre a teoria da sexualidade* de Freud forneceram recursos para causar uma reviravolta nesse espaço conceitual ao modificar de modo fundamental as regras de combinação de conceitos como o instinto sexual, o objeto sexual, o objetivo sexual — com a consequência de que esses conceitos compartilhados, entre outros, foram destruídos. A conclusão a que somos forçados é que a perversão já não é um conceito legítimo, que as precondições conceituais para seu uso já não existem no texto de Freud. De modo que, se Freud, apesar disso, afirmou que tais e tais fenômenos eram perversões, ele não podia estar dizendo o mesmo que disseram Krafft-Ebing, Moll ou Charcot. Não seremos capazes de chegar a essa conclusão se nos focarmos simplesmente em saber quais eram os autores que Freud lia, em quem antes dele usou quais palavras em que contextos. Em vez disso, devemos nos voltar para a questão da articulação conceitual, a reconstrução dos conceitos de sexualidade do século XIX e de Freud e a identificação de seus pontos de contato e de dissociação. Muitos autores antes de Freud estavam de posse de partes de sua terminologia e tinham uma compreensão rudimentar, tímida dos problemas trazidos à tona pelos *Três ensaios*. Mas foi Freud quem ascendeu ao nível dos conceitos, quem de modo sistemático e lúcido pensou aquilo que antes havia permanecido como uma espécie de bloqueio pré-cognitivo, quem transformou aquilo que, no máximo, tinha sido uma ansiedade engatinhante em uma mutação conceitual.

No entanto, sabemos que Freud continuou a usar a ideia da perversão, como se tivesse deixado de compreender a real importância de seu próprio trabalho. E por isso agora precisamos invocar o nome de Freud e nos perguntarmos sobre a acessibilidade de suas realizações para o próprio Freud. Eu disse que o que preparou caminho para as realizações de Freud foi certa atitude, mais claramente apropriada dos textos de Bloch mas que sem dúvida também podia ser encontrada em outros autores. Essa atitude permitiu uma espécie de abertura para que as perversões já não fossem tratadas como inequivocamente patológicas. Essa noção de atitude, que não posso elaborar teoricamente aqui, é um componente do conceito de *mentalité*, um conceito que tem sido usado de modo bastante fértil por historiadores recentes, sobretudo na França.[41] Uma mentalidade inclui, entre outros componentes, um

---

41 | Introduções úteis à história das mentalidades podem ser encontradas em Jacques Le Goff, «Les Mentalités: Une histoire ambigue». In: LE GOFF, Jacques; NORA, Pierre (Eds.), *Faire de l'histoire: Nouveaux objets*. Paris: Gallimard, 1974 [trad. bras.: «As mentalidades: uma história ambígua». In: LE GOFF, J.; NORA, P., *História: novos objetos*. 4. ed. Rio de Janeiro: Francisco Alves, 1995]; e Roger Char-

conjunto de hábitos mentais ou automatismos que caracterizam a compreensão coletiva e as representações de uma população. A *Beiträge zur Aetiologie der Psychopathia Sexualis* de Bloch exibe os tremores de uma mudança de mentalidade em que aquilo que era tido como certo passa a ser deslocado. Mas esse deslocamento só podia ser parcial, e sempre se corria o risco de recair na antiga mentalidade, precisamente por não haver um suporte conceitual para essa mudança de atitude. O fato de Bloch jamais ter levado essa atitude ao grau de inovação conceitual começa a explicar por que sua atitude era inerentemente instável, por que sua obra muitas vezes parece ser uma espécie de ponte instável entre a antiga e a nova mentalidades, uma ponte sempre pronta a cair por ainda não estar completa.

A genialidade de Freud consistiu não apenas em se apropriar dessa atitude, como em se aproveitar dela e explorá-la. Ele ofereceu uma base conceitual para a mentalidade emergente, permitindo de uma vez por todas que mudássemos de modo decisivo nossos antigos hábitos mentais. Então por que, nos perguntamos, o próprio Freud não mudou seus antigos hábitos mentais, por que ele tinha uma atitude virtualmente tão ambígua e instável quanto a de Bloch? Qualquer resposta a essa questão está fadada a ser complexa, por isso, em vez de uma resposta, pretendo oferecer a estrutura para aquela que penso ser tal resposta. Os automatismos da atitude têm uma durabilidade, uma lenta temporalidade, que não acompanha as mutações conceituais, que por vezes acontecem bastante rápido. Os hábitos mentais têm uma tendência à inércia, e esses hábitos resistem a mudanças que, em retrospecto, parecem conceitualmente necessárias. Essa resistência pode ocorrer não apenas em uma comunidade científica, mas até mesmo no indivíduo que é o maior responsável pela inovação conceitual. Freud era um produto da antiga mentalidade que via as perversões como patológicas, uma mentalidade cujos primeiros sinais reais de desintegração podem ser encontrados no início do século xx. Os *Três ensaios*

---

tier, «Intellectual History or Sociocultural History? The French Trajectories». In: LaCAPRA, Dominick; KAPLAN, Steven L. (Eds.), *Modern European Intellectual History: Reappraisals and New Perspectives*. Nova York: Ithaca, 1982. pp. 13-46. A noção de mentalidade é invocada para a história da ciência em alguns dos ensaios de Brian Vickers, *Occult and Scientific Mentalities in the Renaissance*. Cambridge: Cambridge University Press, 1984.

de Freud deveriam ter estabelecido a nova mentalidade, acelerando sua consolidação ao lhe fornecer uma autoridade conceitual. Mas, dadas as temporalidades divergentes do surgimento de novos conceitos e da formação de novas mentalidades, não é de surpreender que os hábitos mentais de Freud jamais tenham acompanhado suas articulações conceituais. As atitudes que compõem uma mentalidade são suficientemente impermeáveis ao reconhecimento, assim como ocorre com muitas disposições naturais, a ponto de poderem se passar muitas décadas antes de o hábito e o conceito se alinharem. No entanto, sem que haja algum suporte teórico adequado é bastante improvável que uma nova mentalidade científica possa genuinamente assumir o lugar de outra mais antiga, já que os conceitos, sobretudo na ciência, são uma força fundamental na formação de hábitos, uma força que, mesmo ao longo de um extenso período, possibilita que um conjunto de hábitos mentais firmes se torne estável. Embora fatores sociais, culturais, institucionais e psicológicos possam atrasar a formação definitiva desses novos hábitos, é a inovação conceitual do tipo produzido por Freud que marca a genialidade. Porém devemos lembrar que o gênio também tem hábitos, tem tendências à inércia, que criam uma forma de fricção entre o que poderia ser dito e o que é dito, de modo que o gênio está sempre adiante até de si mesmo.

As hesitações e as ambiguidades dos *Três ensaios sobre a teoria da sexualidade* de Freud não são resultado de alguma indeterminação desconstrutiva nem de uma falta de decisão do texto, e sim consequência da dinâmica da mudança fundamental. A mentalidade e o conceito são dois aspectos diferentes dos sistemas de pensamento, e não deveríamos esperar que eles estivessem imediatamente conectados, como se formas da experiência pudessem ser dissolvidas e reconstituídas da noite para o dia. Dizem que Sidney Morgenbesser fez a seguinte pergunta em uma prova da Universidade de Columbia: «Há quem diga que Freud e Marx foram longe demais. Até onde você iria?» Se Freud foi longe demais ou se não foi longe o suficiente, esse é exatamente o tipo certo de pergunta. Até onde você pode ir? Até onde você vai?

4. O HORROR DOS MONSTROS[1]

Ainda em 1941, Lucien Febvre, o grande historiador francês, podia reclamar que não havia uma história do amor, da piedade, da crueldade ou da alegria. Ele conclamava «que fosse iniciada uma vasta investigação coletiva sobre os sentimentos fundamentais do homem e as formas que eles assumem».[2] Embora Febvre não inclua explicitamente o horror entre os sentimentos a serem investigados, uma história do horror, espero poder demonstrar, pode funcionar como insumo irredutível para revelar nossas formas de subjetividade.[3] Além disso, quando o horror se associa aos monstros, temos a oportunidade de estudar sistemas de pensamento que se ocupam da relação entre as ordens da moralidade e da natureza. Vou aqui me con-

---

1 | Dentre as muitas pessoas que fizeram comentários e sugestões com base em versões anteriores deste capítulo, sou especialmente grato a Daniel Brudney, Nancy Cartwright, Justine Cassell, Stanley Cavell, Lorraine Daston, Peter Galison, Jan Goldstein, Joel Snyder e David Wellbery.

2 | Lucien Febvre, «Sensibility and History: How to Reconstitute the Emotional Life of the Past». In: _____. *A New Kind of History*. Londres: Routledge e Kegan Paul, 1973. p. 24. [Trad. port.: «A sensibilidade e a História». In: x, L., *Combate pela história*. 3. ed. Lisboa: Presença, 1989.]

3 | Este ensaio é um fragmento de um manuscrito muito mais longo intitulado «A história do horror: abominações, monstros e o que contraria a natureza». Esse manuscrito é uma análise histórica comparativa dos três conceitos mencionados no título, ligando cada um deles à reação do horror e dando assim um primeiro passo em direção à escrita de uma história do horror. Uso essa história comparativa para pensar tanto sobre a fenomenologia do horror quanto sobre sua análise moral, entrelaçando interesses históricos e filosóficos do começo ao fim.

centrar naqueles monstros que parecem pôr em questão, problematizar, os limites entre os humanos e os outros animais. Em alguns períodos históricos, foi precisamente essa fronteira que, sob certas condições específicas que irei descrever, operaram como grande lócus da experiência do horror. Nosso horror por certos tipos de monstros nos permite ter acesso a um horror pela, ou da, humanidade, de modo que nosso horror pelos monstros pode ser fonte tanto de uma história da vontade e da subjetividade humanas quanto uma história das classificações científicas.

A história do horror, como a história de outras emoções, faz surgir questões filosóficas extraordinariamente difíceis. Quando o chamado de Febvre foi atendido, sobretudo por seus colegas franceses que praticaram a chamada história das mentalidades, os historiadores rapidamente reconheceram uma série de problemas historiográficos e metodológicos que teriam de ser encarados. Ninguém enfrentou esses problemas de modo mais direto nem com resultados mais profundos do que Jean Delumeau em sua monumental história do medo em dois volumes.[4] Porém essas são questões a que precisamos voltar continuamente. O que será necessário para escrever a história de uma emoção, de uma forma de sensibilidade, de um tipo de afetividade? Qualquer história desse tipo exigiria uma investigação de gestos, imagens, atitudes, crenças, linguagens, valores e conceitos. Além disso, logo surgiu o problema de como se deveria compreender a relação entre a cultura da elite e a cultura popular, como os conceitos e a linguagem de uma elite seriam apropriados e transformados por uma mentalidade coletiva.[5] Esse problema é especialmente agudo no

---

4 | Jean Delumeau, *La Peur en Occident: Une cité assiégée*. Paris: Fayard, 1978 [ed. bras.: *História do medo no Ocidente, 1300-1800: uma cidade sitiada*. São Paulo: Companhia das Letras, 2009]; e *Le Péché et la peur: La culpabilisation en Occident*. Paris: Fayard, 1983 [ed. bras.: *O pecado e o medo: a culpabilização no Ocidente, séculos 13-18*. 2 vols. Bauru: EdUSC, 2003].

5 | Para uma discussão útil ver, entre outros, Jacques Le Goff, «Mentalities: A History of Ambiguities». In: LE GOFF, Jacques; NORA, Pierre (Orgs.), *Constructing the Past*. Cambridge: Cambridge University Press, 1985 [trad. bras.: «As mentalidades: uma história ambígua», op. cit.]; Robert Mandrou, «L'histoire des mentalités», no artigo «Histoire», *Encyclopedia Universalis*. Paris: Encyclopedia Universalis France, 1968; Jean Delumeau, «Déchristianisation ou nouveau modèle de christianisme», *Archives de Sciences Sociales des Religion* 40, jul.-dez. 1975; e Carlo Ginzburg, «Preface to the Italian Edition». In: _____. *The Cheese and the Worms*. Nova York: Penguin Books, 1980 [trad. bras.: «Prefácio à edição italiana». In: GINZBURG, C., *O queijo e os vermes*. São Paulo: Companhia das Letras, 2010].

caso do horror aos monstros, já que muitos conceitos que discuto e que são necessários para nossa compreensão dos monstros vêm da alta cultura — textos científicos, filosóficos e teológicos. Até que ponto a experiência do horror, quando expressa em uma mentalidade coletiva, tem sua forma dada por esses conceitos? Sem sequer tentar responder aqui a essas perguntas, quero insistir que uma história do horror, tanto no nível dos conceitos da elite quanto no nível da mentalidade coletiva, deve enfatizar o papel fundamental da descrição. Devemos descrever, com muito mais detalhes do que o costume, os conceitos, atitudes e valores necessários para a reação do horror e que são por ela manifestados. E não basta descrever esses componentes um a um; devemos tentar ir em busca de sua coerência, situá-los nas estruturas das quais eles são parte.[6] No nível dos conceitos, isso exige que reconstruamos as regras que governam as relações entre os conceitos; assim seremos capazes de discernir os espaços conceituais altamente estruturados, governados por regras que seriam ignoradas caso os conceitos fossem examinados de forma individual.[7] No nível da mentalidade, precisamos colocar cada atitude, crença e emoção no contexto da consciência coletiva específica de que elas fazem parte.[8] Em ambos os níveis, teremos de ir além do que é dito ou expresso para recuperar os espaços conceituais e o aparato mental sem o qual os textos históricos perderão seu real significado.

Em 1523, Martinho Lutero e Filipe Melâncton publicaram um panfleto intitulado *Deuttung der czwo grewlichen Figuren, Baptesels czu Rom ind Munchkalbs czu Freyerbeg ijnn Meysszen funden*.[9] O texto teve enorme influência e foi traduzido para o francês, com o aval de João Calvino, em 1557, e para o inglês em 1579 com o título *Of two wonderful popish monsters* [Sobre dois prodigiosos monstros papistas]. O panfleto consistia de uma interpretação detalhada de dois monstros: um asno papal, discutido sobretudo por Melâncton, supostamente deixado às margens do rio Tibre em 1496, e um bezerro

---

6 | Isso é enfatizado por Alphonse Dupront em seu ensaio seminal, «Problèmes et méthodes d'une histoire de la psychologie collective», *Annales*, jan.-fev. 1961.
7 | Tentei fazer isso quanto à história da sexualidade nos três primeiros ensaios deste volume.
8 | Ver Dupront, «Problèmes et méthodes d'une histoire de la psychologie collective», op. cit., p. 9.
9 | Martinho Lutero, *Werke*. Weimar: H. Böhlau, 1930-85. v. 11, pp. 370-85.

monge, interpretado por Lutero, que nasceu em 8 de dezembro de 1522, em Friburgo (Figuras 4.1 e 4.2). Ambos os monstros foram interpretados no contexto de uma polêmica contra a Igreja romana. Eles eram prodígios, sinais da ira divina contra a Igreja que profetizavam sua ruína iminente. Havia duas dimensões na exegese luterana desses monstros.[10] Por um lado, há uma dimensão profética ou escatológica, mencionada apenas de modo tímido nesse panfleto, em que monstros e prodígios, como fenômeno geral, eram tidos como sinais de mudanças fundamentais prestes a afetar o mundo. Muitas vezes esses sinais eram interpretados como um anúncio de que o fim do mundo estava próximo, e dava-se sustentação a essa interpretação profética por meio de citações do Livro de Daniel, um texto bíblico invocado tanto por Melâncton quanto por Lutero. A outra dimensão, que, seguindo Jean Céard, podemos chamar de alegórica, é aquela de que mais se ocupa o panfleto. A exegese alegórica desses monstros pretende demonstrar que cada monstro tem uma interpretação muito específica que pode ser compreendida porque, de um modo ou de outro, ela está representada diante de nossos olhos na constituição do próprio monstro; cada monstro é um hieróglifo divino, que exibe uma característica particular da ira de Deus. Assim, por exemplo, o asno papal, de acordo com Melâncton, é a imagem da Igreja de Roma; e, assim como é horrível que um corpo humano deva ter a cabeça de um asno, também é horrível que o bispo de Roma seja a cabeça da Igreja. De modo semelhante, as orelhas exageradamente grandes do bezerro monge são uma representação da denúncia de Deus contra as confissões, tão importantes para os monges, enquanto a língua dependurada mostra que a doutrina deles não passa de tagarelice frívola.

Seria possível fazer um estudo útil dos adjetivos que aparecem no texto; em vez disso, vou observar que «horrível» e «abominável» ocorrem com frequência tanto nas discussões de Melâncton quanto nas de Lutero, muitas vezes modificando «monstro». O estado de espírito desses adjetivos é transmitido com precisão na introdução feita pelo tradutor à edição inglesa do texto de 1579. Ela começa assim:

10 | Em minha interpretação desse panfleto, sigo Jean Céard, *La Nature et les prodiges*. Genebra: Librarie Droz, 1977. pp. 79-84.

Figura 4.1: O asno papal

> Dentre todas as coisas que podem ser vistas sob o céu (bom leitor cristão), não há nada que possa mexer mais com a mente do homem e que possa engendrar mais medo nas criaturas do que os horríveis monstros, que são produzidos diariamente de modo contrário às obras da Natureza. Os quais na maior parte das vezes denotam e demonstram para nós a ira e a fúria de Deus contra nós por nossos pecados e nossa perversidade, que cometemos diariamente contra ele.[11]

O tradutor, John Brooke, prossegue dizendo que seu motivo para traduzir o panfleto foi para melhor «persuadir os corações de todo bom cristão para que tema e estremeça à vista de tais prodigiosos monstros»,[12] e alerta seus leitores que não interpretem esses dois monstros como se fossem fábulas. Ele encerra seu prefácio com a esperança de que, depois de ler esse panfleto, todos nós «nos arrependamos a tempo do fundo de nossos corações de nossos pecados, e desejemos que ele [Deus] seja misericordioso conosco, e que sempre nos proteja e defenda de tais horríveis monstros».[13] Ele conclui com algumas observações mais específicas sobre o asno papal e o bezerro monge, e não devemos ignorar a forma como ele anuncia isso, «a todos aqueles que temem o Senhor».

Para melhor compreender a preocupação e o fascínio com os monstros durante o século XVI, um fascínio capturado por Lutero e Melâncton, cujo texto é perfeitamente representativo de todo um gênero, devemos inserir essas discussões em um contexto mais amplo. Como Jean Delumeau afirmou no segundo volume de sua história do medo, é «no âmbito de um julgamento global pessimista em uma época de extrema perversidade que se deve localizar a copiosa literatura dedicada aos monstros e aos prodígios entre o final do século XV e o início do XVII».[14] A depravação era tamanha que os pecados dos homens se estendiam para a própria natureza,

---

11 | Martinho Lutero; Filipe Melâncton, *Of Two Wonderful Popish Monsters*. Trad. John Brooke. Londres: Colophon, 1579. Modernizei a grafia e a pontuação. A citação vem da primeira página do prefácio de Brooke, que não tem numeração de páginas na edição de 1579 do panfleto.
12 | Ibid.
13 | Ibid. A citação vem da segunda página do prefácio de Brooke.
14 | Delumeau, *Le Péché et la peur*, op. cit., p. 153.

Figura 4.2: O bezerro monge

com a permissão de Deus e para a instrução dos pecadores, que pareciam tomados por uma estranha loucura; os monstros que resultavam disso deviam ser entendidos como ilustrações desses pecados. A heresia e os monstros eram frequentemente associados nesse período, tanto por reformistas quanto por católicos. Não só os prodígios eram punições específicas para pecados particulares, como também anunciavam punições maiores que estavam por vir — guerra, fome e talvez até mesmo o fim do mundo. Essa proliferação de monstros pressagiava um futuro sombrio explicado pela ira divina com o aumento da perversidade sobre a terra.[15] Français Belleforest resumiu a sensibilidade compartilhada: «O tempo presente é mais monstruoso do que natural».[16]

Para tornar a relação entre horror e monstros o mais clara possível, vou me concentrar sobretudo em um texto, *Des monstres et prodiges* [Monstros e prodígios], de Ambroise Paré, originalmente publicado em 1573 e reimpresso com frequência depois disso.[17] Como vou estabelecer o contexto conceitual para minha discussão sobre Paré de modo pouco convencional, quero afirmar explicitamente que uma compreensão completa desse tratado exige que ele seja colocado em relação com outros tratados eruditos e populares sobre monstros, tanto anteriores quanto posteriores a ele. Temos a felicidade de contar com o tratamento minucioso dado por Céard a Paré em seu brilhante *La Nature et les prodiges* [A Natureza e os prodígios] e nas notas de sua edição crítica de *Des monstres et prodiges*;[18] além disso, no melhor estudo em língua inglesa sobre monstros, Katharine Park e Lorraine Daston fizeram uma divisão em três períodos — monstros como prodígios divinos, como prodígios

---

15 | Sigo aqui a interpretação de Delumeau, *Le Péché et la peur*, op. cit., pp. 152-8. Porém o Capítulo 4 de Delumeau como um todo deveria ser lido nesse contexto.

16 | Citado em Delumeau, *Le Péché et la peur*, op. cit., p. 155.

17 | Ambroise Paré, *Des monstres et prodiges*. Ed. crítica anotada por Jean Céard. Genebra: Librairie Droz, 1971. Há uma tradução para o inglês com o título *On Monsters and Marvels* (Chicago: University of Chicago Press, 1982). Tentei utilizar a tradução inglesa em minhas citações, porém alterei-a quando foi necessário para preservar o sentido de Paré. Por alguma razão inexplicável, a tradução inglesa usa «maravilhas» e não «prodígios» para verter *prodiges*, uma tradução que inevitavelmente leva a confusão.

18 | Céard, op. cit.

naturais e como exemplos médicos para a anatomia comparativa e para a embriologia —, indispensável para nos ajudar a compreender mudanças nos conceitos e no estudo dos monstros desde a Idade Médias até o século XVIII.[19] Em vez de resumir o trabalho desses estudiosos, vou buscar um tipo diferente de texto para preparar minha discussão sobre saber: a *Suma teológica*, de Tomás de Aquino.

A *Suma* de Tomás de Aquino não só é a obra mais genial produzida pela teologia moral da Idade Média como também é uma profunda síntese de obras anteriores, conectando de modo coerente doutrinas, ideias e argumentos cujas relações nunca tinham ficado claras; além disso, a *Suma* também tornou possível conceituar determinadas noções que tinham significado profundo e abrangente na Idade Média mas que não haviam sido abordadas com suficiente precisão analítica. Usarei uma parte da *Suma* como sendo representativa das atitudes medievais, atitudes que duraram, de uma ou outra forma, por muitos séculos seguintes. Não vou tratar da questão relativa à originalidade da *Suma* nessa área; basta dizer que creio ser este um ponto em que Tomás de Aquino ofereceu uma poderosa formulação conceitual a um conjunto de ideias que tinha sido essencial, ainda que não preciso, para a maior parte da teologia moral.

A Parte 2.2, Questões 153 e 154, da *Suma teológica* trata da luxúria e de partes da luxúria, respectivamente. Tomás de Aquino começa, no artigo 2 da Questão 153, considerando a questão: se pode haver ato venéreo sem pecado. A argumentação dele é a seguinte: se o ditado da razão faz uso de certas coisas dentro de um modo e uma ordem adequados para o fim a que essas coisas são adaptadas, e se esse fim é verdadeiramente bom, então o uso dessas coisas dentro de tais modo e ordem adequados não será pecado. Ora, a preservação da natureza corporal de um indivíduo é um verdadeiro bem, e o uso do alimento se dirige à preservação da vida no indiví-

---

19 | Katharine Park; Lorraine J. Daston, «Unnatural Conceptions: The Study of Monsters in Sixteenth- and Seventeenth-Century France and England», *Past and Present* 92, ago. 1981. Para alguns estudos pré-medievais sobre monstros, ver Bruce MacBain, *Prodigy and Expiation: A Study in Religion and Politics in Republican Rome*. Bruxelas: Collection Latomus, 1982; Raymond Bloch, *Les Prodiges dans l'antiquité classique*. Paris: Presses Universitaire de France, 1963; e E. Leichty, «Teratological Omens». In: _____. *La Divination en Mésopotamie ancienne et dans les régions voisines*. Paris: Presses Universitaire de France, 1966.

duo. De modo semelhante, a preservação da natureza da espécie humana é um bem imenso, e o uso do ato venéreo se dirige à preservação da raça humana como um todo. Portanto, conclui Tomás de Aquino,

> assim como o uso do alimento pode não conter pecado, desde que ele seja tomado dentro da maneira e da ordem devidas, como exigido para o bem-estar do corpo, também o uso de atos venéreos pode não conter pecado, desde que realizado dentro da maneira e ordem devidas, atendo-se ao propósito da procriação humana.[20]

No primeiro artigo da Questão 154, ele diferencia seis espécies de luxúria — fornicação simples, adultério, incesto, sedução, estupro e o vício contrário à natureza —, todos eles são discutidos nos artigos remanescentes.

Meu interesse está nos vícios contrários à natureza, discutidos nos artigos 11 e 12. No 11, ele afirma que esse tipo de vício é uma espécie distinta de luxúria, já que envolve um tipo especial de deformidade; os vícios contrários à natureza não apenas são contrários à razão, como ocorre com todos os vícios da luxúria, mas são também «contrários à ordem natural do ato venéreo conforme sua conveniência para a raça humana», cuja ordem tem como propósito a geração de filhos.[21] Tomás de Aquino distingue quatro categorias de vícios contrários à natureza — bestialidade, sodomia, que ele interpreta como sendo a cópula homem/homem ou mulher/mulher, o pecado do autoabuso e a não observância da maneira correta da cópula. É difícil determinar exatamente a que se refere essa última categoria, porém fica claro — a partir da Parte 2.2, Questão 154, artigo 12, Resposta à Objeção 4 — que as cópulas homem/mulher anal e oral são dois dos modos mais graves de não observância ao modo correto da cópula.

---

20 | Tomás de Aquino, *Summa Theologica*. Trad. dos frades da Província Dominicana da Inglaterra. Nova York: Benziger Brothers, 1981, Parte 2.2, Questão 153, artigo 2 [ed. bras.: *Suma teológica*. São Paulo: Loyola, 2005. v. 7.]. Em geral segui essa tradução, embora ao parafrasear Tomás de Aquino eu tenha também consultado a edição bilíngue da *Summa* da Blackfriars (Nova York: McGraw-Hill, 1964- -80). Eu me apropriei da terminologia de ambas as traduções quando considerei adequado.
21 | Ibid., pp. 157-8.

No artigo 12, Tomás de Aquino classifica, do pior para o menos mau, todos os vícios da luxúria. Ele afirma, primeiro, que todas as quatro categorias do vício contrário à natureza são piores do que quaisquer outros vícios da luxúria; o que torna a bestialidade, a sodomia, a não observância da maneira natural da cópula e o autoabuso, em função de sua especial deformidade, piores do que o adultério, o estupro de uma virgem, o incesto, e assim por diante.[22] Vícios contrários à natureza são piores do que os demais vícios da luxúria em espécie, e não apenas em grau. O menos mau desses vícios é o autoabuso, já que «a gravidade de um pecado depende mais do abuso de algo do que da omissão de seu uso correto».[23] A seguir, na escala de gravidade, vem o pecado de não observar o modo certo de copular, e esse pecado é mais grave se o abuso se referir ao receptáculo correto do que se afetar outros aspectos do modo de copular. A seguir vem a sodomia, uma vez que não se observa o uso do sexo certo. Por fim, o mais grave de todos os vícios contrários à natureza, e portanto o mais grave de todos os vícios da luxúria, é a bestialidade, já que o uso da espécie correta não é observado; além disso, nesse exemplo, Tomás de Aquino cita explicitamente um texto bíblico como apoio.[24] É preciso mencionar uma última observação de Tomás de Aquino antes que eu passe a Paré. Sobre os vícios contrários à natureza, da masturbação à bestialidade, ele escreve:

> assim como dos homens procede a ordem da razão, a ordem da natureza vem do próprio Deus: por conseguinte, em pecados contrários à natureza, pelos quais a própria ordem da natureza é violada, faz-se uma ofensa a Deus, o Autor da natureza.[25]

---

22 | Ibid., 2.2, Q. 154, art. 12, resposta.
23 | Ibid., p. 161.
24 | Ibid., 2.2, Q. 154, art. 12, resp. obj. 4.
25 | Ibid., p. 160. Uma discussão útil sobre essa parte de Tomás de Aquino pode ser encontrada em John Boswell, *Christianity, Social Tolerance, and Homosexuality*. Chicago: University of Chicago Press, 1980. Ver esp. cap. 11.

Agir de modo contrário à natureza equivale a agir diretamente contra a vontade de Deus.

É compreensível que o leitor esteja se perguntando como essa discussão sobre Tomás de Aquino será relevante para o estudo dos monstros, então deixe-me passar imediatamente para *Des monstres et prodiges* de Paré. O prefácio do livro começa assim:

> Monstros são coisas que aparecem fora do curso da Natureza (e em geral são sinais de algum infortúnio vindouro), como uma criança que nasce com um braço só, outra que tem duas cabeças, e membros adicionais além do número ordinário.
>
> Prodígios são coisas que acontecem e que são completamente contra a Natureza, como quando uma mulher dá à luz uma serpente, ou um cão, ou alguma outra coisa que é totalmente contra a Natureza, como demonstraremos adiante por meio de vários exemplos dos ditos monstros e prodígios.[26]

Céard afirmou que Paré era mais ou menos indiferente ao problema de saber como se poderiam distinguir monstros de prodígios. Monstros e prodígios não constituíam classes absolutamente separadas, e Céard acredita que Paré, ao longo das sucessivas edições de seu livro, se tornou cada vez mais convencido de que o termo «monstro» bastava para designar todos esses fenômenos.[27] Mas, independentemente de quão imprecisa e pouco articulada essa distinção possa parecer, a ideia de que havia uma classe à parte de fenômenos, os prodígios, que eram completamente contrários à natureza afetou a linguagem, a atitude e os conceitos que Paré usou para abordar seus exemplos.

No primeiro capítulo de *Des monstres et prodiges*, Paré distingue treze causas de monstros, que, embora não sejam exaustivas, são todas as que ele consegue aduzir com segurança. Dez dessas causas são estritamente naturais; duas delas, a glória de

---

26 | Paré, op. cit., p. 3. Em 1579, Paré adicionou uma terceira categoria à dos monstros e prodígios, a saber, os mutilados. Não vou discutir essa categoria, uma vez que, como observa Céard depois do prefácio, Paré não usa mais o conceito de mutilados. Ver ibid., p. 151.

27 | Céard, op. cit., pp. 304-5.

Deus e a ira de Deus, são estritamente sobrenaturais; e uma, os demônios e diabos, tem uma história de classificação longa e complicada.[28] Em poucas palavras, classificar os produtos de demônios e diabos como resultado de causas sobrenaturais trazia o risco de pôr o diabo em pé de igualdade com Deus, dando a ele os mesmos poderes que Deus tinha para modificar a ordem natural. A possibilidade de tal posição teologicamente indefensável levou a discussões detalhadas relativas ao *status* da causação demônica; e, como podemos ver nos capítulos de 26 a 34, Paré se encaixa perfeitamente nessas discussões, preocupado da mesma forma em estabelecer a realidade do diabo e em limitar seus poderes. Das duas causas estritamente sobrenaturais, o estudo que Paré faz da primeira, a glória de Deus, se esgota com um exemplo, a restituição da visão de um cego por Jesus Cristo, um exemplo copiado das *Histoires prodigieuses* [Histórias prodigiosas] de Pierre Boaistuau, publicado pela primeira vez em 1560.[29]

A outra causa sobrenatural, a ira de Deus, é bem mais interessante para meus propósitos; a maior parte dos exemplos apresentados por Paré para ilustrar essa categoria é de um mesmo tipo, e está intimamente associada à causa natural da mistura ou da mescla de sementes. Quero discutir esses exemplos detalhadamente para dar sustentação a algumas afirmações sobre a história do horror. Mas devo fazer uma observação preliminar. Paré, como virtualmente todo autor desse período, não tinha dificuldades intelectuais em se referir tanto a causas sobrenaturais quanto a naturais; ele não via incompatibilidade em discutir esses dois tipos de causa juntos. No entanto, embora Deus sempre esteja como pano de fundo de *Des monstres et prodiges*, de longe o maior espaço é dedicado às causas naturais, com as aparições explícitas de Deus sendo relativamente raras. Isso contrasta, por exemplo, com o *De conceptu et generatione hominis* [O conceito e a geração do homem], de Jacob Rueff, um livro que Paré conhecia, publicado em 1554 e que por muito tempo foi um clássico sobre os problemas de geração. Rueff também discutia causas sobrenaturais e naturais em conjunto, mas no Livro v do *De conceptu*, quan-

---

28 | Sobre esse tema, ver Stuart Clark, «The Scientific Status of Demonology». In: VICKERS, Brian (Org.), *Occult and Scientific Mentalities in the Renaissance*. Cambridge: Cambridge University Press, 1984.

29 | Paré, op. cit., p. 152.

do aborda nascimentos monstruosos, Rueff considera todos eles punição divina, e suas causas físicas, ainda que ativas, são quase ignoradas em favor do indício dos julgamentos de Deus. No texto de Rueff, sejam físicas ou naturais as causas da produção de monstros, os monstros são antes de qualquer outra coisa punições impostas por Deus a pecadores.[30] Desse modo, o livro de Paré já mostra uma mudança de ênfase que torna o tratamento dado por ele às causas sobrenaturais ainda mais interessante.

O capítulo de Paré sobre a ira divina se abre com estas palavras:

> Há outras criaturas que nos espantam duplamente por não procederem das causas acima mencionadas, e sim de uma fusão de espécies estranhas, que tornam a criatura não apenas monstruosa, como também prodigiosa, ou seja, completamente detestável e contra a Natureza [...]
> É certo que na maior parte das vezes essas criaturas monstruosas e prodigiosas procedem do julgamento de Deus, que permite a pais e mães produzirem tais abominações em razão da desordem que fazem ao copular, como bestas selvagens [...] De modo semelhante, Moisés proíbe tal união no Levítico (Capítulo 16).[31] (Figura 4.3)

As criaturas discutidas nesse capítulo são produzidas pela causa natural da fusão de espécies estranhas, mas, o que é mais importante, sua causa primeira, por assim dizer, é a ira divina causada pela cópula entre seres humanos e outras espécies, uma prática explicitamente proibida no Levítico. O resultado não é apenas um monstro, mas um prodígio, uma criatura contrária à natureza e que é descrita como totalmente detestável.

30 | Céard, op. cit., pp. 293-5.
31 | Paré, op. cit., p. 5. Nesse capítulo, Paré também considera os monstros produzidos quando um homem copula com uma mulher durante a menstruação; ele faz uma analogia entre essa atividade e a bestialidade, já que «se trata de algo tão repugnante e animalesco ter relações com uma mulher enquanto ela está se purgando». Sem discutir esse assunto importante, noto simplesmente que o capítulo do Levítico que proíbe a bestialidade também proíbe relações sexuais com a mulher durante a menstruação (o capítulo relevante é Levítico 18, não 16, como afirma Paré).

Figura 4.3: Potro com cabeça de homem

Se passarmos para o capítulo que trata da causa natural da mistura ou mescla da semente, vemos Paré avalizando o princípio de que a natureza sempre se esforça para criar aquilo que lhe é semelhante; como a natureza sempre preserva seu tipo e sua espécie, quando dois animais de espécies diferentes copulam, o resultado será uma criatura que combina as formas de ambas as espécies.[32] O tipo de explicação naturalista exibida nesse capítulo, no entanto, é cercado por parágrafos de abertura e de encerramento cruciais, que cito longamente. O capítulo começa com esta afirmação:

> Há monstros que nascem com uma forma meio animalesca e meio humana [...] que são produzidos por sodomitas e ateus que se unem, e ultrapassam os limites daquilo que é contrário à natureza, com animais, e disso nascem diversos monstros que são odiosos e mui escandalosos de se ver ou de se comentar. No entanto, a desgraça reside no ato e não em palavras; e, quando ocorre, trata-se de algo mui infortunado e abominável, e de grande horror para um homem ou para uma mulher se misturar e copular com animais selvagens; e como resultado alguns nascem meio homens e meio animais.[33] (Figuras 4.4 e 4.5)

O capítulo se encerra assim:

> Agora devo evitar escrever aqui sobre vários monstros outros engendrados a partir de tal semente, e de expor seus retratos, que são tão odiosos e abomináveis, não só quando se os veem, mas também quando se ouve deles falar, que, devido a sua asquerosidade nem quis relatá-los nem os fiz retratar. Pois (como diz Boaistuau, depois de relatar várias histórias sagradas e profanas, todas cheias de graves punições infligidas aos devassos) o que podem ateus e sodomitas esperar, ao (como eu disse anteriormente) copular contra Deus e a Natureza com animais selvagens?[34]

32 | Paré, op. cit., cap. 9. Esse capítulo aparece como cap. 20 na tradução para o inglês.
33 | Ibid., p. 67.
34 | Ibid., p. 73.

Figura 4.4: Carneiro monstruoso

O que quero isolar é a conjunção da ira divina pela desobediência dos homens às suas leis (uma causa sobrenatural) com a produção de uma criatura contrária à natureza, um prodígio, que como reação causa o horror; e, por fim, quero enfatizar que, para Paré, o principal exemplo de tal desobediência humana é a bestialidade. Essas características na verdade são o análogo de Paré à discussão de Tomás de Aquino na *Suma teológica*. Para Tomás, há uma categoria distinta de luxúria, pior em espécie do que os demais tipos de luxúria, a saber, a luxúria contrária à natureza (lembre-se de que os prodígios, sendo completamente contra a natureza, são piores em espécie do que os monstros, que estão apenas fora do curso da natureza), cujo exemplo mais grave é a bestialidade; além disso, quando se cometem tais pecados, ofende-se a Deus. Paré dá fisicalidade a esse quadro de conceitos ao exibir a consequência de tal ofensa a Deus; a criatura bestial resultante é uma representação simbólica da ira divina, e a reação de horror que temos ante essas criaturas odiosas se destina a nos lembrar do horror do próprio pecado e a nos impressionar. Assim, a iniquidade dos pecados contrários à natureza se estende às criaturas produzidas por esses pecados. Paré reserva sua linguagem mais pesada — horror, horrível, odioso, asqueroso, abominável — para essas criaturas e os pecados que elas representam.

O elo entre a desordem moral e a desordem da natureza era um tema constante nesse período. Era amplamente difundida a crença de que o mal cometido na terra podia deixar sua marca na estrutura do corpo humano.[35] E o modo pelo qual a forma física do corpo dava origem a questões teológicas ia muito além dos casos de prodígios. A questão dos nascimentos monstruosos como um todo trazia à tona problemas práticos para padres, já que eles tinham de decidir se cada criança monstruosa em particular era humana, e portanto se seria ou não batizada. Havia, é claro, discordâncias sobre como fazer essas determinações, porém a forma do corpo servia como guia para a resolução teológica. O tipo de raciocínio empregado é bem representado pelo *Manipulus Curatorum Officia Sacerdotus* de Guido de Mont Rocher, de 1480:

---

35 | Ver Delumeau, *Le Péché et la peur*, op. cit., p. 156.

Figura 4.5: Criança, meio cachorro

> Porém, e se houver um único monstro com dois corpos unidos um ao outro: deverá ele ser batizado como uma pessoa ou como duas? Digo que, como o batismo se faz de acordo com a alma e não de acordo com o corpo, por mais que existam dois corpos, caso haja apenas uma alma, então ele deverá ser batizado como uma pessoa. Porém, se houver duas almas, ele deverá ser batizado como duas pessoas. Mas como saber se há uma ou duas almas? Digo que, se houver dois corpos, há duas almas. Porém, se há um corpo, há uma alma. E por essa razão pode-se supor que se houver dois peitos e duas cabeças há duas almas. Se, no entanto, há um peito e uma cabeça, independentemente de muitos membros serem duplicados, há apenas uma alma.[36]

Menciono esse exemplo para indicar que o uso de Paré do corpo como cifra moral e teológica é apenas um exemplo especial, e não inteiramente característico, de uma mentalidade muito mais geral.

O mais notável no livro de Paré é que, quando ele se limita a causas puramente naturais, emprega o conceito de monstro exclusivamente (fenômenos fora do curso da natureza) e não o conceito de prodígio. Além disso, a experiência do horror fica ausente de suas descrições. O horror só é adequado se ocasionado por uma causa normativa, a violação de alguma norma, como quando a vontade humana age de forma contrária à vontade divina. O capítulo que imediatamente se segue à discussão de Paré sobre a ira divina trata dos monstros causados por uma quantidade excessiva de semente. Compare a linguagem da abertura com a linguagem do capítulo anterior já citado.

> Sobre a geração de monstros, Hipócrates diz que, se há uma abundância excessiva de matéria, ocorrerão múltiplos nascimentos, ou então nascerá uma criança com partes supérfluas e inúteis, como duas cabeças, quatro braços, quatro pernas, seis dedos nas mãos e

---

36 | Citado em John Block Friedman, *The Monstrous Races in Medieval Art and Thought*. Cambridge: Harvard University Press, 1981. p. 182. O livro de Friedman é uma introdução útil ao tema das raças monstruosas, um tema que não vou discutir aqui.

nos pés, ou outras coisas. E, pelo contrário, se há pouca semente, algum membro estará ausente, como pés ou cabeça, ou alguma outra parte.[37] (Figuras 4.6 e 4.7)

Nem mesmo a discussão que Paré faz sobre os hermafroditas no Capítulo 6 traz indícios de horror, e vemos que sua formação se deve inteiramente a causas naturais, sem nenhuma dose de violação de uma norma (Figura 4.8). Os hermafroditas são monstros, não prodígios, que podem ser explicados de maneira natural e normativamente neutra.

Caso se leia o tratado de Paré capítulo a capítulo, vemos que o horror é uma reação normativa, uma reação engendrada por uma violação de um tipo específico de norma. Quando há conhecimento causal, ou seja, quando se estabelecem as causas naturais para explicar um monstro, o efeito de tal explicação é deslocar o horror, alterar nossas experiências do fenômeno com que somos confrontados. O horror está ligado à discussão que Paré faz das causas sobrenaturais porque o que está em questão nessas discussões sempre é a relação normativa entre as vontades divina e humana. Um prodígio horrível é produzido quando a vontade humana age de modo contrário à natureza, de modo contrário à vontade divina, e, por isso, quando essa contrariedade (que Tomás de Aquino articula conceitualmente e que se reflete em Paré) envolve a oposição a um tipo muito específico de norma. Não vejo motivos para duvidar da precisão das descrições de Paré, de onde e quando ele se sentiu horrorizado, especialmente porque esse tipo de descrição é confirmado por tantos outros tratados.[38] Não me parece mais estranho o fato de Paré e seus contemporâneos se sentirem horrorizados apenas quando confrontados com um prodígio, por alguma espécie perversa de violação normativa, do que o fato de os israelitas do Antigo Testamento se horrorizarem com um grupo aparentemente heterogêneo de fenômenos chamado «abominações». E a relação inversa entre horror e explicação

---

37 | Paré, op. cit., p. 8.
38 | Para um exemplo em inglês, ver John Sadler, *The Sicke Woman's Private Looking-Glasse*. Amsterdam: Theatrum Orbis Terrarum, 1977, que tem partes relevantes extraídas de Paré, op. cit., pp. 174-6.

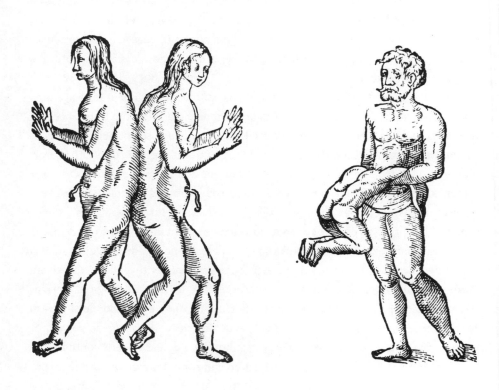

Figura 4.6: Exemplos de quantidade excessiva de semente

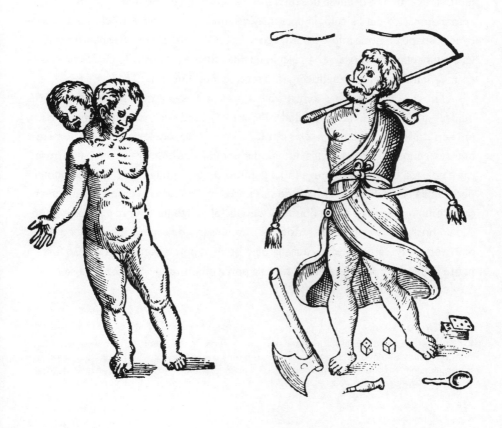

Figura 4.7: Exemplos de quantidade muito baixa de semente

causal é o outro lado da relação semelhante entre a maravilha e a explicação causal. Maravilhar-se era a reação adequada para a produção de um milagre, assim como o horror era a reação adequada para a produção de um prodígio. Lorraine Daston afirmou, ao examinar o declínio dos milagres e a sensibilidade do maravilhamento, que «era axiomático, na psicologia dos milagres, que o conhecimento causal acabasse com o espanto, e no século XVII o inverso também era enfatizado: o espanto expulsava o conhecimento causal».[39] A psicologia dos milagres e a psicologia dos prodígios eram fenomenológica e analiticamente semelhantes entre si.

Em seu capítulo sobre a mistura e a mescla de semente e sobre os monstros odiosos que resultam da bestialidade (Figura 4.9), Paré descreve um homem porco, uma criatura nascida em Bruxelas em 1564, com rosto, braços e mãos de homem e que desse modo representava a humanidade acima dos ombros, e com patas traseiras e quartos traseiros de um suíno e genitais de porca (Figura 4.10). Esse homem porco fazia parte de uma ninhada de seis porcos e, segundo Paré, «ele era amamentado como os demais e viveu dois dias: depois foi morto junto com a porca em função do horror que as pessoas sentiam».[40] Como seria de esperar pelo que eu disse, o horror era de fato a reação causada pelo homem porco, e era uma reação forte a ponto de levar as pessoas a matar tanto a porca quanto sua cria monstruosa.

---

39 | Lorraine Daston, «The Decline of Miracles», manuscrito inédito, p. 12.

40 | Paré, op. cit., p. 69. A prática de matar tanto o ser humano quanto o animal envolvidos em uma cópula bestial tem uma longa história que remonta à lei do Levítico 20, 15-16. Pude encontrar poucas exceções em que o animal foi poupado. A mais interessante dessas exceções é relatada assim: «E. P. Evans afirma que em Vanvres, em 1570, um certo Jacques Verrons foi enforcado por copular com uma jumenta. O animal foi absolvido com base no argumento de que ela foi vítima de violência e não tinha participado do ato por livre vontade. O prior do convento local e vários cidadãos assinaram um certificado afirmando que conheciam a jumenta havia quatro anos e que ela sempre havia se mostrado virtuosa tanto em casa quanto fora dela e jamais tinha dado motivo de escândalo para ninguém. Esse documento foi apresentado no julgamento e dizem que teve influência decisiva no julgamento do tribunal». Citado em Harry Hoffner, «Incest, Sodomy, and Bestiality in the Ancient Near East». In: _____. *Orient and Occident*. Germany: Verlag Butzon & Bercker Kevelaer, 1973. vol. 22 de *Alter Orient und Altes Testament*, p. 83, n. 13. Esse caso excepcional não deve nos fazer pensar equivocadamente que os julgamentos por bestialidade exigiam a imputação de responsabilidade moral aos animais. Para discussão, ver J. J. Finkelstein, *The Ox That Gored*. Filadélfia: The American Philosophical Society, 1981. esp. pp. 69-72.

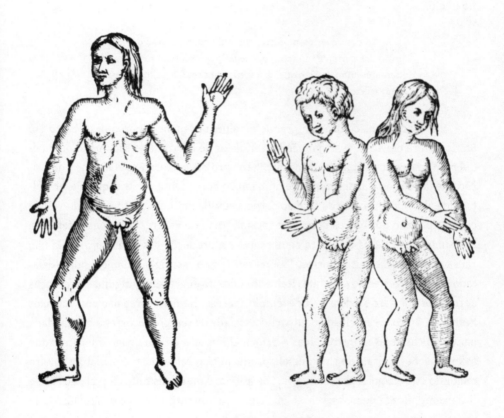

Figura 4.8: Hermafroditas

Em 1699, Edward Tyson, membro da Real Sociedade e da Faculdade Real de Médicos, leu um comunicado, publicado no *Philosophical Transactions of the Royal Society*, intitulado «Um relato sobre dois porcos monstruosos, com rostos que parecem humanos, e dois jovens turcos unidos pelo peito». Tyson anuncia sua intenção no início:

> Ao descrever os monstros a seguir, tento provar que a distorção das parte de um feto pode levá-lo a representar a figura de diferentes animais, sem que haja verdadeira relação sexual entre as duas espécies.[41]

Ele descreve a seguir, com grande detalhe, um homem porco descoberto em Staffordshire em 1699. O artigo não traz indícios de horror, aversão, medo ou qualquer emoção relacionada. À medida que Tyson prossegue, torna-se claro que a descrição que faz do rosto aparentemente humano do porco tenta mostrar que ele é resultado de alguma depressão da face do corpo, causada por uma compressão do ventre ou pela pressão dos outros porcos na mesma parte do ventre. Nenhuma referência à bestialidade é necessária para compreender a produção dessa criatura, e ela não causa nem deveria causar horror. Tyson menciona o caso de um homem porco relatado por Paré, o mesmo caso que citei, e se contenta em ressaltar algumas diferenças entre o caso de Paré e o dele — por exemplo, que esse homem porco não possuía mãos humanas. Tyson é cauteloso quanto à necessidade de sempre recorrer à bestialidade para explicar esses monstros, mas o principal impulso de seu artigo é mostrar que as explicações causais do tipo que ele produziu têm relevância explanatória muito maior do que em geral se reconhecia. Sua atitude é muito distante daquela de Paré e fica exemplificada pela observação que ele faz, ao discutir outros casos relatados de porcos monstruosos: «Creio que a ficção ou a falta de observação tenham criado mais

---

41 | Edward Tyson, «A Relation of two Monstrous Pigs, with the Resemblance of Human Faces, and two young Turkeys joined by the Breast», *Philosophical Transactions of the Royal Society* 21, 1669, p. 431. Modernizei grafia e pontuação.

Figura 4.9: Um monstro, meio homem e meio suíno

Figura 4.10: Um porco com cabeça, pés e mãos de homem e o restante do corpo de um porco

monstros do que os produzidos pela natureza»[42] — por vezes quase empregando o conceito de monstro como se os monstros fossem considerados criaturas contrárias à natureza, quando o objetivo real de sua comunicação foi mostrar que eles eram resultado de deformações anormais que se deviam a causas naturais.

O deslocamento do horror como resultado de uma explicação causal, como se saber a causa geradora de um monstro atenuasse o terror que possamos sentir, também pode ser visto no caso de John Merrick, conhecido como Homem Elefante, e esse deslocamento se opera em um único e mesmo indivíduo, a saber, o médico de Merrick, Frederick Treves (Figuras 4.11 e 4.12). Nos relatórios médicos submetidos à Sociedade Patológica de Londres, palavras como «deformidade», «anormalidade», «impressionante», «extraordinário» e «grosseiramente» descrevem a condição de Merrick. Os relatórios não transmitem uma experiência de horror, e sim uma impressão de quão extremas são as deformidades de Merrick, e, em função desse grau extremo, elas indicam o imenso interesse médico de sua condição. No entanto, quando lemos as memórias de Treves e ele descreve o primeiro encontro dele e de outras pessoas com o Homem Elefante, o ânimo é completamente diferente. Aqui encontramos palavras e frases como «repelente», «pavor», «aversão», «uma criatura assustadora que só podia existir em um pesadelo», «o mais repulsivo espécime humano que já vi», «a detestável insinuação de um homem sendo transformado em animal» e «todas as pessoas que ele conhecia o confrontavam com um olhar de horror e aversão».[43] (Ver Figura 4.13.) É como se pudéssemos descrever a história emocional de Treves dizendo que, quando ele trata da complicada etiologia causal da condição de Merrick, é capaz de transformar sua própria reação, indo do horror e da aversão para a piedade e, afinal, para a compaixão. Normalmente supomos que a denominação «Homem Elefante» vem do fato de que Merrick tinha o corpo recoberto por crescimentos de papilomas, estando uma derivação desse nome em um dos comunicados médicos. E decerto essa aparência poderia explicar

---

42 | Ibid., p. 434.
43 | Tanto o texto de Treves quanto os relatos médicos relevantes estão reimpressos em Ashley Montagu, *The Elephant Man*. Nova York: E. P. Dutton, 1979.

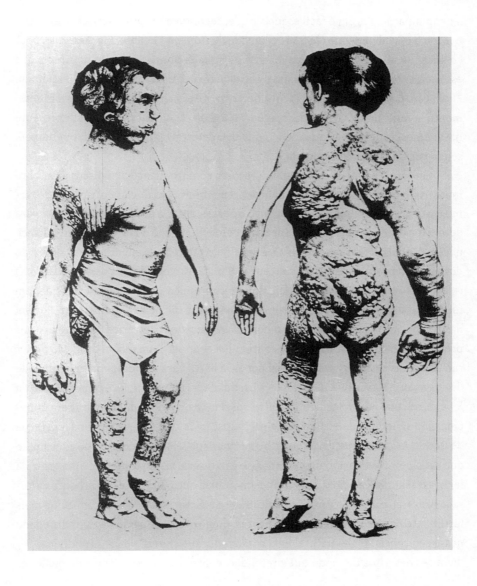

Figura 4.11: John Merrick, 1884-85. De *The Transactions of the Pathological Society of London*, v. 36, 1885

a denominação. Porém é fácil esquecer que, segundo o próprio Merrick, esse não é o motivo oficial para que ele fosse chamado de Homem Elefante. Ele disse que, pouco antes de seu nascimento, sua mãe foi derrubada por um elefante de circo e que esse acidente, com suas apavorantes consequências, foi a fonte do rótulo «Homem Elefante». É perfeitamente evidente que essa história oculta, e muito imperfeitamente, a fantasia da bestialidade, e é exatamente essa fantasia que está presente nas memórias de Treves quando ele fala da «detestável insinuação de um homem sendo transformado em animal».

Embora o adjetivo «abominável» ocorra com frequência em discussões sobre monstros e prodígios, não vou aqui insistir nas diferenças óbvias entre o uso do termo e o conceito de abominação no Antigo Testamento. O uso de «abominável» para descrever prodígios permanece inextricavelmente ligado ao horror, como afirmei; porém a doutrina da lei natural, ausente no Antigo Testamento, altera de modo decisivo uma característica da concepção bíblica. Um estudo de passagens bíblicas relevantes mostraria que é principalmente um único povo especificado que, em função de sua relação especial com Deus, sente horror pelas abominações. Porém, nos textos que discuti, é como se o horror aos pecados contrários à natureza e aos produtos que deles resultam fosse sentido por todo ser humano na condição de ser racional. Pois o uso da razão natural por si só basta para compreender a iniquidade dos pecados contrários à natureza, e a bestialidade, por exemplo, é uma violação da lei natural, que não exige nenhum ato especial de revelação divina para ser conhecida, não sendo nada mais do que a participação da criatura racional na lei eterna de Deus.[44] Assim, é de esperar que todo ser humano se sinta horrorizado com aquilo que sabe, como ser racional, ser contrário à natureza. Nesse contexto, a doutrina da lei natural ajudou a ocultar o reconhecimento de que o horror é um produto cultural e histórico e que não é exigido unicamente pela razão, um fato reconhecido mais facilmente nos textos bíblicos pertinentes. Como o horror passou a estar enredado nesse referencial da lei natural e da razão natural, os prodígios, e a ira divina, podiam ser descritos de modo que pretendia representar a experiência de qualquer

---

44 | Ver a discussão de Tomás de Aquino em *Suma teológica*, Pt. 1.2, Q. 91, art. 2, e Q. 94.

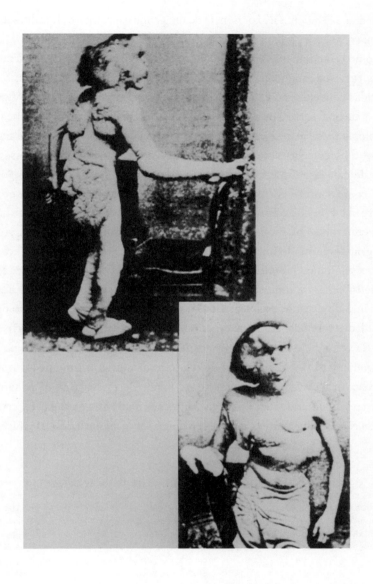

Figura 4.12: John Merrick poucos meses antes de sua morte. De *The British Medical Journal*, v. 1, 1890

ser humano, não apenas a experiência de um grupo específico culturalmente. Objetos de horror agora podiam parecer naturalmente horripilantes.

Como já demonstrei, a bestialidade, o pior dos pecados contrários à natureza, demonstrava sua iniquidade na própria estrutura do corpo humano, nas criaturas produzidas pela violação voluntária da lei natural de Deus. Mas essa configuração, por meio da qual certo tipo de enfraquecimento das normas se revelava nos efeitos da patologia física, não se restringia a essa forma de luxúria contrária à natureza. Tratados do século XVIII e do século XIX sobre o onanismo reproduzem esse mesmo padrão de conceitos; o autoabuso, outro dos pecados classificados por Tomás de Aquino como contrários à natureza, arruína a estrutura física do corpo, produzindo, entre outros efeitos, dores fortes no estômago; vômito persistente que não cede mesmo com remédios enquanto o mau hábito não cessa; uma tosse seca; voz fraca, rouca; grande perda de força; palidez; por vezes um amarelecimento leve porém contínuo; espinhas, sobretudo na testa, nas têmporas e perto do nariz; considerável definhamento; uma sensibilidade espantosa a mudanças climáticas; enfraquecimento da visão que às vezes leva à cegueira; considerável redução de todas as faculdades mentais, culminando em insanidade; e até mesmo a morte (Figura 4.14).[45] Na verdade, essa relação entre a iniquidade do pecado e a patologia do corpo chegou a dar origem a um tipo de relatório de autópsia, em que a autópsia do masturbador revelava que os efeitos de seu hábito detestável tinham penetrado no próprio corpo, afetando tanto os órgãos internos quanto a aparência externa.[46] Em *L'Onanisme: Dissertation sur les maladies produites par la masturbation* [Onanismo: Dis-

---

45 | Tirei minha lista do art. I, seção 4, de S. Tissot, *L'Onanisme: Dissertation sur les maladies produites par la masturbation*. 5. ed., Lausanne: Marc Chapuis, 1780. A lista de Tissot é totalmente exemplar de outras questões representativas do século XVIII. Uma tradução do livro de Tissot para o inglês apareceu em 1832: *Treatise on the Diseases Produced by Onanism* (Nova York: Collins and Hennay, 1832). Muitas vezes achei necessário modificar a tradução para o inglês. Para discussões sobre a literatura de masturbação, ver T. Tarczylo, «*L'Onanisme* de Tissot», *Dix-huitième Siècle* 12, 1980, e *Sexe et liberté au siècle des Lumières*. Paris: Presses de la Renaissance, 1983; J. Stengers; A. Van Neck, *Histoire d'une grande peur: La masturbation*. Bruxelas: Éditions de l'Université de Bruxelles, 1984.

46 | Um exemplo representativo é Alfred Hitchcock, «Insanity and Death from Masturbation», *Boston Medical and Surgical Journal* 26, 1842.

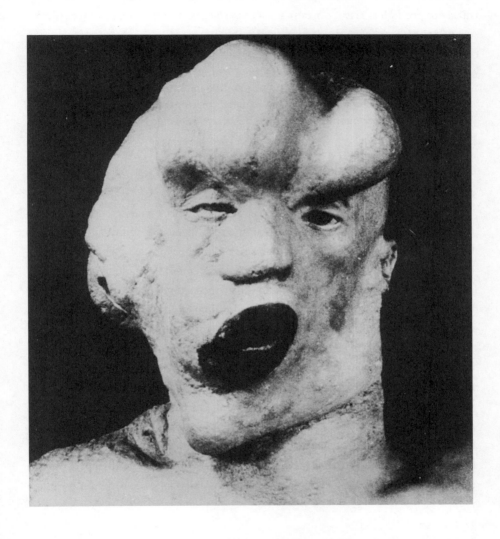

Figura 4.13: Máscara mortuária da cabeça e do pescoço de John Merrick

sertação sobre doenças produzidas pela masturbação], encontramos o mesmo tipo de terminologia e de sensibilidade que acompanha as descrições que a Renascença fazia dos prodígios. Tissot inicia sua discussão de casos, com os quais tem experiência de primeira mão, com o seguinte preâmbulo:

> Meu primeiro caso apresenta uma cena terrível. Eu mesmo fiquei assustado na primeira vez que vi o infeliz paciente. Depois percebi, mais do que em qualquer outro momento anterior, a necessidade de mostrar aos jovens todo o horror do abismo em que eles mergulham voluntariamente.[47]

E ele invoca a ideia da masturbação como contrária à natureza em passagens estrategicamente centrais.[48]

Em geral, diz-se que o tratado de Tissot é o primeiro estudo científico da masturbação, e seu livro está imerso em terminologia médica e é pontuado por tentativas de dar explicações fisiológicas para os efeitos provocados pela masturbação. Mas também é evidente que o livro ainda está firmemente situado dentro da tradição da teologia moral, que começa com uma concepção da masturbação como um tipo de luxúria especialmente mau. Ela produz doenças e desordens mentais e físicas, mas, até mesmo nos estudos científicos inaugurados por Tissot, ela permanece sendo um hábito ruim, não uma doença em si mas um crime moral contra Deus e a natureza. Tissot inicia seu livro com a afirmação, que ele diz ser unânime entre os médicos de todas as épocas, segundo a qual a perda de um grama de fluido seminal enfraquece mais do que a perda de quarenta gramas de sangue.[49] Ele imediatamente reconhece que deve explicar por que a perda de uma grande quantidade de fluido seminal pela masturbação, por meios contrários à natureza, produz doenças tão mais terríveis do que a perda de igual quantidade de fluido seminal pela relação sexual natural. Ao oferecer uma explicação, no Artigo II, Seção 8 de seu livro, ele

47 | Tissot, op. cit., p. 33.
48 | Ver, por exemplo, o último parágrafo da introdução de *L'Onanisme*, op. cit.
49 | Ibid., p. 3.

tenta colocá-la em termos de causas puramente físicas, das leis mecânicas do corpo e de sua união com a mente. Porém, por mais que tente, não consegue evitar concluir essa seção reafirmando que os masturbadores «são culpados de um crime que a justiça divina não tem como evitar punir».[50]

Teóricos da sodomia também explicaram esse mesmo tipo de conexão entre mácula normativa e deformação física. A origem normativa das atitudes relativas à sodomia não está contida apenas na própria palavra, com sua referência ao episódio de Sodoma e Gomorra no Gênesis, mas também no surgimento de outras palavras para se referir às mesmas práticas. Por exemplo, o termo inglês *buggery* deriva do francês *bougrerie*, uma palavra que faz referência a uma seita maniqueísta que surgiu em Constantinopla no século IX e que reconheceu uma espécie de pontífice que morava na Bulgária. Assim, ser um *bougre* equivalia a ser participante de uma heresia, e não há razões para crer que essa seita herética tivesse qualquer inclinação para a sodomia. No entanto, com o passar do tempo, a acusação de *bougrerie* passou a ser identificada com uma acusação de sodomia, e a ligação com a heresia ficou oculta.[51] Além disso, em francês, a expressão «mudança de religião» podia ser usada para descrever a pederastia; tornar-se um pederasta era mudar de religião (*changer de religion*).[52] Tanto o sexo quanto a religião têm suas ortodoxias, suas heresias, suas apostasias — seus caminhos normativos e seus desvios.

Mesmo quando as bases teológicas do conceito de sodomia recuaram para segundo plano, seu conteúdo normativo e sua origem estavam sempre por perto. Ambroise Tardieu, cujo influente *Étude médico-légale sur les attentats aux moeurs* [Estudo médico-legal sobre os atentados aos costumes] foi publicado pela primeira vez em 1857, dedica cerca de um terço de seu livro a uma discussão sobre pederastia e sodomia. Tardieu limita o termo «pederastia» ao amor entre jovens do sexo masculino, ao passo que o termo mais geral «sodomia» é reservado para «atos contrários

---

50 | Ibid., p. 121.
51 | Pierre Guiraud, *Dictionnaire historique, stylistique, rhétorique, étymologique, de la littérature érotique*. Paris: Payot, 1978. p. 76.
52 | Ibid., p. 215.

à natureza, considerados em si mesmos, e sem referência ao sexo dos indivíduos entre os quais as relações condenáveis se dão».[53] A maior parte dos casos de sodomia descritos por Tardieu diz respeito a relações anais, seja entre dois homens, seja entre homens e mulheres. O fato de ele repetidas vezes caracterizar esses atos como contrários à natureza indica a tradição normativa a que sua obra pertence. Embora Tardieu reconheça que a loucura pode acompanhar a pederastia e a sodomia, ele quer se assegurar de que esses atos não escapem «nem à responsabilidade da consciência, nem ao rigor da lei, nem, acima de tudo, ao desprezo das pessoas decentes».[54] Ele sabe que a «vergonha e a aversão»[55] que esses atos inspiram muitas vezes foram obstáculos para os relatos dos observadores, e seu livro pretende ser um remédio para essa lacuna, com detalhes extraordinários.

Grande parte da discussão que Tardieu faz sobre a pederastia e a sodomia se refere aos sinais físicos que permitem reconhecer que essas atividades ocorreram, com a ajuda de rastros materiais deixados por esses vícios na estrutura dos órgãos. Tardieu acreditava que uma discussão exaustiva desses sinais era necessária para que a medicina legal pudesse determinar com certeza se tais atos contrários à natureza e à moralidade pública tinham ocorrido. Ele descreve as deformações do ânus que resultam do hábito da sodomia passiva, tópico que já havia sido muito debatido na literatura médico-legal francesa e alemã. Mas ele vai em frente e descreve sinais da pederastia ativa, sinais deixados no próprio membro viril, segundo ele completamente ignorados em tratados anteriores. Mudanças nas dimensões e na forma do pênis são os indícios mais confiáveis de sodomia e pederastia ativas. O sodomita ativo tem pênis ou muito estreito ou muito volumoso. O pênis excessivamente vo-

---

53 | Ambroise Tardieu, *Étude médico-légale sur les attentats aux moeurs*. 7. ed. Paris: J. B. Ballière, 1878. p. 198. A categoria da sodomia se mostrou notoriamente flexível e foi usada para abranger uma variedade de atividades. No entanto, apesar da flexibilidade, acredito que essa categoria tenha mais unidade conceitual do que por vezes atribuem a ela. Discuto essa questão no manuscrito de onde extraí este excerto.
54 | Ibid., p. 255.
55 | Ibid., p. 195.

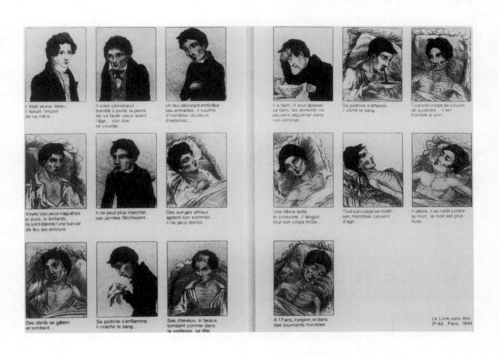

Figura 4.14: Morte por masturbação

lumoso é comparado «à tromba de certos animais»,[56] enquanto Tardieu descreve desse modo notável o caso, muito mais comum nos sodomitas ativos, de um pênis muito estreito: «No caso em que é pequeno e estreito, o pênis afina de modo considerável desde a base até a ponta, que é bastante estreita, como o dedo de uma luva, e lembra muito o *canum more*».[57]

Para confirmar suas observações gerais, ele relata a forma física dos pênis de muitos sodomitas ativos. Sobre um deles, Tardieu diz:

> Depois de fazer com que ele se despisse totalmente, pudemos verificar que o membro viril, muito longo e volumoso, apresenta na ponta um alongamento característico e um afunilamento que quase dá à glande a forma pontuda do pênis de um cão.[58]

Outro dos sodomitas ativos de Tardieu tem um pênis que «simula exatamente a forma do pênis de um cão de raça pura».[59] Como que para confirmar que a sodomia é contrária à natureza e a Deus, as partes relevantes do corpo humano são transformadas por essa atividade de modo que lembrem as partes corporais de um cachorro. O que poderia ser mais horripilante do que a transformação moral e física do humano em uma besta, um homem cachorro que já não é produzido pela bestialidade e sim pela revoltante prática da sodomia? Muito depois das discussões clássicas sobre os prodígios, a categoria do contrário à natureza continuou sendo a marca de um domínio fundamental do horror.

Em fins do século XIX, as experiências provocadas pelos chamados shows de aberrações contrastavam com o horror do contrário à natureza. Em vez de exibir as consequências físicas do desvio normativo, as aberrações exibidas em feiras e circos eram destinadas a deleitar, divertir e entreter a plateia. Em geral,

---

56 | Ibid., p. 237.
57 | Ibid., p. 236.
58 | Ibid., p. 258.
59 | Ibid., p. 260.

os trabalhadores urbanos que vinham ver as aberrações eram na maior parte uma plateia pouco sofisticada em busca de entretenimento barato e simples [...] No início dos anos 1870, William Cameron Coup introduziu o conceito de picadeiro duplo enquanto trabalhava com Barnum, e em 1885 a maior parte dos shows trabalhava com um sistema de múltiplos picadeiros. O resultado foi uma guinada em direção ao glamour e ao espetáculo como produto básico dos grandes shows. A tendência estava bem desenvolvida no início da década de 1890 e trouxe mudanças específicas para os shows. Contrastes de escala — mulheres gordas e esqueletos vivos, gigantes e anões — e shows que envolviam contrastes internos — mulheres barbadas, homens hermafroditas e mulheres brincando com cobras — começaram a tomar o lugar dos shows mais repulsivos. À medida que diminuíram a carga de horrores mutilados, os shows se tornaram emocionalmente menos intensos e sua complexidade como experiência decresceu.[60]

Deve-se perceber que parte do propósito do circo de múltiplos picadeiros deixaria de fazer sentido pela exibição de horrores. Pois, se a ideia de ter mais de um picadeiro era levar os espectadores a passar de um show para outro, fazer com que eles olhassem periódica e repetidamente para cada um dos picadeiros, que experimentassem toda a diversidade do circo, a exibição de um objeto horripilante tenderia a estragar essa experiência. A experiência do horror tende a nos fixar em seu objeto, sem conseguir afastar o olhar, fascinados e ao mesmo tempo repelidos, bloqueando tudo que não seja o objeto diante de nossos olhos. Assim, o horror é incompatível com o glamour, com o espetáculo e com a variedade inerentes ao circo de múltiplos picadeiros. O circo moderno teve de ser adaptado para que nenhuma de suas atrações fosse predominante a ponto de reduzir seus múltiplos picadeiros a um só.

Mesmo deixando de lado o fato de que as categorias de aberrações e prodígios não eram de modo algum compostas dos mesmos espécimes, podemos ver quanto

---

60 | Michael Mitchell, *Monsters of the Gilded Age: The Photographs of Charles Eisenmann*. Toronto: Gauge Publishing, 1979. pp. 28 e 30. Estou em dívida com Ian Hacking por ter me apresentado a esse livro.

essa experiência das aberrações era diferente ao examinar suas fotografias. Charles Eisenmann era um fotógrafo da Bowery que fez muitos retratos de aberrações no final do século XIX. Algumas dessas fotos representam personagens que são metade humanos e metade animais e assim, pelo menos nesse sentido, podem ser vistos como sucessores dos prodígios da Idade Média e do Renascimento produzidos pela bestialidade. Porém essas fotos não mostram nenhum indício de horror. Avery Childs, o Menino Sapo, é fotografado de modo evocativo e divertido, mas não é mais horripilante do que um contorcionista, com seus chinelos enfatizando que ele é mais humano do que sapo (Figura 4.15). Na verdade, essas fotos insistem na humanidade de seus temas, precisamente ao contrário do que acontece nas discussões de Paré, que ressaltam a bestialidade dos prodígios. Fred Wilson, o Menino Lagosta, sofre de uma séria deformidade congênita, porém vestido com sua roupa de domingo, com os cabelos belamente penteados, nossa visão é atraída tanto para seu rosto humano quanto para suas supostas garras de lagosta (Figura 4.16). E mesmo Jo Jo, o Menino Russo com Cara de Cachorro, uma das mais famosas atrações de Barnum, usa um terno de veludo com franjas e exibe este grande símbolo da civilização ocidental, o relógio de bolso (Figura 4.17). Além disso, sua mão direita tem um anel e a mão esquerda está belamente pousada sobre o joelho. E ele posa para a foto com uma arma, como que para sugerir que não é um animal a ser caçado, mas que ele mesmo pode participar da caça, essa atividade tão humana. Horror pelos prodígios, diversão com as aberrações — a história dos monstros traz em si uma história complicada e mutante das emoções, que ajuda a revelar as estruturas e os limites da comunidade humana.

Figura 4.15: Avery Childs, o Menino Sapo

Figura 4.16: Fred Wilson, o Menino Lagosta

Figura 4.17: Jo Jo, o Menino Russo com Cara de Cachorro

5. ESTILOS DE RACIOCÍNIO:
DA HISTÓRIA DA ARTE À EPISTEMOLOGIA DA CIÊNCIA

Alguém que tente escrever a história recente da história e da filosofia da ciência pode abordar essa tarefa organizando-a em torno dos vários usos de certos termos metodológicos e historiográficos de destaque. Na verdade, alguém que se depare com essa terminologia crítica historiográfica pode de início se sentir sufocado pela tarefa de sistematizar o emprego, para pegar alguns exemplos, dos obstáculos epistemológicos de Gaston Bachelard, dos paradigmas de Thomas Kuhn, da incomensurabilidade de Paul Feyerabend, da *themata* de Gerald Holton ou das epistemes de Michel Foucault. Mais recentemente, vimos uma quantidade muito maior de ocorrências da noção de estilo, tanto na invocação de uma noção geral de um estilo de raciocínio ou de pensamento nas ciências quanto nas noções mais específicas de estilos nacionais na medicina, na física, na matemática e na biologia. O destino particular de cada um desses termos metodológico-históricos tem sido bastante diferente, porém acredito que está bem difundida a impressão geral, tanto dentro quanto fora das disciplinas de história e filosofia da ciência, de que os termos que o autor decide usar não trazem maiores consequências. Afinal, uma leitura rápida da literatura relevante revela, por exemplo, que as ideias de paradigma, incomensurabilidade e episteme muitas vezes são usadas de modo mais ou menos intercambiável. Além disso, seria difícil determinar o conteúdo exato de cada uma dessas noções, já que elas foram apropriadas e estendidas a ponto de seu uso se tornar bem pouco determinado.

O uso da ideia de estilo, uma noção já empregada em outras disciplinas, ameaça nos deixar em situação semelhante — uma ideia muito sugestiva, a saber, que a ciência e as ciências podem ser compreendidas como tendo estilo, parece poder ser usada de acordo com quaisquer peculiaridades exigidas por um autor em particular. Em muitas de suas ocorrências, a noção de estilo de raciocínio parece ser metafórica, e não chega nem mesmo a ser uma metáfora lúcida, uma vez que, com grande frequência, seria difícil especificar o que *especificamente* implica o uso desse termo, se é que implica algo. Essas circunstâncias deixaram a noção de estilo de raciocínio muito mais obscura, e muito menos útil, do que precisa ser. Caso não se ganhe nada com o acréscimo de mais um termo historiográfico a um vocabulário já imenso, seria prudente dispensar por completo a noção de estilo de raciocínio, impedindo assim as inevitáveis confusões que se seguiriam. No entanto, se cremos que a ideia de estilos de raciocínio de fato tem uma tarefa metodológica específica, e realiza algo diferente daquilo que realizam as noções aparentemente concorrentes que já mencionei, então a primeira tarefa será dizer *exatamente* o que se quer dizer com estilo de raciocínio. É sobretudo dessa tarefa que este ensaio se ocupará.

Cada uma das noções historiográficas que mencionei tem sido usada para tratar de um problema ou grupo de problemas distinto, ainda que muitas vezes eles se sobreponham. Uma maneira de compreender melhor as diferenças entre esses termos é demarcar de modo muito preciso o problema que cada um deles pretende responder. Portanto vou começar articulando, do modo mais claro que posso no início deste ensaio, o conjunto de problemas em relação ao qual invocarei a noção de estilo de raciocínio. O problema fundamental em que vou me concentrar é: quais são as condições dentro das quais vários tipos de afirmação passam a ser compreensíveis? Nem tudo é compreensível a todo momento, nem para indivíduos nem para períodos históricos inteiros. Em uma série anterior de ensaios, examinei as condições para que um corpo específico de afirmações, afirmações que fazem parte da disciplina da psiquiatria, se tornassem compreensíveis. Empreguei implícita, e por vezes explicitamente, a noção de estilo de raciocínio em meu trabalho de historiador, embora sem me ocupar com os detalhes filosóficos necessários que legitimariam plenamente seu uso.[1] Como ficará óbvio, o conjunto de questões historiográficas e epistemológicas que mais me interessou pode surgir em qualquer das ciências. Para ser mais preciso, estou interessado, antes de mais nada, em uma forma particular desse problema da compreensibilidade, a saber, em que condições é possível compreender vários tipos de afirmações como sendo ou verdadeiras ou falsas? Nem toda afirmação reivindica o *status* de ser verdadeira ou falsa; porém as afirmações que reivindicam um *status* científico de fato reivindicam ser parte do domínio da verdade e falsidade. Assim, o principal problema de que tratarei é: em que condições as afirmações passam a ser candidatas a verdades ou falsidades de modo que reivindiquem a compreensibilidade de uma ciência?

Antes que eu comece a especificar como compreendo a noção de estilo em estilo de raciocínio, e como compreendo as noções intimamente relacionadas de espaço conceitual e sua história, devo primeiro explicar que certas conotações da noção de estilo serão intencionalmente deixadas de lado em minha explicação. Existe um senso de «estilo», bastante comum nas discussões populares, que associa o estilo à personalidade individual, até mesmo à idiossincrasia. É esse significado da palavra que fica implícito na última frase de resenha que J. L. Austin fez de *The Concept of Mind* [O conceito da mente], de Gilbert Ryle — «Le style, c'est Ryle».[2] Esse uso de «estilo» talvez tenha seu lar mais natural nas discussões relativas à moda. No entanto, apesar de seu interesse intrínseco, esse uso de estilo não é útil para tentar caracterizar estilos de raciocínio na ciência. Ao discutir estilos de raciocínio no que se segue, quase não devo fazer referência a diferenças de temperamento individuais. Na verdade, talvez seja uma peculiaridade de minha compreensão de estilo de raciocínio o fato de que nomes próprios funcionam quase como substitutos de certos conceitos centrais, de modo que um estilo de raciocínio diz respeito sobretudo não a ideias de indivíduos, mas a um conjunto de conceitos e ao modo

---

1 | Ver os três primeiros ensaios deste volume.
2 | J. L. Austin, «Intelligent Behaviour: A Critical Review of *The Concept of Mind*». In: WOOD, Oscar P.; PITCHER, George (Orgs.), *Ryle: A Collection of Critical Essays*. Nova York: Anchor Books, 1970. p. 51.

como eles se encaixam entre si. Assim como no caso da moda o estilo está ligado a indivíduos, quando falamos de estilos de raciocínio o conceito está divorciado de personalidades específicas.[3]

Ao começar a caracterizar os estilos de raciocínio, quero iniciar, por assim dizer, de dentro para fora. Em vez de começar com a história e a filosofia recentes de língua inglesa, quero começar com os análogos franceses que nos são um pouco mais estranhos em termos filosóficos. Em específico, quero pensar sobre algumas sugestões de Michel Foucault, que faz parte de uma linhagem de renomados epistemologistas da ciência franceses, que começa com Gaston Bachelard e passa por Georges Canguilhem antes de chegar a Foucault. No fim de uma entrevista, «Verdade e poder», concedida no final dos anos 1970, Foucault faz duas sugestões:

> A «verdade» deve ser compreendida como um sistema de procedimentos ordenados para a produção, regulação, distribuição, circulação e operação de afirmações.
>
> A «verdade» está associada em uma relação circular com sistemas de poder que a produzem e a sustentam, e a efeitos do poder que ela induz e estende. Um «regime» da verdade.[4]

Como em geral Foucault era ele mesmo seu melhor intérprete, gosto de pensar nessa primeira sugestão como sua própria sucinta interpretação retrospectiva de seu método arqueológico, ao passo que sua segunda sugestão é uma interpretação igualmente sucinta de seu método genealógico. Ao tentar entender tanto a noção de estilo de raciocínio quanto a de espaço conceitual e sua história, devo pegar algumas pistas com Foucault, concentrando-me na primeira sugestão, que ele chamava de método da «arqueologia».

---

3 | Devo mencionar que uma análise da moda metodologicamente semelhante à que estou tentando aqui pode ser encontrada em Roland Barthes, *Système de la mode*. Paris: Seuil, 1967. [Ed. bras.: *Sistema da moda*. São Paulo: Martins Fontes, 2009.]

4 | Michel Foucault, «Truth and Power». In: _____. *Power/Knowledge*. *Nova* York: Pantheon Books, 1980. p. 133. [Trad. bras.: «Verdade e poder». In: FOUCAULT, M., *Microfísica do poder*. 4. ed. Rio de Janeiro: Paz e Terra, 2016.]

Se a verdade é compreendida como um sistema de procedimentos ordenados para a produção, regulação, distribuição, circulação e operação de afirmações, e se aquilo que é parte do domínio da verdade varia ao longo da história, então não deveria ser surpresa que Foucault tenha se encarregado de escrever uma história da verdade. É claro, pode-se responder que uma coisa é escrever uma história da verdade e outra bastante diferente é afirmar que, como disse Paul Veyne, colega de Foucault no Collège de France, a única verdade existente é a das sucessivas produções históricas.[5] Foucault não acreditava que pode haver uma teoria da verdade epistemologicamente útil divorciada das condições históricas variáveis sob as quais as afirmações se tornam candidatas ao *status* de verdade. Combinando, à sua própria maneira, algumas lições de Foucault com outras de A. C. Crombie, Ian Hacking nos forneceu a caracterização filosoficamente mais promissora, até o momento, dos estilos de raciocínio. Ao final de seu artigo «Linguagem, verdade e razão», Hacking faz algumas afirmações e a partir delas faz algumas inferências que ele admite precisarem de esclarecimento. Porém vou citar aqui todas as cinco afirmações dele, já que elas oferecem parte do pano de fundo para o que desejo dizer sobre estilos de raciocínio:

1. Há diferentes estilos de raciocínio. É possível discernir muitos deles em nossa própria história. Eles surgem em pontos determinados e têm trajetórias distintas de maturação. Alguns desaparecem, outros continuam fortes.
2. Proposições do tipo que necessariamente exige raciocínio para se justificar têm uma positividade, são verdadeiras ou falsas, apenas como consequência do estilo de raciocínio em que ocorrem.
3. Como consequência, muitas categorias de possibilidade, do que pode ser verdadeiro ou falso, são contingentes, dependendo de eventos históricos, a saber, do desenvolvimento de certos estilos de raciocínio.

---

5 | A observação de Veyne ocorre em uma discussão sobre Foucault com alguns dos principais historiadores franceses, *Magazine littéraire*, abr. 1977, p. 21.

4. Pode-se então inferir que há outras categorias de possibilidade além das que surgiram em nossa tradição.
5. Não temos como argumentar racionalmente se sistemas alternativos de raciocínio são melhores ou piores do que os nossos, porque as proposições de nosso raciocínio extraem seu sentido do método de raciocínio utilizado. As proposições não têm existência independente do modo de raciocínio que leva a elas.[6]

Para meus propósitos aqui, as afirmações mais importantes que Hacking faz são as de que há diferentes estilos de raciocínio e de que esses estilos determinam quais afirmações são possíveis candidatas a verdade ou falsidade (à exceção daquelas afirmações que não exigem nenhum estilo de raciocínio). À medida que se desenvolvem, novos estilos de raciocínio trazem consigo novas categorias de possíveis afirmações verdadeiras e falsas. Para pegar um exemplo de Hacking,[7] pense na seguinte afirmação que você poderia encontrar em um compêndio médico do Renascimento: «o bálsamo de mercúrio é bom para a sífilis pois o mercúrio traz o signo do planeta Mercúrio, que é também o signo do mercado público, onde se contrai a doença». Hacking argumenta, de modo correto, creio, que nossa melhor descrição para essa afirmação não é classificá-la como falsa ou como incomensurável com o raciocínio médico contemporâneo, mas sim dizer que ela nem sequer é uma possível candidata para a verdade ou falsidade, tendo em vista os estilos de raciocínio aceitos hoje em dia. Porém um estilo de raciocínio central para a Renascença, baseado nos conceitos de semelhança e similitude, dá a essa afirmação a possibilidade de se candidatar a ser verdadeira ou falsa. As categorias das afirmações extraem seu *status* de verdadeiras ou falsas tendo em vista estilos de raciocínio historicamente especificáveis.

Se imaginarmos que Hacking nos ofereceu uma caracterização preliminar dos estilos de raciocínio, em que lugar deveremos procurar uma classificação mais de-

---

6 | Ian Hacking, «Language, Truth, and Reason». In: HOLLIS, Martin; LUKES, Steven (Orgs.). *Rationality and Relativism*. Cambridge: MIT Press, 1982. pp. 64-5.
7 | Ibid., p. 60.

talhada? O problema mais difícil, como eu disse, é precisamente o de compreender de modo mais pleno a noção de estilo, e o lugar mais óbvio para ir em busca de ajuda são as caracterizações de estilo na história da arte. Uma leitura do conhecido ensaio «Estilo» de Meyer Schapiro torna evidente que há tão pouco consenso sobre a noção de estilo quanto há, entre os filósofos, em relação à noção do conhecimento da verdade.[8] Sendo assim, não há como aplicar ao raciocínio científico alguma concepção consensual sobre o estilo nas artes. Em vez disso, vou me apropriar da noção de estilo em textos sobre história da arte que considerei mais úteis para meus interesses sobre a compreensibilidade científica da psiquiatria. Evidentemente isso não significa que eu esteja afirmando que minha caracterização de estilo seja a única, nem mesmo que seja a mais útil para os propósitos de outras pessoas. O problema é articular alguma concepção plausível de estilo que nos ajude a pensar sobre estilos de raciocínio. Schapiro claramente estabelece muitos dos problemas que circundam a ideia de estilo nos usos dados a ela pela história da arte. Não tenho dúvida de que surgem mais problemas com a transferência dessa ideia da arte para o estilo de raciocínio. Porém, para enfatizar o que eu disse antes, se não podemos compreender o sentido de «estilo» em estilos de raciocínio, então devemos abrir mão dessa noção, em vez de fingir que ela serve a um propósito metodológico frutífero. Penso que se pode ter alguma compreensão sobre o sentido da palavra, e também creio que a história da arte oferece um bom guia, ainda que não seja perfeito.

Muitas discussões sobre estilo na história da arte se concentram na noção de expressão ou de qualidade expressiva, e, como não vou falar nada aqui diretamente sobre qualidade expressiva, quero apenas indicar quais são alguns dos problemas teóricos envolvidos. Talvez a dificuldade mais significativa seja a de compreender como as qualidades expressivas correspondem a elementos formais e estruturais na arte e ao modo como esses elementos se combinam.[9] Em sua famosa discussão em *Words and Pictures* [Palavras e imagens] sobre os modos de representação frontal

---

8 | Meyer Schapiro, «Style». In: PHILIPSON, Morris; GUDEL, Paul J. (Orgs.), *Aesthetics Today*. Nova York: New American Library, 1980.
9 | Para algumas observações gerais, ver a seção 2 do «Style» de Schapiro.

e de perfil na arte, Meyer Schapiro mostra como, na arte medieval, a apresentação de figuras de perfil ou de frente tem distintos efeitos como «meios expressivos».[10] Ele documenta, por exemplo, que um clérigo conservador do século XIII objetou a representações da Virgem Maria de perfil, já que a forma frontal era vista tanto como mais sagrada quanto como mais bela.[11] Além disso,

> Em outras artes, para além da arte medieval cristã, representações de perfil e frontais são muitas vezes usadas simultaneamente em uma mesma obra para transmitir qualidades opostas. Uma das duas figuras do par tem maior valor e a outra, por contraste, menos. A oposição é reforçada por diferenças de tamanho, postura, vestuário, lugar e fisionomia como atributos dos indivíduos polarizados. A dualidade do frontal e do perfil pode significar então a distinção entre bem e mal, entre o sagrado e o menos sagrado ou o profano, o nobre e o plebeu, o ativo e o passivo, o comprometido e o que não se compromete, o vivo e o morto, a pessoa real e a imagem. A combinação dessas qualidades e estados com o frontal e o perfil varia em diferentes culturas, porém o que há em comum é que a noção de polaridade se expressa por meio das posições contrastantes.[12]

Ao discutir os relevos e as pinturas egípcios, as pinturas em vasos gregos e as pinturas em manuscritos com iluminuras medievais árabes, Schapiro demonstra que o perfil por vezes é reservado para as figuras de menos importância de um par e por vezes para a figura mais nobre. Ele conclui, e isso é crucial para minha explicação a seguir, que «o contraste em si é mais essencial do que um valor fixo para cada termo do par».[13] Também acredito que certos contrastes nos modos de representação são essenciais para uma descrição do estilo, e acredito ainda que o problema

---

10 | Meyer Schapiro, *Words and Pictures: On the Literal and the Symbolic in the Illustration of a Text*. Haia: Mouton, 1973. p. 41.
11 | Ibid., pp. 42-3.
12 | Ibid., p. 43.
13 | Ibid., p. 44.

da qualidade expressiva ou valor, embora com certeza seja importante, tem papel derivativo ou secundário. Independentemente do que mais se possa dizer sobre a qualidade expressiva, ela é no mínimo parcialmente uma função dos elementos formais ou estruturais, e até que esclareçamos melhor o papel desses últimos elementos na caracterização do estilo, é improvável que consigamos avançar em relação à problemática noção do valor expressivo. Como aconselha Heinrich Wölfflin, «Em vez de perguntar 'como essas obras afetam a mim, homem moderno?' e avaliar seu conteúdo expressivo por esse padrão, o historiador deve perceber quais escolhas de possibilidades formais a época tinha a seu dispor. O resultado será uma interpretação essencialmente diferente».[14] Na discussão a seguir, adotarei o conselho de Wölfflin, e por isso não devo ter muito mais a dizer sobre conteúdo expressivo.

Na verdade são os *Principles of Art History: The Problem of the Development of Style in Later Art* [*Conceitos fundamentais da história da arte: o problema da evolução dos estilos na arte mais recente*] de Wölfflin que servirão como meu guia na caracterização da noção de estilo nos estilos de raciocínio. Embora eu tenha consciência dos problemas da descrição de Wölfflin, estou menos interessado na adequação de seus detalhes do que em seu procedimento metodológico. Apesar das objeções que possam ser feitas a essa descrição como um todo, o procedimento de Wölfflin é altamente instrutivo para nos ajudar a compreender a ideia de um estilo de raciocínio.[15] Wölfflin argumenta que a diferença entre os estilos clássico e barroco é mais bem caracterizada em termos de cinco pares de categorias ou conceitos polares. Além disso, ele defende que «pode ser descoberto na história do estilo um substrato de conceitos relativo à representação em si, e é possível visualizar a história do desenvolvimento da visão ocidental, para a qual as variações nas características indivi-

---

14 | Heinrich Wölfflin, *Principles of Art History: The Problem of the Development of Style in Later Art*. Nova York: Dover Publications, 1950. «Preface to Sixth Edition», p. VII. [Ed. bras.: *Conceitos fundamentais da história da arte: o problema da evolução dos estilos na arte mais recente*. 4. ed. São Paulo: Martins Fontes, 2006. «Prefácio à 6ª edição».]

15 | Alguns dos problemas da interpretação de Wölfflin são discutidos na seção 5 do «Style» de Schapiro.

duais e nacionais deixariam de ter qualquer importância».[16] Ou seja, Wölfflin deseja escrever uma história das possibilidades visuais a que os artistas estão sujeitos. Sendo assim, ele afirma, para dar um exemplo típico, que a impressão de reserva e de dignidade que encontramos nas pinturas de Rafael não deve ser «totalmente atribuída a uma intenção nascida de um estado mental: mais do que isso, é questão de uma forma representacional de sua época que ele apenas aperfeiçoou de certo modo e usou para seus próprios fins».[17] O procedimento de Wölfflin ao escrever sua história do estilo é, como se sabe, estabelecer os conceitos determinantes da arte clássica e barroca em termos de cinco pares de conceitos opostos. Seus cinco capítulos principais discutem o linear e o artístico, o plano e as reentrâncias, as formas fechadas e abertas, a multiplicidade e a unidade, a clareza e a ausência de clareza. O primeiro termo de cada um desses pares compõe o estilo clássico, e o segundo termo de cada par compõe o estilo barroco. Como neste ensaio não tenho sequer como começar a fazer justiça à riqueza da descrição que Wölfflin faz, deixo uma citação da conclusão de seu livro para servir como resumo:

> O amplo processo da transformação da imaginação foi reduzido a cinco pares de conceitos. Podemos chamá-los de categorias de contemplação, sem risco de confusão com as categorias de Kant [...] Talvez fosse possível estabelecer outras categorias — eu não as descobri —, e aquelas apresentadas aqui não são tão intimamente relacionadas a ponto de não se poder imaginá-las em uma combinação parcialmente distinta. Por tudo isso, até certo ponto elas englobam umas às outras, e, desde que não tomemos a expressão ao pé da letra, poderíamos dizer que se trata de cinco visões de uma única coisa. O plástico-linear está conectado com o estrato-espacial compacto do estilo plano; assim como o tectonicamente autocontido tem uma afinidade natural com a independência das partes componentes e com a clareza perfeita. Por outro lado, a clareza incompleta da forma e a unidade do efeito com partes componentes depreciadas combi-

---

16 | Wölfflin, op. cit., p. 12.
17 | Ibid.

narão por natureza com o fluxo atectônico e encontrarão um lugar mais adequado na concepção impressionista-artística. E, caso pareça que o estilo de reentrâncias não necessariamente pertença à mesma família, podemos responder dizendo que suas tensões são exclusivamente baseadas em efeitos visuais que têm apelo apenas para o olho e não para a sensação plástica.

Podemos fazer o teste. Entre as reproduções ilustradas dificilmente haverá uma que não possa ser usada de todos os outros pontos de vista.[18]

Esse resumo indica de certo modo o procedimento de Wölfflin no livro. Ele discute com detalhes cada um dos cinco pares de conceitos polares, demonstrando como são exemplificados em uma ampla variedade de pinturas, desenhos, esculturas e obras arquitetônicas. Ele também mostra como os conceitos estão ligados entre si para constituir aquilo que podemos ver como dois espaços visuais opostos, o do Classicismo e o do Barroco. Desse modo, temos uma concepção determinada dos estilos clássico e barroco, dada em termos de seus modos contrastantes de representação. Um procedimento metodológico semelhante para caracterizar o estilo é aplicado à arquitetura em um dos primeiros livros escritos por um ex--aluno de Wölfflin, Paul Frankl. Ele afirma que as diferenças entre os estilos do Renascimento (clássico) e do Barroco na arquitetura podem ser compreendidas em termos de quatro conceitos polares, acréscimo espacial e divisão espacial, centro de força e canal de força, uma imagem e muitas imagens, liberdade e limitação.[19] Embora seus quatro pares de polaridades difiram consideravelmente dos de Wölfflin, o que me interessa é a concordância metodológica na caracterização de estilos distintos.

Dada a compreensão que ele tem da oposição entre estilo clássico e barroco, Wölfflin pode formular sua célebre tese segundo a qual «nem mesmo o mais

18 | Ibid., p. 227.
19 | Paul Frankl, *Principles of Architectural History: The Four Phases of Architectural Style, 1420--1900*. Cambridge: MIT Press, 1968.

original dos talentos pode ir além de certos limites impostos a ele por sua data de nascimento. Nem tudo é possível a todo momento, e certas ideias só podem ocorrer em determinadas fases do desenvolvimento».[20] Algo semelhante a essa afirmação poderia facilmente ser encontrado em um livro de Foucault, uma vez que ele também se ocupava em demonstrar as possibilidades a que nossos períodos históricos distintos nos sujeitam. E não deveríamos nos surpreender ao descobrir algo semelhante às famosas descontinuidades de Foucault em Wölfflin quando ele escreve:

> Falsos julgamentos adentram a história da arte caso julguemos pela impressão que nos causam imagens de diferentes épocas, colocadas lado a lado. Devemos não interpretar seus vários tipos de expressão meramente em termos de *stimmung*. Elas falam uma língua diferente. Portanto é falso tentar uma comparação imediata entre um Bramante e um Bernini na arquitetura do ponto de vista de *stimmung*. Bramante não apenas incorpora um ideal diferente: o *modo de pensamento* dele é desde o princípio *organizado de modo diferente* do pensamento de Bernini.[21]

É essa conceitualização do estilo, com suas categorias polares, reinos de possibilidades limitadas, e rupturas e descontinuidades, que creio ser necessário adotar ao tentar compreender historicamente as mudanças no estilo de raciocínio que deram origem, por exemplo, ao surgimento da compreensibilidade psiquiátrica.[22]

Quero explicitamente dissociar a visão de Wölfflin sobre o desenvolvimento do estilo daquilo que ele fala sobre a estrutura do estilo. A concepção das mudanças e desenvolvimento do estilo de Wölfflin, que em minha opinião é filosoficamente falha, teve um papel decisivo para obscurecer aquilo que tem valor permanente na discussão que ele faz sobre o conceito de estilo. Ao separar seu conceito de estilo de seu esquema teleológico de desenvolvimento, espero reabrir e reviver algumas

---

20 | Wölfflin, op. cit., p. IX. A tese é repetida na p. 11.
21 | Ibid., p. 228 (grifo meu).
22 | Ver os três primeiros ensaios deste volume.

questões metodológicas que se estendem para muito além do domínio da história da arte. Reconheço plenamente, e percebo a ironia, que muitas das obras teóricas mais significativas recentes sobre a história da arte têm em comum o fato de se oporem a uma primazia historiográfica do conceito de estilo. Independentemente dos benefícios que tal oposição possa ter trazido para a história da arte recente, desejo insistir que a estrutura da descrição de Wölfflin tem um poder inexplorado quando aplicada ao raciocínio nas ciências.

Embora na discussão que se segue eu queira me concentrar na ideia de um espaço conceitual, devo no mínimo mencionar alguns outros componentes do estilo, relacionados àqueles que já discuti, que só vou tocar de modo indireto, mas que qualquer discussão completa sobre estilo teria de levar em conta. Esses componentes são discutidos de modo mais completo e interessante em *Painting and Experience in Fifteenth Century Italy* [*O olhar renascente: pintura e experiência social na Itália da Renascença*], de Michael Baxandall.[23] Baxandall quer reconstruir aquilo que ele chama de «estilo cognitivo do Quattrocento», especialmente no que diz respeito ao estilo pictórico do século xv. Ele espera oferecer «*insights* sobre o que significava, do ponto de vista intelectual e da sensibilidade, ser uma pessoa do Quattrocento»,[24] como era pensar e ver em um estilo do Quattrocento. Ele assume que um estilo cognitivo consiste de habilidades interpretativas, categorias, padrões-modelo e nos hábitos de inferência e de analogia que a pessoa tem.[25] A seguir, ele examina a pintura e a sociedade italianas do século xv para mostrar os detalhes de cada um desses componentes do estilo cognitivo do Quattrocento. Se eu fosse tentar exibir de modo exaustivo o estilo de raciocínio que tornou possíveis, por exemplo, as afirmações da psiquiatria, eu teria de dizer algo sobre cada um dos elementos de estilo a que Baxandall se refere. Por exemplo, teria de discutir os hábitos de inferência e ana-

---

23 | Michael Baxandall, *Painting and Experience in Fifteenth Century Italy*. Oxford: Oxford University Press, 1972 [ed. bras.: *O olhar renascente: pintura e experiência social na Itália da Renascença*. Rio de Janeiro: Paz e Terra, 1991]. Ver também Michael Baxandall, *The Limewood Sculptures of Renaissance Germany,* New Haven: Yale University Press, 1981. O Capítulo 6 é especialmente relevante.
24 | Baxandall, *Painting and Experience in Fifteenth Century Italy*, op. cit., p. 152.
25 | Ibid., pp. 29-30.

logia usados por psiquiatras, e mostrar o que os distinguia de hábitos anteriores de inferência e analogia. Também teria de examinar as habilidades interpretativas que são parte da psiquiatria, em especial suas capacidades de diagnóstico, e demonstrar as diferenças entre essas capacidades de diagnóstico e as de períodos anteriores. E eu também teria de ter esperanças de poder demonstrar todas as mudanças em exemplos de doenças a partir de compêndios neurológicos e psiquiátricos. Porém, em meus textos sobre a história do surgimento do raciocínio psiquiátrico, deixei de lado alguns desses importantes fatores para me concentrar no que considero ser o elemento fundamental do estilo, a saber, as categorias ou conceitos e o modo como eles se combinam entre si para constituir um estilo.

Acredito não ser um acidente que em sua aula inaugural no Collège de France, «L'Inventaire des différences», Paul Veyne associe o trabalho de Wölfflin ao de Foucault ao discutir duas ideias ligeiramente diferentes cuja conjunção, ele nos diz, tem o nome de «estruturalismo»: «Por um lado, toda realidade social é objetivamente limitada; por outro, toda realidade social se confunde em nossa representação e cabe a nós conceitualizá-la e vê-la claramente».[26]

Veyne nos lembra que as limitações impostas aos agentes históricos, o fato de que «artistas se submetem a convenções, ao 'discurso pictórico' de seu tempo», levaram Wölfflin a concluir que «toda pintura tem dois autores, o artista e seu período».[27] Essas convenções, a que os artistas se submetem «pura e simplesmente», limitam ou distorcem sua expressão sem que ele saiba, de modo que o «significante já não está colado ao significado».[28] De acordo com Veyne, Wölfflin e Foucault «simplesmente relembraram que o homem não é inteiramente ativo, e que ele se submete».[29] Para Veyne, isso não exige o assassinato do humano, assim como também no caso do ensinamento da teologia católica segundo o qual as ações de

26 | Paul Veyne, *L'Inventaire des différences*. Paris: Seuil, 1976. p. 31. [Ed. bras.: *O inventário das diferenças: história e sociologia*. São Paulo: Brasiliense, 1983.]
27 | Ibid., p. 32.
28 | Ibid., p. 33.
29 | Ibid.

uma pessoa justa que recebe a graça cooperativa têm dois autores, Deus e ele, ou como quando uma pessoa justa experimenta a graça operativa, é Deus que age por meio dela.[30]

Além disso, Veyne afirma, creio que de modo correto, que, quando, por exemplo, estamos no Louvre diante de uma tela, os dez conceitos fundamentais de Wölfflin nos capacitam a «ter mais ideias sobre a pintura, a estar mais conscientes de sua originalidade e, literalmente, a ver melhor».[31] E conclui:

> É um erro opor a apreensão das individualidades, com toda a sua riqueza, à conceitualização, que seria um palavreado muito geral e incipiente; muito pelo contrário, cada conceito que conquistamos refina e enriquece nossa percepção do mundo; sem conceitos não se vê nada.[32]

Essas considerações são o pano de fundo para a afirmação posterior de Veyne de que «os fatos históricos são organizados não por períodos ou por pessoas, mas por noções; eles não têm de ser substituídos em seu tempo, mas estar sob seu conceito. Então, ao mesmo tempo, os fatos deixam de ter individualidade exceto no que diz respeito a esse conceito».[33] É essa compreensão do papel epistemológico dos conceitos, articulada de modo diferente por Wölfflin e Foucault em suas respectivas áreas, que constitui o cerne de minha noção de estilo de raciocínio.

Ao aplicar a concepção wolffliniana de estilos de raciocínio, deparamo-nos com uma série de problemas significativos de ordem epistemológica e metodológica criados pela transferência da percepção e da visão para o raciocínio e a argumentação. Mas, em vez de tratar desses problemas, quero pelo menos indicar como empreguei (implicitamente) a ideia de estilos de raciocínio em meu trabalho histórico e historiográfico. Assim como Wölfflin queria reconstruir um espaço visual es-

---

30 | Ibid.
31 | Ibid., p. 34.
32 | Ibid.
33 | Ibid., p. 49.

pecífico por meio de um conjunto de categorias inter-relacionadas — por exemplo, as categorias do linear, do plano, da forma fechada, da multiplicidade e da clareza constituíam o espaço clássico —, um estilo particular de raciocínio é constituído essencialmente por um conjunto de conceitos inter-relacionados ou associados. Esses conceitos são unidos entre si por regras especificáveis para formar o que podemos ver como um espaço conceitual determinado, um espaço que determina quais afirmações podem e quais não podem ser feitas com base naqueles conceitos. Tentei demonstrar que a partir de 1870, mais ou menos, surge um novo estilo de raciocínio psiquiátrico relativo a doenças, tornando possíveis, entre outras coisas, afirmações referentes a perversões sexuais — sobre homossexualidade, masoquismo, sadismo e fetichismo — que depois rapidamente se tornaram lugar-comum nas discussões da «sexualidade». O surgimento e a proliferação dessas afirmações foram consequência direta desse novo estilo de raciocínio, que podemos ver também, em termos foucaultianos, como o nascimento de uma nova prática discursiva. Assim, escrever a história da psiquiatria do século xix por meio de uma noção de um estilo de raciocínio exige que se escreva uma história do surgimento de um novo sistema de conceitos e que se demonstre como esses conceitos se relacionam internamente por meio de um conjunto de regras para formar um espaço conceitual estruturado. Quer-se ver quais conceitos, conectados de que modos particulares, permitiram afirmações sobre perversões sexuais que jamais haviam sido feitas antes, e que em última instância permitiram, segundo argumentei, o próprio estabelecimento das perversões sexuais.[34]

Além disso, uma parte crucial de meu relato histórico foi demonstrar que esse estilo psiquiátrico de raciocínio deve ser contrastado com o estilo anatômico de raciocínio no que diz respeito às doenças. Na arena do sexual, o estilo anatômico de raciocínio tomava o *sexo* como seu objeto de investigação e se ocupava de doenças de anormalidade estrutural, com mudanças patológicas que resultavam de alguma mudança macroscópica ou microscópica. A patologia do hermafroditismo exemplifica de modo mais visível esse estilo de raciocínio. No estilo psiquiátrico

34 | Ver especialmente o primeiro ensaio deste volume.

de raciocínio, por outro lado, o domínio relevante de investigação não é o sexo, mas a *sexualidade*. Portanto, a homossexualidade toma o lugar do hermafroditismo como doença exemplar. Caso estudemos a história da anatomia patológica, da neurologia e da psiquiatria no século xix, poderemos começar a reconstruir alguns dos conceitos polares que constituem os dois estilos opostos de raciocínio. Encontramos, por exemplo, as polaridades entre sexo e sexualidade, órgão e instinto, estrutura e função, defeito anatômico e perversão. O primeiro termo de cada um desses pares de conceitos constitui parcialmente o estilo anatômico de raciocínio no que diz respeito às doenças, ao passo que o segundo termo ajuda a constituir o estilo psiquiátrico de raciocínio. Essas polaridades diferenciam analiticamente dois modos conceituais de representação, dois espaços conceituais, são paralelas metodologicamente às polaridades de Wölfflin, que distinguem dois modos visuais de representação. Ao descobrir exatamente como esses conceitos se combinam de modos determinados para formar possíveis afirmações verdadeiras ou falsas, e ao enumerar os tipos de inferência, analogia, indício, verificação e explicação associados a essas combinações conceituais, podemos reconstruir um estilo de raciocínio em sua integralidade.

Uma conclusão que extraí de minha tentativa de reconstituir o estilo psiquiátrico de doença relativo à sexualidade é que o próprio conceito de perversão (assim como a experiência de ser um pervertido) não existia antes do final do século xix.[35] Ao ver como o conceito de perversão era parte de um estilo de raciocínio, compreende-se como ele exigia todo um conjunto de conceitos relacionados, um conjunto que se mantinha unido de formas especificáveis. O conceito de perversão exigia todo um novo espaço conceitual embutido em um novo estilo de raciocínio.

Quando fiz pela primeira vez essas afirmações, há mais de uma década, lembro perfeitamente a incredulidade com que elas foram recebidas por certos historiadores do mundo anglo-americano, comprometidos, como eles estavam, com uma metodologia histórica cujas premissas básicas quase nunca eram examinadas em detalhes. Desse modo fui questionado retoricamente, como se a pergunta res-

35 | Ibid.

pondesse a si mesma, se Agostinho não invocava com frequência a ideia da perversão, e se o fato de que ele usava essa ideia não era uma evidente refutação de minhas conclusões. A pergunta era tão ingênua quanto metodologicamente importante. Não quero começar a desvendar a retórica dessa pergunta sem enfatizar que desenvolvi a noção de um estilo de raciocínio aqui para aplicá-la ao raciocínio científico, para que ela tenha uso historiográfico na história da ciência. Não se pode apenas pegar essa noção e aplicá-la integralmente a sistemas de pensamento filosófico, como se fosse possível ignorar as diferenças entre ciência e filosofia. Mas, para meu objetivo específico agora, abstraindo essas diferenças, vou conceder que haja alguns sistemas de pensamento filosófico que possuem estrutura conceitual suficiente para permitir a comparação de seus conceitos com os conceitos empregados em estilos de raciocínio científico. No entanto, ao fazer tal comparação é preciso que não nos contentemos com paralelos vagos, com alinhamentos de palavras ou frases ou de fórmulas isoladas. Em vez disso, é preciso comparar *estruturas conceituais*, que Pierre Hadot definiu como «grupo[s] de noções que se implicam mutuamente em um dado sistema filosófico».[36] Em sua grande obra em dois volumes sobre Porfírio e Vitorino, Hadot demonstrou que nas obras teológicas de Mário Vitorino podemos descobrir a influência de uma fonte neoplatônica perdida, que Hadot identificou como a obra de Porfírio. Hadot foi capaz de reorganizar, reconstruir e identificar essa fonte demonstrando que havia estruturas conceituais na obra de Vitorino que coincidiam com temas característicos de Porfírio. Ele enfatizou que «é importante que o espaço conceitual não seja reconstruído apelando para frases ou palavras isoladas de seu conceito e tiradas dos lugares mais disparatados»;[37] uma estrutura conceitual exige unidade conceitual e literária. Embora Hadot estivesse lidando sobretudo com a reconstrução de uma fonte perdida, seus brilhantes procedimentos metodológicos são diretamente relevantes para fazer o tipo necessário de comparações para responder à pergunta sobre Agostinho que acabo de relatar. Não devemos comparar palavras ou fórmulas iso-

36 | Pierre Hadot, *Porphyre et Victorinus*. Paris: Études Augustiniennes, 1968. v. 1, p. 38.
37 | Ibid., p. 39.

ladas, e sim estruturas conceituais completas; caso contrário nossas comparações serão enganosas, sem sentido.

Em um artigo pouquíssimo conhecido porém extraordinário, Mino Bergamo, um historiador do misticismo francês do século XVII, demonstrou que o uso da palavra «indiferente» por Inácio de Loyola e o uso da palavra «*indifference*» por Francisco de Sales na verdade implicam estruturas conceituais opostas, de modo que há uma «descontinuidade [...] dissimulada sob o véu de uma permanência lexical».[38] Assim, Bergamo descobre que, embora os místicos franceses do século XVII frequentemente façam uso de elementos religiosos tradicionais, eles jamais o fazem sem transformar esses elementos, «sem impor sobre tais elementos uma reelaboração que por vezes os enriquece, e por vezes inverte seu sentido».[39] E ele conclui que é possível, simultaneamente, repetir a mesma coisa dizendo algo diferente, que «a repetição é o local em que, mais do que em qualquer outro, a diferença se articula».[40] Seria possível dizer algo semelhante, mais uma vez abstraindo as diferenças significativas, sobre o uso por Agostinho do termo «perversão» e o uso psiquiátrico desse termo no século XIX. A continuidade lexical oculta uma descontinuidade conceitual radical. Quando Agostinho conclui o relato, no Livro II das *Confissões*, de como furtou peras na adolescência, ele escreve: «A seu modo pervertido toda a humanidade vos imita [Deus]» («*perverse te imitantur omnes*»), e fala, em termos mais específicos, sobre o modo como perversamente imitamos a onipotência divina.[41] No Livro XII da *Cidade de Deus*, Agostinho afirma que o orgulho

> é um defeito da alma que ama de modo perverso seu próprio
> poder e despreza o poder mais justo de um Poder superior. Por consequência todo aquele que perversamente ama o bem de qualquer

---

38 | Mino Bergamo, «Il problema del discorso mistico. Due sondaggi». In: _____. *Asmodee Asmodeo*. Florença: Il Ponte alle Grazie, 1989. v. 1, p. 13.

39 | Ibid., p. 10.

40 | Ibid., p. 19.

41 | Agostinho, *Confessions*. Oxford: Oxford University Press, 1991. II, VI (14), p. 32. [Ed. bras.: *Confissões*. São Paulo: Companhia das Letras, 2017.]

ser natural, mesmo caso o obtenha, torna-se ele próprio mau por meio desse bem, assim como se torna miserável pela perda de um bem mais alto.[42]

(O advérbio nas duas frases é «perverso».) E, quando fala sobre a natureza da transgressão de Adão no Livro XIV da *Cidade de Deus*, Agostinho escreve:

> «O orgulho é o princípio de todo pecado.» Além disso, que é o orgulho senão um desejo de perversa dignidade? [*Quid est autem supervia nisi perversae celesitudinis appetitus?*] Pois é perversa dignidade renunciar ao solo em que a mente deveria estar enraizada, e se tornar e ser, em certo sentido, enraizado em si mesmo. Isso acontece quando um homem se agrada demais de si mesmo, e esse então se agrada quando se afasta daquele bem imutável de que deveria se agradar mais do que consigo mesmo. Agora esse afastamento é voluntário, pois, permanecesse a vontade constantemente apaixonada pelo bem mais alto imutável que lhe provia a luz para enxergar e que acendia seu fogo para amar, ela jamais teria se desviado de seu amor para seguir seu próprio prazer.[43]

Mesmo sem realizar uma exegese textual detalhada, é evidente que o uso que Agostinho faz da noção de «perversão» habita uma estrutura conceitual não apenas distinta como oposta à do estilo psiquiátrico de raciocínio. Para Agostinho, a perversão é uma deficiência da vontade, uma defecção voluntária do bem imutável de Deus. É uma inversão da hierarquia de valor, substituindo um bem mais alto por outro mais baixo. O oposto da perversão é a conversão, é ir em direção a Deus e se unir a Ele.[44] No estilo psiquiátrico de raciocínio, a perversão se localiza fora dos limites da vontade. É uma doença do instinto sexual, psicobiologicamente em-

---

42 | Agostinho, *The City of God Against the Pagans*. Cambridge: Harvard University Press, 1966. Livro XII, VIII, p. 36. [Ed. bras.: *A cidade de Deus: contra os pagãos*. 8. ed. Petrópolis, São Paulo: Vozes, Federação Agostiniana Brasileira, 2013. Parte II.]
43 | Ibid., livro XIV, XII, pp. 335-7. A citação interna é do Eclesiastes 10,13.
44 | Ibid., livro XII, IX, p. 41.

butida na personalidade do sujeito, e que não é um legítimo objeto de aprovação ou desaprovação moral. O oposto da perversão são os desejos ou apetites sexuais normais, que são do mesmo modo independentes da vontade. Na verdade, uma das principais funções desse conceito de perversão sexual é precisamente a de separar esse fenômeno da esfera do vício.[45] O fato de Agostinho também usar o termo «perversão» por si só não estabelece coisa alguma.

Uma análise cuidadosa de seu uso da noção de «perversão» mostra que o conceito de perversão de Agostinho não compartilha do mesmo espaço conceitual do conceito psiquiátrico do século XIX, na verdade mostra que a mesma palavra oculta dois conceitos radicalmente diferentes. Em vez de enfraquecer minhas conclusões, o uso de «perversão» por Agostinho as confirma. Não compreenderemos o *conceito* de perversão sem antes examinarmos seu comportamento ditado por regras com outros conceitos para ver que tipos de afirmações podem ser feitos com ele. Não é um mero fenômeno de superfície o fato de as afirmações de Agostinho divergirem de modo tão notável daquelas do discurso psiquiátrico do século XIX. O exame de seus textos sublinha a especificidade, e a novidade, deste último discurso.

Como Bergamo disse em outro lugar, uma série de recorrências da mesma frase pode corresponder a uma multiplicidade de afirmações diferentes. Mesmo uma frase idêntica não precisa ser a mesma frase. Uma frase se define por um «campo de estabilização» («*un campo di stabilizzazione*»), composto das regras de uso e das relações que conectam a afirmação a outras afirmações.[46] Esse campo de estabilização garante a possibilidade de repetibilidade das afirmações, mas também impõe restrições particularmente exigentes a essa repetibilidade, distinguindo desse modo a afirmação de uma frase que pode ser repetida de modo

---

45 | Ver, por exemplo, a clássica discussão de Richard von Krafft-Ebing, *Psychopathia Sexualis*. Nova York: Stein and Day, 1965. Para mais considerações, ver o primeiro ensaio deste volume.

46 | Mino Bergamo, *La Scienza dei santi*. Florença: Sansoni, 1983. p. 51. As observações de Bergamo têm como ponto de partida uma discussão de Michel Foucault, *L'Archéologie du savoir*. Paris: Gallimard, 1969. p. 136 [ed. bras.: *A arqueologia do saber*. 8. ed. Rio de Janeiro: Forense Universitária, 2015]. Para mais considerações, ver o sétimo ensaio deste volume.

virtualmente infinito.[47] Para que uma *nova afirmação* surja sob a aparência de uma frase ou sentença idêntica é necessário que um *novo campo de estabilização* seja organizado, o que oferece «novos esquemas de utilização e novas séries de relações, e isso, em resumo, transforma as condições de inscrição da frase».[48] Em minha terminologia, a mesma palavra, que pode ser repetida de modo virtualmente infinito, pode expressar conceitos diferentes. Nossos conceitos são estabilizados por um espaço conceitual, um estilo de raciocínio que especifica as regras de uso desses conceitos. O que de início pode parecer idêntico pode de fato ser radicalmente diferente, dependendo do modo preciso como o conceito enunciado se estabiliza. Como a mesma palavra ou frase pode ser estabilizada de modos diversos, até mesmo opostos, podemos literalmente não compreender o que está sendo dito a não ser que compreendamos o estilo de raciocínio que oferece as condições de inscrição das palavras. Estilos de raciocínio oferecem sistematicidade, estrutura e identidade a nosso pensamento; eles são, por assim dizer, a cola que mantém unidos nossos pensamentos. Como sabia Wölfflin, sem conceitos não se vê nada; e, como deveria ser ainda mais evidente, sem conceitos não se diz nada. É por essas razões, acima de tudo, que não podemos ficar sem a ideia de estilos de raciocínio.

47 | Bergamo, op. cit., pp. 51-2.
48 | Ibid., p. 52.

6. A EPISTEMOLOGIA DO INDÍCIO DISTORCIDO: PROBLEMAS EM TORNO DA HISTORIOGRAFIA DE CARLO GINZBURG[1]

> Le strade del giudice e quelle dello storico, coincidenti per un tratto, divergono poi inevitabilmente. Chi tenta di ridurre lo storico a giudice semplifica e impoverisce la conoscenza storiografica; ma chi tenta di ridurre il giudice a storico inquina irrimediabilmente l'esercizio della giustizia.
>
> Carlo Ginzburg, *Il giudice e lo storico*

I

A epígrafe deste ensaio — «Os caminhos do juiz e os do historiador, coincidentes por um período, divergem depois de forma inevitável. Quem tenta reduzir o historiador a um juiz simplifica e empobrece o conhecimento historiográfico; mas quem tenta reduzir o juiz a um historiador polui irremediavelmente o exercício da justiça» — é retirada do livro *Il giudice e lo storico* [O juiz e o historiador], publicado recentemente por Carlo Ginzburg.[2]

---

1 | Todas as traduções, exceto quando houver indicação em contrário, são minhas.
2 | Carlo Ginzburg, *Il giudice e lo storico: Considerazioni in margine al processo Sofri*. Turim: Einaudi, 1991. pp. 109-10.

Esse livro oferece a mais extensa base para as reflexões de Ginzburg sobre o tema dos indícios e sobre os conceitos relacionados, e a epígrafe que escolhi ressalta sua tentativa de mapear tanto as convergências iniciais quanto as divergências finais entre as tarefas do juiz e do historiador, assim como suas bases filosóficas. O trabalho de Ginzbug como historiador é tão importante e poderoso que chega a ser fácil negligenciar a contribuição fundamental de suas considerações historiográficas; essas considerações, embora disseminadas por muitos livros e artigos, quando reunidas oferecem um quadro fascinante de perguntas, questões e conclusões teóricas que deveriam moldar a maneira como construímos e escrevemos nossas histórias — intelectuais, culturais e sociais.[3]

II

Ginzburg mostra que na tradição clássica esperava-se que tanto o historiador quanto o advogado «fizessem uma argumentação convincente ao criar a ilusão da realidade, e não por meio da exposição de provas coletadas por ele ou por outros». Seguindo Arnaldo Momigliano, ele defende que até meados do século XVIII a coleta de provas era «atividade praticada por antiquários e eruditos, não por historiadores» («CE», p. 291). Em «Montrer et citer» [«Apontar e citar»] ele rastreia o papel historiográfico e o destino do antigo conceito de *enargeia*, da ideia de que o historiador deve produzir relatos claros e palpáveis, de que são as narrativas vívidas que criam uma impressão de vida que emocionarão e convencerão seus leitores.[4] A exigência da *enargeia*

---

[3] | Os textos historiográficos de Ginzburg são citados na primeira nota de rodapé de «Checking the Evidence: The Judge and the Historian», in: CHANDLER, J.; DAVIDSON, A. I.; HAROOTUNIAN, H. (Orgs.), *Questions of Evidence*. Chicago: University of Chicago Press, 1994. p. 290 [trad. bras.: C. Ginzburg, «Verificando a evidência», *Notícia Bibliográfica e Histórica*, n. 202, jan.-jun. 2007]; doravante abreviado como «CE». Usei todas essas fontes, além de outras que vou mencionar brevemente, para escrever este ensaio.

[4] | Carlo Ginzburg, «Montrer et citer: La Vérité de l'histoire», *Le Débat* 56, set.-out. 1989, pp. 43--54 [trad. bras.: «Apontar e citar: a verdade da história», *Revista de História*, IFCH, Unicamp, 1991]; doravante abreviado como «MC». Ver esp. as seções 4-7.

estava associada a uma tradição retórica em que o orador tornava algum objeto não existente visível para sua plateia pela «força quase mágica de suas palavras» («MC», p. 47). A *enargeia* esteve sempre associada à esfera da experiência direta, sendo o historiador uma testemunha que podia pôr diante dos olhos dos leitores uma realidade invisível. «A *enargeia* era um instrumento adequado para transmitir a *autopsia*, em outras palavras, uma visão direta, pela força do estilo» («MC», p. 47). E os autores antigos e medievais faziam uma diferença entre anais e história; a história narrava eventos de que o historiador fez parte, que viu com os próprios olhos, ao passo que os anais se ocupavam de um passado mais remoto a que o historiador e sua geração não estiveram presentes (ver «MC», seções 9-10). Além disso, até o século XVI, o estilo tedioso dos anais e a ausência de uma verdadeira estrutura narrativa eram por vezes elogiados na comparação com as imagens retoricamente sedutoras oferecidas pela história, como se as características fragmentárias e rústicas dos anais os tornassem melhores fontes de indícios do que os retratos suaves, quase autocoerentes da história (ver «MC», p. 51).

O modo como a noção de *enargeia* cedeu espaço às noções de indícios e provas é um capítulo crucial da história do surgimento da historiografia moderna. Tratados como o *Traité des différentes sortes de preuves qui servent à établir la vérité de l'histoire* [Tratado dos diferentes tipos de evidências que servem para estabelecer a verdade da história], publicado por Henri Griffet em 1769, comparavam explicitamente o historiador a um juiz que testava a confiabilidade das testemunhas e avaliava a validade das provas.[5] Ginzburg escreve que a obra de Griffet expressava «uma necessidade intelectual ainda negligenciada» («CE», p. 291), e acredito que ele expressou essa necessidade com suas próprias palavras ao escrever que nós acreditamos que

> os historiadores devem estar prontos a sustentar suas considerações com provas de um ou outro tipo. Ou, caso você prefira uma proposição descritiva a uma normativa: nós pelo menos acreditamos (incluindo os neocéticos, imagino) que os historiadores (in-

---

5 | Sobre Griffet, ver também Carlo Ginzburg, «Just One Witness». In: FRIEDLANDER, Saul (Org.), *Probing the Limits of Representation: Nazism and the Final Solution*. Cambridge: Harvard University Press, 1992. p. 85.

cluídos os neocéticos) só podem produzir um «efeito de verdade» associando suas observações a algum tipo de prova. A citação (direta ou indireta) suplantou a *enargeia*. («MC», p. 53)

Ginzburg está, é claro, plenamente consciente do fato de que o modelo judicial da historiografia também enfatizava a sentença do juiz, e de que isso pode levar a uma «historiografia moralista» baseada em «discursos morais e políticos de tribunal, seguidos por condenações ou absolvições» («CE», pp. 293, 292). E, como Ginzburg observa, insistindo nas divergências últimas entre as tarefas do historiador e do juiz, «a certeza moral não tem o valor [*non ha valore*] de prova».[6] Um «modelo deletério de decisões judiciais emitidas por um modelo ultrapassado de historiografia» não é o único modelo disponível para o historiador comprometido com a noção de prova.[7] Além disso, ainda nem mencionei os efeitos mais sutis, enumerados por Ginzburg, do modelo judicial, que são vistos, por exemplo, na afirmação dele de que,

> por um lado, esse modelo leva os historiadores a se concentrarem em eventos (políticos, militares, diplomáticos) que poderiam facilmente ser atribuídos a ações específicas realizadas por um ou mais indivíduos; por outro lado, esse modelo despreza aqueles fenômenos (como vida social, *mentalités* e assim por diante) que resistem a uma abordagem baseada nesse modelo de explicação.

Ginzburg reconhece «a redução de prestígio desse tipo de historiografia [...] como um fenômeno positivo» («CE», pp. 292-3).[8] Porém esse reconhecimento não

---

6 | Ginzburg, *Il giudice e lo storico*, op. cit., p. 110.
7 | Id., «Proofs and Possibilities: In the Margins of Natalie Zemon Davis' *The Return of Martin Guerre*», trad. Anthony Guneratne, *Yearbook of Comparative and General Literature*, 37, 1988, p. 115. [Trad. bras.: Apêndice — «Provas e possibilidades (Posfácio a Natalie Zemon Davis, *O retorno de Martin Guerre*)». In: GINZBURG, C., *O fio e os rastros: verdadeiro, falso, fictício*. São Paulo: Companhia das Letras, 2014.]
8 | Para o que se segue, ver Id., «Just One Witness», op. cit., pp. 85-6.

exige, como parecem ter acreditado alguns historiadores, que simplesmente desprezemos a noção de prova, como se a história sem indícios fosse a estrada real que leva à satisfação historiográfica. Independentemente das impaciências e até de constrangimentos teóricos que possam hoje circundar a noção de prova, o que se pede é uma investigação mais detalhada dos papéis legítimos de prova, indício e verdade nos textos históricos *em oposição a* argumentações jurídicas e julgamentos. Não existe uma noção única de prova e indício que deva ser aplicada tanto pelo juiz quanto pelo historiador em suas respectivas áreas. Porém, assim como devemos tomar cuidado para não poluir o exercício da justiça, devemos estar vigilantes para não simplificar o conhecimento historiográfico. Abandonar as provas, os indícios e a verdade, tirá-los de nossa consciência é um empobrecimento mal distinguível da mais abjeta indigência.

III

Talvez as distinções mais gerais por trás das distinções entre o juiz e o historiador girem em torno dos diferentes ideais que regulam suas tarefas. O juiz deve dar uma sentença justa; o historiador deve fazer um relato verdadeiro. Como John Rawls formulou de maneira precisa e inesquecível, no início da primeira seção de *Uma teoria da justiça*,

> A justiça é a primeira virtude das instituições sociais, assim como a verdade é a virtude primeira dos sistemas de pensamento. Por mais elegante e econômica que seja, uma teoria deve ser rejeitada ou revisada se não for verdadeira; do mesmo modo, leis e instituições, independentemente de sua eficiência e boa organização, devem ser reformadas ou abolidas caso sejam injustas.[9]

---

9 | John Rawls, *A Theory of Justice*. Cambridge: Belknap Press, 1971. p. 3. [Ed. bras.: *Uma teoria da justiça*. 4. ed. rev. São Paulo: Martins Fontes, 2016.]

Tanto juízes quanto historiadores invocam as noções de indícios e provas, porém seus respectivos ideais reguladores de justiça e verdade contribuem de modo decisivo para a compreensão do que deve ser considerado indício, do que deve ser considerado prova. Indícios legais e indícios históricos podem se sobrepor, porém o primeiro tipo está a serviço do estabelecimento de um veredito justo, ao passo que o segundo é relevante para assegurar um relato verdadeiro dos eventos, sejam eles individuais ou sociais, de longo ou de curto prazo. O que serve como indício para alguns propósitos pode não servir para outros. É óbvio que os *conceitos* de justiça e verdade são compatíveis com uma diversidade de *concepções* conflitantes de justiça e de verdade; ou, para dizer de outro modo, os ideais reguladores de justiça e verdade estão abertos a interpretações divergentes desses ideais.[10] Porém o fato de que há discordâncias substantivas sobre qual concepção particular de justiça ou de verdade é a mais defensável não implica que as deliberações de um juiz não devam ser moldadas pelo ideal de justiça nem que as reconstruções de um historiador possam ignorar as demandas da verdade.[11] Ginzburg reconhece esse fato no uso da expressão «efeito de verdade», que já citei. Ele diz que tem usado a expressão «efeito de verdade» em vez de «verdade»

> para enfatizar que diferentes culturas têm dado diferentes interpretações ao conceito de verdade. Mas até onde eu saiba a distinção entre afirmações falsas e verdadeiras — e à primeira vista por meio de sua conexão com os fatos — sempre foi um elemento essencial do conhecimento histórico, de qualquer tipo, onde quer que alguém tenha cultivado, até hoje, o conhecimento histórico como forma de atividade social. («MC», p. 53)

---

10 | Sobre a distinção entre conceitos e concepções, ver Ibid., pp. 5-6. Ver também Ginzburg, «Checking the Evidence», op. cit., p. 302.

11 | Para uma discussão sobre algumas tentativas filosóficas recentes de desmascarar a verdade, e sobre os problemas dessa tentativa, ver Cora Diamond, «Truth: Defenders, Debunkers, Despisers», in: TOKER, Leona (Org.), *Commitment in Reflection: Essays in Literature and Moral Philosophy*. Nova York: Garland, 1994. pp. 195-221.

Ao mencionar, ainda que de passagem, o ideal regulador da justiça no que diz respeito ao juiz, não tenho como evitar invocar, nesse contexto, um livro extraordinário de Natalia Ginzburg, que trata sobre questões de indícios, provas, verdade, lei e, em última instância, justiça. *Serena Cruz o la vera giustizia* [Serena Cruz ou a verdadeira justiça] discute um célebre caso italiano de adoção, de um bebê chamado Serena Cruz, envolvendo reivindicações e contraprovas e por fim culminando em um veredito judicial que decidiu o destino da criança. No final de sua discussão, Ginzburg cita um juiz da Suprema Corte americana, que respondeu à invocação de justiça de um advogado dizendo: «Eu não estou aqui para fazer justiça [*per fare giustizia*], estou aqui para aplicar a lei».[12] Ginzburg escreve que ela não consegue compreender essas palavras, que elas parecem «vazias de sentido». Ela afirma que não apenas a justiça e a lei deveriam ser a mesma coisa, porém, uma vez que as leis são feitas para defender a justiça, quando as duas divergem, quando as leis são defeituosas, os juízes deveriam «fazer malabarismos para aplicar a lei do modo mais justo possível» (*SC*, pp. 95-6). E as duas últimas linhas de seu livro insistem no papel regulador do ideal de justiça em termos inequívocos: «Pode haver algo mais importante do que a justiça no governo dos países, nas relações com os eventos e as aspirações humanas? Mas não existe nada que seja mais importante do que a justiça» (*SC*, p. 96). Em sua discussão sobre o caso Sofri, Carlo Ginzburg mostra, de fato, que, caso se desloque o princípio *in dubio pro re* (segundo o qual o acusado só pode ser condenado se houver certeza absoluta de sua culpa) de seu papel regulador nos processos legais, pode-se muito bem ser levado a usar de maneira equivocada a noção de prova, passando tacitamente do plano da mera possibilidade para o da afirmação do fato. Fazendo com que a compatibilidade lógica funcione como se fosse equivalente a uma real verificação, pode-se muito bem condenar um inocente. Isso poderia ser aceitável caso o ideal regulador fosse *in dubio pro re publica* — por exemplo, a vontade de *il Duce* —, porém razões de Estado não deveriam ter papel

---

12 | Citado em Natalia Ginzburg, *Serena Cruz o la vera giustizia*. Turim: Einaudi, 1990. p. 95; doravante abreviado como *SC*.

regulador nos tribunais.[13] O juiz, visto que é governado pela justiça, deve fazer uso de concepções específicas de indícios e provas, forjadas pelos ideais a que ele está vinculado por seu papel.

Mudando rapidamente para o ideal regulador da verdade na pesquisa histórica, podemos ver algumas das distorções, das deficiências epistemológicas, que resultam de uma tentativa de ignorá-lo observando o recente debate de Ginzburg com Hayden White. Quero insistir, antes de mais nada, que é tarefa árdua para um historiador tentar proceder de maneira consistente com o conceito de verdade. Na verdade, em muitos desses debates, um dado historiador empregará a retórica da verdade, argumentando como se estivesse apenas advogando uma concepção de verdade diferente da defendida por seu interlocutor. Porém uma breve análise demonstrará que essa concepção específica da chamada verdade não tem plausibilidade como interpretação do conceito de verdade e que são apenas as demandas do ideal regulador da verdade, que se aplicam apesar das tentativas de ignorá-las, que explicam a retórica empregada, uma retórica que, nesse contexto, deixa que seu vazio chegue virtualmente à superfície. Não é por acaso que alguns dos exemplos mais fortes dessas questões sejam encontrados em discussões das interpretações revisionistas sobre o Holocausto. Falando sobre as objeções de White às conclusões que Pierre Vidal-Naquet faz sobre o caso Robert Faurisson, Ginzburg, citando White, resume da seguinte maneira:

> A interpretação histórica sionista do Holocausto, diz White, não é uma *contre-vérité* (como sugere Vidal-Naquet), mas uma verdade: «sua verdade, como interpretação histórica, consiste precisamente em sua *efetividade* [grifo de Ginzburg] em justificar uma ampla gama de políticas israelenses atuais que, do ponto de vista daqueles que a articulam, são cruciais para a segurança e para a própria existência do povo judeu». Do mesmo modo, «o esforço do povo palestino para organizar uma resposta politicamente *efetiva* [grifo de Ginzburg] às políticas israelenses implica a produção de

13 | Ver Ginzburg, *Il giudice e lo storico*, op. cit., pp. 110-1.

uma ideologia igualmente *efetiva* [grifo de Ginzburg], completa, com direito a uma interpretação de sua história capaz de dotá-la de um sentido que até então esteve ausente».

A próxima frase de Ginzburg oferece seu ponto de vista filosófico: «Podemos concluir que, caso a narrativa de Faurisson se revelasse *efetiva*, ela seria vista por White também como verdadeira».[14]

A observação de Ginzburg pretende, creio, ser uma espécie de *reductio ad absurdum* da identificação entre efetividade política e verdade. Ele deixa implícito que uma interpretação ou concepção da verdade que a torna equivalente da efetividade política está fora dos limites, ainda que flexíveis, de nossa compreensão do conceito da verdade. Essa concepção abre mão do próprio conceito de verdade, como mostra o fato de que, independentemente do grau de efetividade que possa ter a narrativa de Faurisson (como Vidal-Naquet demonstrou, ela não é muito efetiva, e podemos até mesmo nos perguntar que grau de efetividade ela poderia ter), não concluiríamos que se trata de um relato verdadeiro. Imagino que alguém possa responder dizendo que White não está fazendo, do ponto de vista epistemológico, nada mais grave do que propor uma concepção pragmática da verdade. Mas eu afirmaria, embora não possa fazer isso aqui, que uma investigação da história da filosofia, assim como uma análise dos debates filosóficos acerca da natureza da verdade, mostra que de nenhum modo isso é uma interpretação defensável da noção pragmática da verdade, que os pragmatistas desejavam oferecer uma interpretação da verdade que fazia muito mais do que forçar de modo brutal uma identificação com a efetividade política.[15]

Imagino ainda que alguém possa tentar responder que chamar um relato histórico de verdadeiro ou efetivo é uma questão de palavras, que depende de nós escolher a definição de acordo com nossos interesses. Caso atenda a nossos interes-

---

14 | Id., «Just One Witness», op. cit., p. 93.
15 | Sobre essas questões, ver vários dos ensaios em Hilary Putnam, *Realism with a Human Face*. Org. James Conant. Cambridge: Cambridge University Press, 1990. Observe esp. o último parágrafo do ensaio «William James's Ideas».

ses chamar de verdadeiro um relato porque ele é efetivo, então nada nos proíbe de fazê-lo, nada nos obriga a recusar o rótulo de «verdadeiro». Porém não cabe a nós decidir se alguém está de posse do conceito de verdade; não é um tema de decreto legislativo, como se a posse de um conceito fosse equivalente a ter o direito de votar.[16] Nenhum malabarismo declaratório ou retórico é suficiente para demonstrar que alguém que compreenda a eficácia política *justamente por esse fato* está de posse do conceito da verdade. E o que Ginzburg diz para rebater White é, primeiro, que a resposta de White a Vidal-Naquet renuncia ao conceito de verdade e, segundo, que esse conceito regula a pesquisa do historiador. Tomando como ponto de partida essas afirmações, segue-se que a narrativa de Faurisson não pode ser tomada como história; e me parece que esse é precisamente o ponto de vista adequado.

No prefácio à reimpressão de seu brilhante ensaio «Un Eichmann de papier» [«Um Eichmann de papel»], uma das mais poderosas contribuições que conheço para o problema do indício histórico, Vidal-Naquet expressa o ponto de vista implícito no entrelaçamento essencial entre a história e o ideal regulador da verdade. É um ponto de vista que creio ser compartilhado por Ginzburg, e nos dois casos é uma consequência de parte das afirmações historiográficas dos autores, afirmações que convergem em torno dos papéis que cada um atribui a indícios, provas e verdade:

> O que está em jogo não é o sentimento, é a verdade [...] Um diálogo entre duas partes, ainda que adversárias, pressupõe premissas comuns, um respeito comum — nesse caso um respeito pela verdade. Mas com os «revisionistas» essas premissas não existem. Seria possível conceber um astrofísico dialogando com um «pesquisador» que afirme que a lua é feita de queijo roquefort? Esse é o nível em que as partes teriam de estar situadas. E, é claro, assim como não existe uma verdade absoluta, não existe uma mentira absoluta, embora os «revisionistas» tenham feito valorosos esforços para chegar a esse ideal. Quero dizer com isso que, caso se determinasse que os passageiros de um foguete ou de uma espaçonave deixaram uns

---

16 | A melhor discussão sobre esse tema é Stanley Cavell, *The Claim of Reason: Wittgenstein, Skepticism, Morality, and Tragedy*. Nova York: Oxford University Press, 1979. pt. 1.

poucos gramas de roquefort na lua, não faria sentido negar sua presença. Até agora, a contribuição dos «revisionistas» para o nosso conhecimento pode ser comparada à correção, em um longo texto, de alguns erros tipográficos. Isso não justifica um diálogo, já que acima de tudo eles elevaram além do imaginável o registro da falsidade.[17]

IV

Depois da discussão que Ginzburg fez sobre White na conferência «O nazismo e a 'Solução Final'», ouvi vários membros da plateia reclamarem que o escritor, em sua defesa dos indícios, da verdade e das provas, estava sendo apenas um positivista conservador. Deixando de lado o fato de que havia versões do positivismo tanto de esquerda quanto de direita, achei incoerentes esses murmúrios depois de pensar sobre os textos históricos e os procedimentos do próprio Ginzburg. Como ele claramente afirma em «Checking the Evidence» [«Verificando a evidência»], certa concepção positivista da relação entre indícios e realidade deve ser «negada de modo inequívoco». O indício não é um «meio transparente [...] uma janela aberta que nos dá acesso direto à realidade». Porém o indício também não é «uma parede, que por definição impede qualquer acesso à realidade». Como corretamente diagnostica Ginzburg, «essa atitude antipositivista extrema [...] acaba sendo uma espécie de positivismo invertido» («CE», p. 294).

Ao examinar a história do positivismo e do antipositivismo na história e na filosofia da ciência do século XX, Peter Galison afirmou recentemente que, à luz de suas evidentes diferenças, sendo o segundo uma reação ao primeiro, devemos ser cuidadosos para não ignorar o fato de que esses positivismos e antipositivismos são «versões com sinais trocados um do outro» e que «em suas imagens espelhadas há um bom grau de semelhança». Cada um tem um «ponto de vista privilegiado» — seja a base empírica a partir da qual o positivista ergue sua construção, seja o paradigma

---

17 | Pierre Vidal-Naquet, *Assassins of Memory: Essays on the Denial of the Holocaust*. Trad. Jeffrey Mehlman. Nova York: Columbia University Press, 1992. p. XXIV. [Ed. bras.: *Assassinos da memória: «um Eichmann de papel» e outros ensaios sobre revisionismo*. Campinas: Papirus, 1988.]

ou esquema conceitual do topo do qual o antipositivista olha para baixo — que traz consequências historiográficas semelhantes.[18] Em meio às questões que dividiram a história e a filosofia da ciência dos positivistas da história e da filosofia da ciência dos antipositivistas, é possível encontrar um retrato comum tanto da unidade científica quanto da periodização.[19] Na verdade, eu acrescentaria que é parte da hegemonia desse retrato comum o fato de *nós* sermos levados a crer que alguém que rejeite o fundacionalismo e a transparência observacional do positivismo deve ser um antipositivista, alguém que considera que «todas as premissas referenciais são ingenuidade teórica», já que o discurso (ou a teoria, ou os tropos narrativos) constitui os objetos que ele pretende descrever de modo realista («CE», p. 294).[20] Essa estruturação das alternativas — ou o acesso direto e virtualmente imediato à realidade sonhado pelo positivismo ou o discurso antipositivista autossustentado, cercado, que impede o acesso à realidade — torna extraordinariamente difícil ver como poderia haver qualquer outra possibilidade. A estrutura comum dessas imagens espelhadas ameaça esgotar o espaço de opções epistemológicas. Seus estudos históricos detalhados permitiram a Galison propor uma conceitualização da dinâmica da teoria científica, da experimentação e da instrumentação que fica fora do alcance da imagem comum, permitindo também assim que ele ponha em relevo os fardos historiográficos causados pelos debates positivismo/antipositivismo.[21] Se examinarmos a prática historiográfica de Ginzburg, veremos que, embora não seja um antipositivista, que rejeita a legitimidade historiográfica de noções como indícios e prova, ele também não é um positivista, que dá como certas essas noções, como se não houvesse nenhum problema em sua relação com a verdade e a realidade.

O ensaio «O inquisidor como antropólogo» de Ginzburg é uma das mais claras e mais profundas discussões que temos sobre os problemas das interpretações

---

18 | Peter Galison, «History, Philosophy, and the Central Metaphor», *Science in Context* 2, 1988, p. 207.
19 | Ibid., seções 2-3.
20 | Ver Ginzburg, «Just One Witness», op. cit., p. 89.
21 | Ver Galison, op. cit., seção 4. Ver também Galison, *How Experiments End*. Chicago: University of Chicago Press, 1987.

positivistas aos indícios e à verdade. Ginzburg reconhece uma incômoda analogia entre inquisidores, antropólogos e historiadores, uma analogia que manifesta uma dificuldade epistemológica fundamental com certas formas de indícios e especialmente com as formas de indícios usadas pelo próprio Ginzburg em *Os andarilhos do bem* e *O queijo e os vermes*:

> O indício elusivo que os inquisidores tentavam extrair dos acusados não era tão diferente, afinal, de nossos próprios objetivos: o que era diferente, é claro, eram seus meios e seus propósitos últimos [...] O desejo que os inquisidores tinham de conhecer a verdade (sua própria verdade, é claro) nos legou indícios extremamente valiosos — profundamente distorcidos, porém, pelas pressões psicológicas e físicas que desempenharam um papel tão poderoso nos julgamentos dos acusados de bruxaria. As perguntas sugestivas ficavam especialmente aparentes nos interrogatórios dos inquisidores relativos ao sabá, que era a essência mesma da bruxaria, de acordo com os demonólogos. Quando isso ocorria, os réus ecoavam, de modo mais ou menos espontâneo, os estereótipos inquisitoriais difundidos pela Europa por sacerdotes, teólogos e juristas [...] De modo semelhante, a comparação entre os julgamentos inquisitoriais e as anotações de campo dos antropólogos podia ter, do ponto de vista do historiador, uma implicação negativa: a presença daqueles distantes antropólogos seria inoportuna a ponto de nos impedir de conhecer as crenças e os pensamentos dos infelizes nativos levados à sua presença.[22]

Em vez de chegar a uma conclusão completamente pessimista a partir da presença desse problema epistemológico (como fazem muitos antipositivistas), Ginzburg insiste na importância do fato de que historiadores jamais têm acesso direto à realidade. Como ele diz em «Checking the Evidence»:

---

22 | Carlo Ginzburg, «The Inquisitor as Anthropologist». In: _____. *Clues, Myths, and the Historical Method*. Trad. John e Anne C. Tedeschi. Baltimore: Johns Hopkins University Press, 1989. pp. 158-9 [trad. bras.: «O inquisidor como antropólogo», *Revista Brasileira de História*, v. 1, n. 21, set. 1990-fev. 1991]; doravante abreviado como «IA».

> Um indício histórico pode ser involuntário (um crânio, uma pegada, restos de comida) ou voluntário (uma crônica, uma ata notarial, um garfo). Porém em ambos os casos é necessário um referencial teórico, que deve estar relacionado (no último caso) a um código específico segundo o qual o indício foi construído. É possível comparar indícios de ambos os tipos a vidro distorcido. Sem uma análise completa de suas distorções inerentes (os códigos segundo os quais ocorreu sua construção e/ou segundo os quais deve ocorrer sua percepção), torna-se impossível uma reconstrução histórica sólida. («CE», p. 295)

Os indícios são mediados por códigos, e uma historiografia adequada deve estar atenta aos procedimentos heterogêneos que usamos para codificar indícios. De acordo com Ginzburg, não há documentos neutros: «até mesmo um simples inventário notarial traz implícito um código, que precisamos decifrar». E os indícios extraídos de julgamentos inquisitoriais decerto não nos «transmitem informações 'objetivas'» («IA», pp. 161, 160). Porém esses códigos não são prisões a que nos encontramos limitados para sempre. Devemos compreender os processos de codificação, de diferentes tipos de distorções de indícios, para interpretar os indícios, para avaliar se são ou não confiáveis, para saber indícios *do que* eles são. Códigos que pareciam impenetráveis podem acabar sendo decifrados, e novos indícios, codificados de novos modos, podem ajudar a esclarecer velhos indícios, modificando nossas interpretações de códigos que acreditávamos não conter ambiguidades. As observações de Ginzburg sobre os indícios inquisitoriais deveriam ser aplicadas, *mutatis mutandi*, a toda uma gama de indícios históricos:

> Para decifrá-los [os documentos dos inquisidores], devemos aprender a captar, por trás da suave superfície do texto, uma sutil interação de ameaças e medos, de ataques e recuos. Devemos aprender a desemaranhar as diferentes linhas que formam o tecido textual desses diálogos. («IA», pp. 160-1)

Não há um conjunto formalizável de regras que nos diga como decifrar indícios históricos (aqui a analogia com um código se perde), porém há trabalhos históricos realmente importantes cuja força em parte reside na capacidade de um historiador de ler os indícios, de nos mostrar como entrar nos códigos de indícios para ver *de* que eles são indícios, o que eles nos mostram sobre os fenômenos que nos interessam, sobre o que são esses fenômenos.

Vou agora brevemente passar para a contribuição revolucionária de Ginzburg nessa área. Nos prefácios das edições inglesa e italiana de seu livro *Os andarilhos do bem*, Ginzburg ressalta que a natureza excepcional dos documentos que ele usou está «na distância entre as perguntas dos juízes e as confissões dos acusados que só começou a se reduzir com o passar das décadas».[23] Muitos historiadores acreditavam que todas as confissões dos acusados de bruxaria eram consequência da tortura e de perguntas tendenciosas feitas pelos juízes, que essas confissões não continham nenhuma espontaneidade ou independência e que, portanto, eram indícios das crenças dos juízes, que não ofereciam nenhum acesso às práticas ou crenças das bruxas. As fontes friulianas de Ginzburg, quando decodificadas de modo crítico, permitiram que ele concluísse que «a bruxaria diabólica de Friuli vinha de uma deformação de um culto agrário mais antigo» (*NB*, pp. xx-xxi).[24] Ou seja, a leitura que Ginzburg fez das fontes revelaram uma distância, que ele chamou de «um choque entre vozes diferentes, até mesmo conflitantes», ou, seguindo Mikhail Bakhtin, um diálogo («IA», p. 160), e foi essa distância sutil porém significativa que possibilitou a Ginzburg reconstruir o processo que revelou

> como um culto com características tão evidentemente populares como o dos *benandanti* aos poucos se transformou, sob a pressão inquisitorial, terminando por ter os traços característicos da bruxaria tradicional. No entanto essa discrepância, essa distância

---

23 | Id., *The Night Battles: Witchcraft and Agrarian Cults in the Sixteenth and Seventeenth Centuries*. Trad. John e Anne Tedeschi. Nova York: Johns Hopkins University Press, 1985. p. xiv [ed. bras.: *Os andarilhos do bem: feitiçaria e cultos agrários nos séculos XVI e XVII*. São Paulo: Companhia das Letras, 2010]; doravante abreviado como *NB*.

24 | Ver também, de modo geral, Id., *Ecstasies: Deciphering the Witches' Sabbath*. Trad. Raymond Rosenthal. Nova York: Johns Hopkins University Press, 1991. [Ed. bras.: *História noturna: decifrando o sabá*. São Paulo: Companhia das Letras, 2012.]

entre a imagem por trás dos interrogatórios dos juízes e o real testemunho dos acusados, nos permite chegar a um estrato genuinamente popular de crenças que foi posteriormente deformado, e depois expurgado pela superimposição do esquema das classes instruídas. Em função dessa discrepância, que perdurou por décadas, os julgamentos dos *benandanti* são uma fonte valiosa para a reconstrução da mentalidade camponesa desse período. (*NB*, p. xviii)[25]

Em última instância, as reuniões noturnas dos *benandanti*, que tinham como objetivo aumentar a fertilidade, foram transformadas no sabá do diabo, com as tempestades e a destruição que se seguiram (ver *NB*, p. xx). No entanto, a ausência de uma comunicação entre os juízes e os acusados permitiu «o surgimento de um verdadeiro diálogo — no sentido bakhtiniano de um choque irresoluto entre vozes conflitantes» («IA», p. 164). As leituras que Ginzburg fez desses diálogos permitiram a ele (e a nós) ver a existência de uma «profunda camada cultural totalmente estranha aos inquisidores». Como ele observa, «a própria palavra benandante era desconhecida por eles: [...] seria um sinônimo de 'bruxaria' ou, pelo contrário, 'contrabruxaria'?» («IA», p. 160). O sentido dessa palavra foi um dos marcos na luta entre os *benandanti* e os inquisidores. Embora o poder tenha resolvido a disputa a favor dos inquisidores, e os *benandanti* tenham se tornado bruxos, essas falhas de comunicação e lutas forneceram indícios sobre os *benandanti* que, não fosse por isso, não estariam disponíveis (ver «IA», p. 160). A exploração historiográfica dessas distâncias por Ginzburg, sua extraordinária capacidade de ler os códigos, oferece indícios sobre um conjunto de fenômenos que nos dá uma caracterização *mais precisa* dos *benandanti*. Independentemente das distorções dos indícios inquisitoriais, o procedimento de Ginzburg de leitura das distâncias de fato culmina em indícios genuínos sobre uma realidade cultural que deixa de ser inacessível para nós.

---

25 | Para algumas das dúvidas posteriores de Ginzburg sobre a noção de mentalidade, ver *The Cheese and the Worms: The Cosmos of a Sixteenth-Century Miller*. Trad. John e Anne Tedeschi. Nova York: Johns Hopkins University Press, 1982. pp. xxiii-xxiv [ed. bras.: *O queijo e os vermes: o cotidiano e as ideias de um moleiro perseguido pela inquisição*. São Paulo: Companhia das Letras, 2010]; doravante abreviado como *CW*.

Em *O queijo e os vermes*, mais uma vez usando documentos inquisitoriais, a reconstrução de Ginzburg da cosmologia de Domenico Scandella, conhecido como Menocchio, se depara com problemas semelhantes no que se refere a indícios e provas. A leitura de Ginzburg desses documentos utiliza as lacunas, as falhas de comunicação, as resistência e a lutas como indícios da existência de uma cultura camponesa e oral que era «patrimônio não só de Menocchio, como também de um vasto segmento da sociedade do século XVI» (*CW*, p. XII). Como no caso dos *benandanti*, apenas tal procedimento de decifração dos documentos nos permitirá compreender as distorções inerentes dos indícios criados pela reação de poder desigual entre Menocchio e seus inquisidores. São justamente as discrepâncias e as divergências nos documentos que oferecem alguns dos indícios mais fortes para as conclusões de Ginzburg. Mas o caso de Menocchio tem suas dificuldades particulares:

> Aqui, também [como no caso dos *benandanti*], o fato de que muitas das falas de Menocchio não podem ser reduzidas a temas familiares nos permite perceber um nível anteriormente inexplorado de crenças populares, de mitologias camponesas obscuras. Mas o que torna o caso de Menocchio tão mais complicado é o fato de que esses elementos populares obscuros estão enxertados em um complexo de ideias extremamente claro e lógico, de radicalismo religioso, em um naturalismo que tende para o científico, em aspirações utópicas de reforma social. (*CW*, p. xix)

O fato de que, embora as ideias de Menocchio pareçam derivar de uma «antiga tradição oral», elas ao mesmo tempo «lembram uma série de temas trabalhados por grupos hereges com educação humanística» não deveria nos levar a exagerar a importância da cultura erudita, como se as ideias de Menocchio devessem de fato derivar dessas últimas, já que ideias «têm origem *sempre e unicamente* nos círculos cultos» (*CW*, pp. XXII, 155). A leitura que Ginzburg faz dos documentos, codificados como são, revela «o abismo entre os textos lidos por Menocchio e o modo como ele os entendia e os relatava aos inquisidores», um abismo que indica «um filtro, uma grade que Menocchio interpôs de maneira inconsciente entre si mesmo e os textos» e que em si pressupunha a cultura camponesa de que ele era parte (*CW*, pp. XXII, XII). O percurso dessa cultura camponesa não é simples, «dado o fato de que a documentação reflete a relação de poder entre as classes de determinada sociedade» (*CW*, p. 155). A façanha impressionante de Ginzburg é ter usado de modo positivo esses reflexos distorcidos para oferecer acesso a uma cultura camponesa oral. Aquilo que chamei de procedimento de Ginzburg de ler as lacunas permite a ele construir o indício *de modo mais preciso* e concluir que,

> mesmo que Menocchio tivesse tido contato mais ou menos indireto com círculos educados, as afirmações que ele faz em favor da tolerância religiosa e seu desejo de uma renovação radical da sociedade trazem em si uma marca original e não parecem ser resultado de algo recebido passivamente de influências externas. As raízes dessas afirmações e de suas aspirações estavam mergulhadas em uma camada obscura, quase impenetrável de tradições camponesas remotas. (*CW*, pp. XXII-XXIII)

Um dos principais objetivos de *O queijo e os vermes* era usar o caso de Menocchio para ajudar a demonstrar que «entre a cultura das classes dominantes e a das classes subordinadas existia, na Europa pré-industrial, uma relação circular composta de influências recíprocas que ia de baixo para cima tanto quanto de cima para baixo» (*CW*, p. XII). Mas essa demonstração depende da possibilidade de construir indícios de modo que se tenha acesso à cultura camponesa, de não reduzir essa cultura meramente a uma sombra da cultura escrita. Não se pode demonstrar nenhum «movimento recíproco entre os dois níveis da cultura» se não há como distinguir ou desemaranhar os dois níveis ou caso se presuma que a cultura oral não tenha independência, já que suas ideias, em última instância, devem remontar à cultura escrita (*CW*, p. XIV). Ao contrário da interpretação de Paola Zambelli, Ginzburg não queria estabelecer «'a autonomia absoluta da cultura camponesa'», o que teria ido contra seu objetivo de tentar demonstrar que «estamos diante de duas culturas, ligadas uma à outra, no entanto — e esse é o ponto — por relações circulares (recíprocas)», relações que, como Ginzburg reconhece, precisam «ser demonstradas analiticamente exemplo a exemplo», como no caso de Menocchio (*CW*, pp. 154-5).²⁶ Porém ele de fato precisava estabelecer a autonomia ou independência relativa da cultura camponesa, a existência de *duas* culturas, e, dados a natureza distorcida dos indícios e o fato de que «os pensamentos, as crenças e as aspirações dos camponeses e dos artesãos do passado chegam até nós (se e quando chegam) quase sempre por meio de pontos de vista distorcidos e por intermediários», a existência dessas *duas* culturas não podia ser dada como certa (*CW*, p. xv). Ginzburg precisava indicar como decodificar os indícios para demonstrar que estamos de fato diante de duas culturas, ao mesmo tempo mostrando também que essas duas culturas estavam ligadas reciprocamente. Como ele diz, «o fato de uma fonte não ser 'objetiva' [...] não significa que ela é inútil» (*CW*, p. xvII). Tanto *O queijo e os vermes* quanto *Os andarilhos do bem* oferecem exemplos extraordinários do quanto uma fonte não objetiva pode ser útil, fornecer lições concretas sobre como podemos decifrar uma fonte não objetiva de modo que revele que ela tem valor indiciário. O compromisso historiográfico de Ginzburg reside em não rejeitar de cara uma fonte distorcida apenas por ser distorcida. E sua prática histórica consiste em permitir que vejamos justamente esses procedimentos de leitura e interpretação que produzem indícios fortes com base em fontes não objetivas, demonstrando assim que, embora a relação entre as fontes e a realidade seja problemática, não se trata de uma causa perdida.

Antes de concluir esta seção, quero mencionar um conjunto de exemplos oriundo da história da psiquiatria e da psicologia e que traz à tona problemas relativos a indícios, provas e realidade tão agudos quanto os dos inquisidores de Ginzburg. Em seu já clássico artigo «Making Up People» [Construindo pessoas], Ian Hacking descreve uma noção filosófica que ele chama de nominalismo dinâmico, e que aplica em sua própria descrição da invenção da dupla personalidade e à minha descrição da invenção do homossexual:

---

26 | A interpretação de Paola Zambelli pode ser encontrada em seu «Uno, due, tre, mille Menocchio?», *Archivio storico italiano* 137, n. 499, 1979, pp. 51-90.

> O que o nominalismo dinâmico afirma é [...] que um tipo de pessoa passou a existir no mesmo momento em que o próprio tipo estava sendo inventado. Ou seja, em alguns casos, nossas classificações e nossas classes conspiram para surgir juntas, cada uma servindo de incitação à outra [...] O nominalismo dinâmico segue sendo uma doutrina intrigante, afirmando que numerosos tipos de seres humanos e de atos humanos passam a existir junto com nossa própria invenção das categorias que lhes servem de rótulos. Para mim essa é a única espécie inteligível de nominalismo, o único tipo que pode apontar para uma explicação de por que os nomes e as coisas nomeadas podem estar tão bem ajustados um ao outro.[27]

Deixando de lado as complexidades epistemológicas gerais do nominalismo dinâmico, quero me concentrar em algumas questões de indício análogas às levantadas pela obra de Ginzburg a respeito dos documentos inquisitoriais. Minha própria narrativa da história da perversão e dos pervertidos mostra os fatos se impondo de cima para baixo, enfatizando o papel dos conceitos e das categorias psiquiátricas na criação da realidade do homossexualismo, do masoquismo e do sadismo. Afirmei que não temos indícios da existência do homossexual antes da criação dos conceitos e das categorias da psiquiatria do século XIX, que esses supostos indícios são na verdade indícios de sodomia, e que só em retrospectiva eles foram (mal) interpretados como indícios de homossexualidade depois que o conceito do homossexual estava bem estabelecido na teoria e na prática da psiquiatria.[28] O trabalho inicial que Hacking fez sobre múltipla personalidade também enfatizava aspectos de imposição de cima para baixo na criação do sujeito da múltipla personalidade, porém seu trabalho mais recente também teve o cuidado de levar em consideração outro vetor, o vetor que vem de baixo, que vem, por assim dizer, da cultura dos que não

---

27 | Ian Hacking, «Making Up People». In: HELLER, Thomas C. et al (Orgs.), *Reconstructing Individualism: Autonomy, Individuality, and the Self in Western Thought*. Stanford: Stanford University Press, 1986. pp. 228 e 236; doravante abreviado como «MP».

28 | Ver os dois primeiros ensaios deste volume.

são *experts*.[29] Hacking reconheceu a existência desses dois vetores desde o início de seu trabalho. Ele escreveu:

> Não acredito que exista uma história geral a ser contada sobre a construção das pessoas. Cada categoria tem sua própria história. Caso desejemos apresentar um referencial parcial para a descrição de eventos desse tipo, podemos pensar em dois vetores. Um é o vetor da rotulagem vindo de cima, que parte de uma comunidade de especialistas e cria uma «realidade» que algumas pessoas tornam sua. Diferente desse é o vetor do comportamento autônomo da pessoa assim rotulada, que faz pressão de baixo, criando uma realidade com que todo especialista precisa se defrontar. («MP», p. 224)

O problema relativo aos indícios ligado a esses dois vetores tem sua origem no fato de que virtualmente todos os indícios do início do século XIX que temos vêm de cima, de que os relatórios sobre casos clínicos codificam os indícios em termos de conceitos e categorias da psiquiatria, e de que temos, na melhor das hipóteses, um acesso muito marginal a qualquer vetor que parta de baixo. Talvez nos deparemos aqui com alguns exemplos, limitados como são, em que partimos de apenas *uma* cultura, a da medicina, que cria uma realidade que com o tempo se torna relativamente autônoma. Pode muito bem ser que, a partir da criação do homossexual pela psiquiatria, apenas aos poucos a cultura homossexual tenha desenvolvido vida própria, que ganhou autonomia cada vez maior no que diz respeito aos conceitos, às categorias e às práticas que a criaram. Mas também pode ter ocorrido, assim como no caso de muitos historiadores da bruxaria, que não tenhamos conseguido ler os indícios de forma correta; deixamos de explorar as lacunas, as falhas de comunicação e as resistências e assim deixamos de perceber a existência, desde o princípio,

---

29 | Para seu primeiro trabalho sobre personalidade múltipla, ver Ian Hacking, «The Invention of Split Personalities». In: DONAGAN, Alan; PEROVICH, Anthony N.; WEDIN, Michael V. (Orgs.), *Human Nature and Natural Knowledge: Essays Presented to Marjorie Grene on the Occasion of Her Seventy-Fifth Birthday*. Dordrecht: D. Reidel Pub. Co., 1986. pp. 63-86. Para sua contribuição mais recente ao tema, ver «Two Souls in One Body», em *Questions of Evidence*, op. cit., pp. 433-62.

de uma realidade parcialmente autônoma que vinha de baixo. O procedimento de Ginzburg de leitura das lacunas no caso dos indícios distorcidos pode nos ajudar a corrigir conclusões a que chegamos de modo muito apressado a partir de premissas historiográficas não examinadas. Sem supor que o indício referente à homossexualidade, à múltipla personalidade e a outras categorias de doenças psiquiátricas vá produzir conclusões idênticas, quero observar um indício desse tipo, atento às lições da prática histórica de Ginzburg.

O indício que tenho em mente é reproduzido por Hacking em «Making Up People» e vem de um artigo de 1886 de Pierre Janet. Hacking afirma que se trata de «um exemplo muito bom de como uma nova pessoa pode ser criada» («MP», p. 224).[30] Janet está falando com Lucie, que, tendo o hábito da escrita automática, responde por escrito, sem sua autoconsciência normal:

>   Janet. Você me entende?
>   Lucie (escreve). Não.
>   J. Mas para responder você tem que me entender!
>   L. Ah, sim, com certeza.
>   J. Então o que você está fazendo?
>   L. Não sei.
>   J. Com certeza alguém está me entendendo.
>   L. Sim.
>   J. Quem é?
>   L. Alguém que não é a Lucie.
>   J. A-há! Outra pessoa. Você quer dar um nome para ela?
>   L. Não.
>   J. Sim. Ia ser muito mais fácil desse jeito.
>   L. Ah, bem. Se você quer: Adrienne.
>   J. Então, Adrienne, você me entende?
>   L. Sim.
>
>   («MP», pp. 224-5)

---

30 | Ver Pierre Janet, «Les Actes inconscients et le dédoublement de la personnalité pendant le somnambulisme provoqué», *Revue Philosophique*, 22 dez. 1886, pp. 577-92.

Ao ler esse diálogo pela primeira vez, tomei a conversa não só como um indício do predomínio da cultura médica na invenção de pessoas, mas também como um trecho que revelava a ausência de qualquer realidade cultural concorrente ou conflitante. Mas, depois de estudar os procedimentos de Ginzburg de leitura de indícios distorcidos, me pergunto se não tirei minhas conclusões implícitas rápido demais. Pois essa conversa, tão breve, está cheia de lacunas, falhas de comunicação e resistências. O «sim» e o «não» alternados de Lucie, sua recusa inicial em dar um outro nome, seguido pelo «Ah, bem. Se você quer: Adrienne», mostram, se não um choque bakhtiniano completo entre vozes conflitantes, pelo menos a existência de uma lacuna genuína. Janet não quer fazer muita força para criar Adrienne a partir de Lucie, porém as resistências de Lucie poderiam ser indício de outro nível de realidade, bastante alheio a Janet. Se tivéssemos páginas e páginas de um diálogo como esse, como Ginzburg tinha de seus diálogos inquisitoriais, seria mais fácil ler as lacunas, saber se poderíamos explorá-las como indícios de uma cultura parcialmente autônoma vinda de baixo, de uma realidade cultural sistematicamente distorcida por uma relação desigual de poder. Nem é necessário dizer que as distorções poderiam ser grandes o suficiente para tornar o indício irrecuperável. Mas mesmo essa breve conversa, altamente distorcida, entre Janet e Lucie mostra lacunas visíveis que, desde que se saiba procurá-las, deveriam nos levar a reflexões historiográficas. Devemos seguir os caminhos apontados por Ginzburg nessa área e não deixar que a distorção inerente aos indícios passe despercebida a nós, como pode ocorrer de maneira tão fácil sem um exame mais atento. Devemos procurar pacientemente discrepâncias dialógicas, divergências e mal-entendidos, atentos como detetives aos indícios codificados que temos, aprendendo, como Ginzburg nos ensinou, «a captar, por trás da suave superfície do texto, uma sutil interação e ameaças de medos, e ataques e recuos» («IA», p. 161).

V

Lendo as obras historiográficas completas de Ginzburg, percebi a ocorrência, vez após vez, do conceito de integração (*l'integrazione*). Nesta última seção, quero usar as observações de Ginzburg sobre integração para apresentar um esquema historiográfico mais geral, que irá, espero, ajudar a agrupar algumas das questões a que já me referi. A identificação de problemas de integração por Ginzburg e a descrição que ele faz desses problemas destacam aquela que para mim parece ser uma das mais importantes e frutíferas direções da pesquisa historiográfica futura.

Ginzburg cita o princípio de *O retorno de Martin Guerre*, de Natalie Davis, onde ela escreve:

> Na ausência do testemunho completo do julgamento (todos os registros de casos criminais anteriores a 1600 desapareceram do Parlamento de Toulouse), trabalhei com os registros de sentenças parlamentares para saber mais sobre o caso e sobre a prática e a atitude dos juízes. Em minha procura por meus atores rurais, pesquisei os contratos notariais em aldeias de várias dioceses de Rieux e Lombez. Quando não consegui encontrar meus homens ou mulheres individuais em Hendaye, em Artiget, em Sajas ou em Burgos, fiz o melhor que pude por meio de outras fontes daquele período e daquele local para descobrir o mundo em que eles seriam vistos e as reações que eles teriam tido.[31]

Comentando que os debates sobre a culpa ou inocência de Bertrande de Rols, a esposa de Martin Guerre, lhe parecem um «pouco imprecisos», Ginzburg acrescenta:

> O objetivo específico desse tipo de pesquisa histórica deveria ser, creio, a reconstrução da *relação* (sobre a qual sabemos tão pouco) entre as vidas individuais e os contextos em que elas se desdo-

---

31 | Citado por Ginzburg em «Checking the Evidence», op. cit., pp. 300-1. Ver também «Proofs and Possibilities», op. cit., p. 116.

> bram [...] O contexto, visto como um espaço de possibilidades históricas, oferece ao historiador a possibilidade de integrar os indícios, muitas vezes compostos apenas de fragmentos esparsos, sobre uma vida individual.[32] («CE», p. 301)

Em outro lugar, ele escreve que uma investigação pode ser aprofundada pela «união do caso específico com o contexto, aqui entendido como o domínio das possibilidades históricas determinadas»;[33] e é esse processo de união que constitui um dos aspectos centrais da integração. O caso de Menocchio é tão significativo quanto o de Martin Guerre no que diz respeito à necessidade de uma reconstrução da relação entre as vidas individuais e os contextos em que ela ocorre. Ao descrever a peculiaridade de Menocchio, Ginzburg enfatiza que, entretanto, essa peculiaridade ocorre dentro de limites muito definidos:

> Assim como no caso da linguagem, a cultura oferece ao indivíduo um horizonte de possibilidades latentes — uma jaula flexível e invisível em que ele pode exercer sua própria liberdade condicional. Com rara clareza e compreensão, Menocchio articulou a linguagem que a história pôs à sua disposição [...] [O caso de Menocchio] nos permite definir as possibilidades latentes de algo (cultura popular) que, se não fosse por isso, só conheceríamos por meio de documentos fragmentários e distorcidos, quase todos originados nos «arquivos da repressão». (*CW*, pp. xx-xxi)

A relação entre o indivíduo e seu contexto constitui o cerne do problema da integração. Mas, do ponto de vista da teoria, quero defender que há pelo menos três dimensões distintas do problema da integração, cada uma com suas próprias questões e dificuldades. Embora estejam interconectadas em qualquer narrativa histórica, as três dimensões são analiticamente distintas, e começar por suas características peculiares irá aprofundar nossa compreensão.

---

32 | Inverti a ordem das frases de Ginzburg ao citá-las.
33 | Ginzburg, «Proofs and Possibilities», op. cit., p. 117.

Chamarei de primeira dimensão a dimensão epistemológico-ontológica da integração, já que nesse nível surgem certas questões filosóficas muito gerais, porém decisivas. Algumas dessas questões são discutidas por Giovanni Levi em seu «Les Usages de la biographie» [«Usos da biografia»],[34] mas, em vez de tentar enumerar exaustivamente esses problemas, quero destacar alguns exemplos representativos. Como observa Levi, uma das questões sobre a relação do indivíduo com seu contexto diz respeito ao tipo de racionalidade que se imputa aos atores históricos.[35] A construção de um ator inteiramente racional, com pleno acesso aos aspectos relevantes de seu contexto, de posse de informações mais ou menos completas sobre suas possibilidades, e usando essas informações, sempre de modo socialmente uniforme, para tomar decisões epistemologicamente bem fundamentadas, dificilmente resiste a uma crítica filosófica. Porém, como Levi mostra, muitas reconstruções históricas se apoiam exatamente nesse retrato da racionalidade individual, e em premissas tácitas segundo as quais a relação do indivíduo com seu contexto é marcada pela transparência epistemológica, o que permite o conhecimento do contexto para servir de base, em conjunção com disposições cognitivas estáveis, a decisões inteiramente racionais. Levi sugere que, caso alguém estude biografias, irá perceber uma concepção mais precisa da individualidade racional, que ele chama de «racionalidade seletiva».[36] Nessa concepção, pelo que entendo dela, não supomos que um indivíduo tenha pleno acesso ao contexto em que ocorrem suas ações e se passa sua vida, nem que todo indivíduo tenha acesso idêntico aos contextos de suas ações. Além disso, os usos que os indivíduos fazem das informações que somos capazes de demonstrar que estão disponíveis para eles não é socialmente uniforme, uma vez que a posição ou a classe social podem afetar não apenas quais informações estão disponíveis, como também o modo como elas são usadas. Por fim, não podemos

---

34 | Giovanni Levi, «Les Usages de la biographie», *Annales*, n. 6, nov.-dez. 1989. [Trad. bras.: «Usos da biografia». In: FERREIRA, M. de M.; AMADO, J. (Orgs.), *Usos & abusos da história oral*. 8. ed. Rio de Janeiro: Editora FGV, 2006.]
35 | Ibid., sec. 9.
36 | Ibid., p. 1334.

agir como se as disposições cognitivas dos indivíduos obedecessem a mecanismos rígidos que são invariáveis de pessoa para pessoa e de uma época para outra. Levi acredita que a leitura de biografias torna evidentes os modos como a racionalidade individual opera de fato, mostrando os mecanismos cognitivos pelos quais os indivíduos tomam decisões, o uso que fazem das informações e o acesso que têm, ou não têm, a suas possibilidades e a seus contextos culturais. De modo geral, a biografia pode sublinhar o que está em jogo em nossa integração da relação entre um indivíduo e seu contexto, do ponto de vista das considerações da racionalidade.

Um segundo aspecto da dimensão epistemológico-ontológica da integração gira em torno de questões relativas a liberdade e poder. Em uma época recente, um número muito grande de historiadores tentou reconstruir o contexto cultural de modo que virtualmente determina as ações do indivíduo, representando-o como privado de qualquer capacidade de se integrar ao contexto de modo ativo ou talvez até mesmo intervencionista. É como se a descoberta da importância crucial do contexto, e a necessidade de reconstruí-lo, ocorra à custa do negligenciamento, e talvez até do desaparecimento, da esfera de liberdade individual, de modo que os indivíduos são retratados como reagindo às dinâmicas do poder cultural, e não como estando em interação recíproca com elas. Como afirma Levi, nenhum sistema normativo, que é um componente central do contexto cultural, é plenamente estruturado

> a ponto de eliminar toda possibilidade de escolha consciente, de manipulação ou de interpretação das regras, de negociação. A mim me parece que a biografia constitui, por esse motivo, o lugar ideal para verificar o caráter intersticial — e no entanto importante — da liberdade de que os agentes dispõem [...] a distribuição desigual de poder, embora seja de fato grande e coercitiva, não se dá sem a oferta de certa margem de manobra dos dominados: eles podem impor aos dominantes mudanças que não são negligenciáveis.[37]

---

37 | Ibid., pp. 1333-4. Para uma discussão de alguns desses problemas de uma perspectiva diferente, ver Michel Foucault, «The Subject and Power», posfácio a Hubert Dreyfus e Paul Rabinow, *Michel Foucault: Beyond Structuralism and Hermeneutics*. Chicago: University of Chicago Press, 1982 [trad. bras.: Apêndice — «O sujeito e o poder». In: DREYFUS, H.; RABINOW, P., *Michel Foucault — uma traje-*

O modelo de Ginzburg de trocas circulares entre as culturas das classes dominantes e subordinadas e, de modo mais abstrato, uma analítica do poder que não opõe conceitualmente dominação cultural a resistência individual são corretivos filosoficamente necessários para uma concepção que faz o indivíduo ser engolido pelo contexto, absorvendo-o por completo, mais do que integrando-o. A biografia pode devolver o rosto do indivíduo a seu lugar necessário em um contexto cultural e social muitas vezes impessoal, permitindo que conceitualizemos melhor como o contexto e o indivíduo deveriam ser integrados em uma reconstrução histórica específica.

Levi está reagindo a várias considerações teóricas recentes que, ao insistirem exclusivamente nas estruturas determinísticas e inconscientes que formam o contexto cultural, reduzem o indivíduo a uma mera função de suas determinações contextuais. Essas considerações, ao enfatizar a estrutura, os hábitos sociais e o contexto, apresentam uma reconstrução tão desequilibrada da relação entre o indivíduo e seu contexto, dando tal peso a esse segundo elemento, que o indivíduo passa a ser pouco mais do que um ponto ilustrativo, o que torna impossíveis certas formas de integração entre contexto e indivíduo. Essas considerações encontram paralelo nas biografias filosóficas que, em vez de tratar o indivíduo como uma pessoa singular, veem-no como concentrando e condensando todas as características significativas de um grupo.[38]

Além disso, quando o contexto é reconstruído dessa maneira determinística, rígida e sem que haja problematizações epistemológicas, há sérias consequências para o modo como um indivíduo singular pode ser tratado. Esses indivíduos, quando não se encaixam no contexto, são vistos como casos-limite que perderam todos os seus vínculos com a sociedade normal.[39] Eles escapam às engrenagens mecanicistas do determinismo contextual apenas para serem relegados a uma «estranheza

---

tória filosófica: para além do estruturalismo e da hermenêutica. Rio de Janeiro: Forense Universitária, 1995]; e Michel Foucault, *Histoire de la sexualité,* vol. 1: *La Volonté de savoir.* Paris: Gallimard, 1976. pt. 4 [ed. bras.: A *história da sexualidade,* vol 1: *A vontade de saber.* 2. ed. Rio de Janeiro: Paz e Terra, 2015].

38 | Levi, op. cit., pp. 1329-30.
39 | Ibid., pp. 1331-2.

absoluta» que é «antecedente à cultura» (*CW*, p. xix). Não se pode dizer nada sobre esses indivíduos, tendo em vista que sua singularidade está no fato de serem exteriores e impermeáveis ao contexto cultural reconstruído: não há possibilidade de integração, uma vez que a singularidade equivale a uma impossibilidade de integração. Assim, como diz Ginzburg, «as únicas reações legítimas que restam são 'espanto' e 'silêncio'» (*CW*, p. xviii).[40]

Tanto as reconstruções que tratam indivíduos singulares como estranhos a seus contextos culturais quanto aquelas que esvaziam o indivíduo por meio de referências às determinações de seu contexto operam com uma noção altamente suspeita de contexto. Embora os historiadores hoje tomem como certo que um contexto passe por transformações ao longo do tempo, como ressalta Levi, eles também acreditam que em um dado momento histórico qualquer o contexto é «plenamente coerente, transparente, estável».[41] Eles deixam de examinar as incoerências dentro do próprio contexto, ignoram o fato de que o contexto jamais está livre de contradições e não percebem o ponto crucial que é a inexistência de um contexto único, coerente, cuja solidez e durabilidade se estendam ao indivíduo, privando-o de sua especificidade como um resultado de seus limites homogêneos e que tudo abrangem.[42] A natureza de um contexto não está teoricamente mais garantida do que a extensão da liberdade individual. A integração entre contexto e indivíduo exige não só uma análise defensável da racionalidade individual e uma dinâmica plausível entre dominação social e ação individual, como também uma conceitualização de contexto muito mais sensível a suas complexidades e heterogeneidades.

Passemos agora para a segunda dimensão da integração, que chamarei de dimensão historiográfica. Essa dimensão inclui todas as questões relativas a indícios e provas que discuti na seção iv deste artigo. Aqui nos deparamos com problemas

---

40 | O alvo específico de Ginzburg é o estudo de Michel Foucault sobre o caso de Pierre Rivière. Ver *The Cheese and the Worms*, op. cit., seção 5. Levi parece compartilhar do julgamento de Ginzburg sobre Foucault. Ver Levi, op. cit., p. 1332.

41 | Levi, op. cit., p. 1333.

42 | Ibid., seções 8 e 10.

de ordenar indícios, construir provas, decodificar distorções e integrar esse material: essa integração deve levar em conta indícios que tenham origem no ponto de vista do indivíduo e indícios que derivam de seu contexto cultural e de seu espaço de possibilidades históricas. Os procedimentos da integração historiográfica vão interagir de perto com a terceira dimensão da integração — a saber, a dimensão da apresentação literária —, que discutirei em breve, mas por ora quero separar, de modo um tanto artificial, as questões historiográficas da integração de indícios relativas ao indivíduo e ao contexto da questão de sua apresentação literária.

Ao discutir esses problemas historiográficos, quero indicar a importância, no pensamento de Ginzburg, de *Arnaldo da Brescia nelle fonti del secolo XII* [Arnaldo de Brescia nas fontes do século XII], de Arsenio Frugoni, publicado originalmente em 1954. O alvo de Frugoni é o «método filológico-combinatório», um método que combina indícios derivados de fontes, perspectivas e contextos diferentes em uma unidade homogênea, como se a integração dos indícios só pudesse tomar a forma da «combinação perfeita de um mosaico», como se uma providência benévola sempre justificasse a confiança infinita do historiador de que todos os indícios se encaixam de maneira complementar, sistemática e coerente.[43] O método filológico-combinatório trata os indícios e seus contextos como se fossem todos fragmentos de um tratado sistemático, ou de um retrato completo e unificado, de modo que a tarefa do historiador consiste em encontrar as conexões adequadas para fazer com que o tratado como um todo fique visível e reconstruir sua sistematicidade e unidade, reproduzindo assim a integridade do mosaico original.[44] Ao tratar Arnaldo de Brescia do ponto de vista de fontes muito diversas do século XX, Frugoni queria tratar cada fonte em separado, do modo como ela foi escrita, de sua própria perspectiva e com seus próprios compromissos específicos, sem supor que encontraria complemen-

---

43 | Arsenio Frugoni, *Arnaldo da Brescia nelle fonti del secolo XII*. Turim: Einaudi, 1989. p. XXI. Ginzburg discute Frugoni em «Checking the Evidence», op. cit., pp. 83-4, e «Proofs and Possibilities», op. cit., pp. 123-4.

44 | Ao abordar a historiografia de Frugoni, fui imensamente ajudado pela introdução de Giuseppe Sergi à edição de 1989 do livro de Frugoni.

taridade entre uma e outra fonte.[45] Não se começou pela premissa de um encaixe necessário entre as fontes, um encaixe que culminaria na reconstrução de um todo sistemático, e sim, como Frugoni escreveu em outro lugar, tentou-se compreender cada fonte, cada afirmação, *«primeiro de tudo, tendo em mente as circunstâncias particulares que a determinaram»*.[46] Ao tratar, em primeiro lugar, cada fonte como um testemunho individual e isolado, o que emergiu dos escritos de São Bernardo, Otto de Frisinga, Gerhoh de Reichersberg e outras fontes, tanto anônimas quanto conhecidas, não foi um quadro perfeito, mas, para usar as palavras de Ginzburg, «vários retratos de Arnaldo de Brescia, recolhidos de diversas perspectivas visuais».[47] Só uma injustificada premissa historiográfica poderia levar à conclusão de que a variedade desses retratos era um defeito de integração, que um retrato único deve emergir de uma reconstrução histórica. Como o testemunho sobre Arnaldo de Brescia estava codificado de modos diferentes, como derivava de diversos contextos, e como passou por uma variedade de distorções, uma reconstrução histórica que reproduzisse um retrato unificado de Arnaldo poderia ela mesma ser julgada como produto de uma integração defeituosa, uma integração que impôs restrições historiograficamente indefensáveis.

O uso que Ginzburg faz de documentos inquisitoriais em *Os andarilhos do bem* e *O queijo e os vermes* decodifica os diálogos nesses documentos para mostrar o conflito de perspectivas individuais e contextos culturais entre o acusado e os inquisidores. Em vez de tentar reconstruir um retrato unificado, como havia sido feito tantas vezes no passado, Ginzburg teve de explorar as «anomalias» e as «rachaduras» na documentação que ele reconhecia como altamente distorcida para exibir uma variedade de retratos e demonstrar as interações recíprocas entre duas culturas — camponeses e eruditos — que não eram unificadas, não eram

---

45 | Frugoni, op. cit., p. XXIII.
46 | Citado por Giuseppe Sergi em sua introdução a *Arnaldo da Brescia* de Frugoni (da obra de Frugoni dos anos 1940, *Papato impero e regni occidentali* [*dal período carolingio a Innocenzo III*]), p. XIII.
47 | Ginzburg, «Proofs and Possibilities», op. cit., p. 123.

coerentes, não eram fragmentos de um mesmo todo sistemático.[48] A unificação só ocorreu mais tarde, por meio de uma imposição do esquema inquisitorial de crenças, atitudes e práticas aos acusados. Teria sido fácil, até mesmo natural, negligenciar os conflitos, ver uma falsa coerência, e as extraordinárias habilidades de Ginzburg se manifestaram na maneira precisa como ele decifrou as distorções, como pegou um código aparentemente impenetrável de distorção inquisitorial e permitiu que as crenças e a cultura camponesas emergissem dali. Felizmente, e ao contrário do que indicam as primeiras aparências, os documentos não eram um retrato perfeito; mas enxergar as imperfeições exigiu tanto a superação de antigos compromissos historiográficos quanto o emprego das habilidades interpretativas que já descrevi. Uma das questões centrais nessa dimensão da integração historiográfica diz respeito a como usar e decodificar indícios, sem supor nem a transparência do indício nem a existência de, por assim dizer, um único supercódigo que funcione como chave mestra para compreender todos os indícios. Temos de aprender como *integrar* indícios, em parte descobrindo como decifrá-los, distinguindo entre diferentes procedimentos de codificação de indícios e preservando essas distinções, indo em busca não de indícios sem distorções, mas sim de tipos específicos de distorções, e tendo como objetivo a integração, que não é necessariamente uma unificação.

Esses problemas de decifração de indícios, é claro, não se limitam ao código do testemunho judicial. Indícios podem estar codificados em formas literárias que impõem suas próprias distorções peculiares, distorções que, em termos historiográficos, não vemos pois acreditamos que o indício é mais transparente do que de fato é, negligenciando o peso da estrutura literária e também sua determinação histórica. Para falar brevemente sobre alguns exemplos, pelo menos desde a época em que Ernest Renan publicou seu estudo sobre Marco Aurélio, muitos leitores e escritores presumiram que suas *Meditações* fossem «um diário pessoal de seus estados interiores». Estudiosos descobriram ao longo das *Meditações* indícios do pessimismo de Marco Aurélio, de sua amargura e aversão à vida humana, e alguns chegaram a

48 | Os conceitos de «anomalias» e «rachaduras» aparecem em Ginzburg, *Ecstasies*, op. cit., p. 10.

concluir que a personalidade de Marco Aurélio era resultado de uma úlcera gástrica ou até de um vício em ópio. Mas, como Pierre Hadot enfatizou, Marco Aurélio não nos conta quase nada sobre si nas *Meditações*:

> É fácil demais para nós imaginarmos que, como muitos autores modernos, os escritores antigos escreviam para comunicar diretamente informações ou emoções que por acaso estivessem sentindo. Supomos, por exemplo, que as *Meditações* de Marco Aurélio tentam transmitir seus sentimentos diários para nós; que o próprio Lucrécio é uma pessoa ansiosa, e que usou seu poema «Sobre a natureza das coisas» para tentar combater sua ansiedade; que Agostinho está realmente se confessando em suas *Confissões*.[49]

Como Hadot afirmou de modo convincente, as declarações e afirmações de Marco Aurélio não são expressões de seu próprio pessimismo com a vida ou de sua desilusão; são um «meio que ele emprega para mudar seu modo de avaliar os eventos e os objetos da existência humana».[50] As *Meditações* de Marco Aurélio mostram exercícios espirituais estoicos, que almejam transformar o modo de pensamento e de vida para permitir que a pessoa viva de acordo com a Razão. Esses exercícios obedecem a regras rigorosas, codificadas e sistemáticas, e Hadot demonstrou, em detalhes, que a chave para compreender os exercícios espirituais de Marco Aurélio deve ser encontrada nas obras de Epiteto. Marco Aurélio está tentando, de acordo com as doutrinas estoicas, se libertar da visão antropomórfica convencional do mundo e das atividades humanas; ele quer ver as coisas como realmente são, o que exige um árduo trabalho espiritual de autotransformação. Assim, por exemplo, «quando Marco Aurélio fala sobre a monotonia da existência humana, não é para

---

49 | Em minha interpretação das *Meditações* de Marco Aurélio, sigo de perto o capítulo de Pierre Hadot sobre Marco Aurélio em seu *Philosophy as a Way of Life: Spiritual Exercises from Socrates to Foucault*. Ed. Arnold I. Davidson. Oxford: Wiley-Blackwell, 1993 [ed. bras.: *A filosofia como maneira de viver*. São Paulo: É Realizações, 2016]. A citação é da p. 186. Ver também Pierre Hadot, «Marc Aurèle était-il opiomane?». In: *Mémorial André-Jean Festugiere*. Ed. E. Lucchesi e H. D. Saffrey. Genebra: Patrick Cramer, 1984.

50 | Hadot, *Philosophy as a Way of Life*, op. cit., p. 186.

expressar seu próprio tédio, mas sim para *se convencer* de que a morte não o privará de nada essencial».[51] As formulações admiráveis das *Meditações* estão a serviço da prática desses exercícios espirituais e seu objetivo é permitir que se viva de acordo com o modo de vida filosófico.

Além disso, como Hadot diz em outro lugar, há muitas restrições relativas a autores antigos que o leitor moderno não reconhece: «Compreender uma obra da Antiguidade exige colocá-la dentro do grupo de onde ela emana, da tradição de seus dogmas, de seus dogmas literários, e exige compreender seus objetivos».[52] Devemos estar atentos aos *topoi* dessas obras, ou seja, às «fórmulas, imagens e metáforas que forçosamente se impõem ao escritor e ao pensador de tal modo que o uso desses modelos pré-fabricados lhes parece indispensável para que eles sejam capazes de expressar seus próprios pensamentos».[53] E, como Philippe Lejeune demonstrou em seus estudos sobre a autobiografia, há restrições historicamente específicas relativas às autobiografias modernas, forças que estruturam a maneira como elas são escritas e lidas, de modo que não devemos supor que todas as autobiografias sejam criadas de modo idêntico, que sejam a expressão diáfana do desejo de seus autores de comunicar aos outros sua vida interior. Mesmo sendo um gênero aparentemente homogêneo desde a autobiografia rousseauniana, a autobiografia exibe uma diversidade de códigos implícitos, que não podem ser reduzidos um ao outro, por meio dos quais as obras são tanto produzidas quanto recebidas.[54]

Para falar de um último exemplo de modo ainda mais breve, em uma obra recente trabalhei com descrições de são Francisco recebendo os estigmas. Fiquei surpreso ao descobrir o grau de dependência de muitos historiadores contemporâneos em relação às primeiras biografias de Francisco escritas por Tomás de Celano e por são Boaventura. Contudo, fiquei muito mais surpreso pelo modo como esses

---

51 | Ibid., p. 187 (grifo meu).
52 | Id., «Forms of Life and Forms of Discourse in Ancient Philosophy», *Critical Inquiry* 16, 1990, p. 500.
53 | Ibid., p. 502.
54 | Philippe Lejeune, *On Autobiography*. Minneapolis: University of Minnesota Press, 1989. Ver esp. os capítulos 7, 8 e 10. Lejeune usa a noção de código implícito, por exemplo, na p. 141.

historiadores tratavam essas biografias, como se elas apresentassem indícios não codificados, como se fossem escritas de uma perspectiva desinteressada e como se fossem transmitidas em uma forma literária que não precisasse ser analisada. As características dessas biografias e hagiografias, o fato de serem escritas usando uma concepção de indício estritamente demarcada, de que mesmo esses indícios são interpretados ou codificados de modos bem específicos e de que os contextos em que são escritas são muito limitados parece ter passado quase despercebido, e com certeza não foi problematizado pelas narrativas contemporâneas. Pense na seguinte descrição de são Francisco recebendo os estigmas:

> Ele viu a montanha coberta por luz, os céus se abrirem e um serafim ardente descer rapidamente. A luz fulgia em toda parte. Cada folha da grama era clara e distinta à luz resplandecente.
> Francisco ergueu os olhos. O anjo estava de olhos abertos, seus pés se esticaram. Ele estava pregado a uma cruz. Uma cruz viva com seis asas flamejantes, duas erguidas sobre sua cabeça, duas cobrindo o corpo e duas esticadas em voo.
> Depois ele ficou sobre Francisco e raios saíram dardejando das feridas em seus pés, em suas mãos, seu flanco, e perfuraram as mãos, os pés e o coração de Francisco. A alma de Francisco foi apanhada em um vórtice de fogo. Uma alegria infinita preencheu-o, assim como uma dor infinita. Ele ergueu os braços em direção à Cruz viva, e caiu inconsciente sobre a pedra.
> Toda a montanha de La Verna parecia estar queimando, como se o sol estivesse alto. Pastores, levando seus rebanhos para o pasto perto do mar, foram despertados. Muleteiros levantaram, achando que o sol nascia, e se puseram de novo na estrada,
> Eles viajaram no que parecia a brilhante luz do dia. E então viram a luz imensa evanescer e sumir. A noite voltou, viva com suas estrelas.[55]

---

55 | Arnaldo Fortini, *Francis of Assisi*. Nova York: Crossroad, 1992. p. 558. Essa é uma tradução abreviada de *Nova vita di San Francesco* (Assisi: Edizione Assisi, 1959).

Essa narrativa não foi retirada, como se poderia imaginar, de uma hagiografia do século XIII, mas da *Nova vita di San Francisco* [Nova vida de são Francisco], de Arnaldo Fortini, publicada em 1959 e que continua sendo considerada a mais completa biografia histórica de são Francisco que temos. Não vou partir aqui para uma análise historiográfica e retórica detalhada desse trecho; quero apenas apontar que ela reproduz, com algumas diferenças, a narrativa dos estigmas na Terceira Consideração dos *Fioretti* [Florezinhas], escrita mais ou menos cem anos depois da morte de Francisco.[56] Esta, por sua vez, reproduz, com algumas diferenças, a narrativa encontrada em *A primeira vida de são Francisco*, de Tomás de Celano, provavelmente concluída em 1229, três anos depois da morte de Francisco.[57] Já que, de acordo com seu Prólogo, Tomás escreveu sua biografia «por ordem de nosso senhor, o glorioso papa Gregório»,[58] dificilmente poderíamos esperar que os indícios e o contexto, e sua integração, deixassem de apresentar problemas, que ficassem isentos às exigências de uma decodificação e de uma análise cuidadosa e detalhada. A narrativa de Fortini, ao permanecer em absoluta contiguidade com uma biografia do século XIII, mostra claramente as restrições que a forma literária pode impor. Como se mesmerizado pela emoção, pela linguagem e pela estrutura da biografia hagiográfica, Fortini importa uma concepção historiograficamente ingênua de indício e contexto para sua reconstrução histórica do evento dos estigmas.

Além disso, quando, no volume II de sua *Nova Vita*, Fortini apresenta a documentação histórica que sustenta essa narrativa literária, seus problemas historiográficos dificilmente se atenuam. Fortini começa com a afirmação de que «a história e a ciência hoje reconhecem de forma quase unânime o prodígio dos estigmas».[59] Ele então vai em frente e lista os testemunhos mais confiáveis dos estigmas,

---

56 | *The Little Flowers of St. Francis*. Nova York: Vintage Books, 1958. pp. 191-2.
57 | Tomás de Celano, *Saint Francis of Assisi*. Chicago: Franciscan Herald Press, 1988; *The First Life of St Francis*, bk. 2, cap. 3, secs. 94-96, pp. 84-7.
58 | Ibid., Prólogo, seção 1, p. 2.
59 | Fortini, *Nova vita di San Francesco*, op. cit., p. 446, v. 2.

presumindo que, por serem antigos e, em alguns casos, contemporâneos, é possível garantir sua precisão.[60] Entre essas narrativas, Fortini inclui três cartas de Gregório IX, o papa que canonizou Francisco. No entanto, ele deixa de mencionar que o próprio Gregório no início parece ter tido dúvidas sobre certos aspectos dos estigmas, como evidenciam as bulas de canonização de 1228. Mas Gregório acabou de fato insistindo na realidade dos estigmas: de acordo com são Boaventura, a dissipação de suas dúvidas foi resultado de uma aparição noturna de são Francisco, que surgiu diante de Gregório e o convenceu da autenticidade dos estigmas.[61] Esses não me parecem motivos adequados para incluir Gregório entre as testemunhas mais confiáveis dos estigmas. Além disso, Fortini não menciona as dúvidas, igualmente antigas e contemporâneas de Francisco, que poderiam perturbar o contexto hagiográfico de sua narrativa. Como André Vauchez mostrou de forma definitiva, as batalhas sobre a autenticidade ou a falta de autenticidade dos estigmas de Francisco foram travadas desde o princípio e devem ser colocadas em um contexto muito complexo, um contexto que inclui questões tão gerais quanto a das concepções em mutação da espiritualidade e da santidade no século XIII.[62] O problema geral de Fortini é historiográfico. Ele escreve sua narrativa se colocando completamente do ponto de vista da biografia hagiográfica, como se o único contexto relevante fosse o de são Francisco e o de seus defensores. O contexto é construído de forma tão estreita e específica que certos indícios devem ser ignorados, e a integração resultante entre contexto e indício se autossustenta sem nenhuma aresta aparente, de modo tão exageradamente desprovido de rachaduras e anomalias que praticamente confirma sua própria incredibilidade. Por contraste, a integração que Vauchez faz entre indícios conflitantes e contextos diversos, alguns mais estritos e outros muito mais amplos, todos exigindo sua própria decodificação particular, não manifesta nenhum aspecto da rigidez historiográfica que encontramos em Fortini e apresenta

---

60 | Ver o aval de Fortini às observações de Renan in Ibid., p. 447.
61 | André Vauchez, «Les Stigmates de Saint François et leurs detracteurs dans les derniers siècles du Moyen Âge», *Mélanges d'Archéologie et d'Histoire, Ecole Française de Rome* 80, 1968, pp. 599-600.
62 | Ibid., pp. 612-8.

uma reconstrução histórica muito mais adequada.[63] A história dos relatos de são Francisco recebendo os estigmas traz à tona de maneira muito vigorosa as questões sobre o que deve ser considerado contexto relevante em uma descrição histórica, sobre como deve ser feita a comparação de contextos e sobre como o contexto e a confiabilidade dos indícios estão relacionados. Tratando de documentos inquisitoriais, Ginzburg escreveu «podemos testar nossa interpretação em um contexto comparativo muito mais amplo do que o que estava disponível para os inquisidores» («IA», p. 164). Eu acrescentaria que, também nesse caso, podemos testar nossa interpretação em um contexto comparativo muito mais amplo do que o disponível para os hagiógrafos.

Toda a questão sobre como comparar e integrar contextos (e os indícios derivados deles) é, na verdade, um dos principais temas de *História noturna*, de Ginzburg, um dos grandes tratados sobre o que eu poderia denominar de metodologia da contextualização comparativa. Como a discussão desse livro mereceria um tratamento à parte, vou me restringir aqui a umas poucas observações adicionais sobre como Ginzburg aborda o tema da integração de contextos diferentes em seu *Investigando Piero*.[64] Ginzburg indica as dificuldades insuperáveis com que se depara quem queira datar as obras de Piero della Francesca com base apenas em questões estilísticas ou apenas em questões iconológicas. Embora esteja interessado especificamente em demonstrar os problemas metodológicos da tentativa de Roberto Longhi de datar a *Flagelação* de Urbino, seus argumentos têm relevância muito mais geral. Ele afirma que tanto o indício derivado do contexto da análise estilística quanto o indício derivado do contexto da interpretação iconológica «correm o sério risco» de produzir «cadeias circulares de interpretação, baseadas inteiramente em conjecturas. A cadeia depende do reforço dado por cada um de seus elos aos demais, e a construção como um todo fica suspensa no vácuo».[65]

---

63 | Ibid.
64 | Carlo Ginzburg, *The Enigma of Piero*. Londres: Verso, 1985. [Ed. bras.: *Investigando Piero*. São Paulo: Cosac Naify, 2010.]
65 | Ibid., p. 11.

Ginzburg espera ultrapassar a ameaça do vácuo ao acrescentar outro contexto de indícios para tentar datar a obra de Piero, um contexto que tem origem na pesquisa documental relativa à encomenda dessas obras. Esses indícios, Ginzburg acredita, foram explorados de maneira insuficiente; e, quando tentaram reconstruir as encomendas das obras de Piero, os historiadores da arte não o fizeram «com base nos documentos de bibliotecas e arquivos», tendo escolhido usar o indício das próprias obras, especificamente sua iconografia, criando assim um círculo vicioso cujo valor indiciário fica bastante comprometido.[66] Ao ignorar o contexto dos indícios documentais, eles perderam a oportunidade de estabelecer um controle confiável para suas interpretações iconológicas, um controle externo a um círculo de interpretações que sempre corria o risco de se autoperpetuar. Ginzburg quer usar a iconografia (ele próprio não realiza análise estilística) em conjunto com os indícios documentais sobre a encomenda das obras para confrontar problemas de datação que, para serem resolvidos de maneira precisa, exigem diferentes tipos de indícios derivados de uma variedade de contextos. Seu objetivo é «*unir* os dados derivados dos dois conjuntos de investigações»[67] (ou seja, a documentação sobre as encomendas e a iconografia), produzindo assim uma integração mais adequada entre indício e contexto, uma integração que torne claro como construir, comparar e reunir uma diversidade de contextos, resultando em indícios mais amplos e mais fortes sobre quando as pinturas de Piero foram produzidas. Mesmo tendo em vista os problemas específicos ocasionados pela datação das obras de Piero, os procedimentos historiográficos de Ginzburg aqui, como nos exemplos de suas leituras dos julgamentos inquisitoriais, têm muito a nos ensinar, independentemente de nossos interesses históricos mais particulares, sobre como enfrentar o que chamei de dimensão historiográfica da integração.

Um último exemplo da integração comparativa de diversos contextos e de seus indícios me levará à terceira e última dimensão da integração. Mantendo-me por um momento no nível historiográfico, quero fazer algumas observações sobre

66 | Ibid., pp. 11-2.
67 | Ibid., p. 12 (grifo meu).

a discussão que Ginzburg faz de *Medieval People* [Gente medieval], de Eileen Power. Ao longo de seu estudo sobre os avanços historiográficos feitos nesse gênero de texto histórico que consiste na «mescla de biografia imaginária e *documents authentiques*» («CE», p. 297), Ginzburg fala da tentativa de Power de reconstruir a vida do camponês ordinário Bodo. Quero pensar sobre três afirmações de Power e nos comentários de Ginzburg sobre essas afirmações do ponto de vista da integração historiográfica entre contexto e indícios. Eis as afirmações de Power:

> [I] Tentemos imaginar um dia de sua vida. Em uma bela manhã de primavera perto do fim do reinado de Carlos Magno, Bodo acorda cedo [...] Se você tivesse ido atrás de Bodo quando ele arou o primeiro trecho de terra, provavelmente iria ver que ele tirou do gibão um pequeno bolo, assado para ele por Ermentrude usando diferentes tipos de alimentos, e teria visto Bodo se abaixar, enfiar o bolo no fundo do sulco e cantar: «Terra, Terra, Terra! Oh, Terra, mãe nossa!» [Segue-se um texto de encantamento anglo-saxão.]
> [II] Bodo certamente usaria um dia de folga para ir à feira.
> [III] Bodo vai assobiando no frio.[68]

Ginzburg nota não apenas a legitimidade, como também a necessidade da «integração [*l'integrazione*] das lacunas documentais, que se devem à pobreza da documentação, com elementos extraídos do contexto».[69] Porém, como indica sua próxima observação, nem todo os contextos têm *status* igual e o indício derivado deles precisa ser avaliado de maneira diferente. No que diz respeito a [I], Ginzburg escreve: «é improvável que Bodo, que mora na Ile-de-France, em algum momento tenha entoado um encantamento anglo-saxão» («CE», p. 299).[70] Isto é, tendo em vista o contexto do ambiente social e cultural de Bodo, não há motivo para crer

---

68 | Citado por Ginzburg em «Checking the Evidence», op. cit., p. 299.
69 | Ginzburg, *Il giudice e lo storico*, op. cit., p. 106.
70 | Ver também *Il giudice e lo storico*, op. cit.

que ele teria entoado um encantamento anglo-saxão. Talvez o contexto cultural de Bodo não torne isso impossível, mas, à luz do que sabemos sobre o ambiente social desses camponeses, precisaríamos de um indício muito particular, muito preciso para sustentar a reconstrução que Power faz desse aspecto da vida de Bodo. No que diz respeito a [II], Ginzburg diz que se trata de uma integração entre indivíduo e contexto induzida por um julgamento de compatibilidade histórica.[71] É provável que muitos camponeses como Bodo usassem dias de folga para ir a feiras. Embora não seja mais do que uma conjectura que o próprio Bodo fosse a essas feiras quando estava de folga, há fatos históricos específicos sobre a existência dessas feiras e sobre o comportamento desses camponeses que poderiam ser usados para sustentar essa conjectura, que poderiam ser indicados como base conceitual para que a afirmação de Power sobre Bodo seja aceitável. Por fim, com respeito a [III], Ginzburg ressalta que seria ingênuo perguntar se a afirmação se baseia em uma fonte,[72] como se alguém exigisse uma fonte específica para demonstrar que Bodo de fato assobiou. A integração encontrada em [III] é feita com base em uma consideração geral sobre plausibilidade: «camponeses assobiam hoje, com certeza também assobiavam na época de Carlos Magno».[73] Para poder justificar a afirmação de Power de que «Bodo vai assobiando no frio», não é preciso ser capaz de apresentar fatos históricos particulares, como seria preciso para sustentar a afirmação contida em [II], e sim apenas características mais gerais de plausibilidade cultural. Como Ginzburg nos lembra, no entanto, a plausibilidade geral não é sempre constante; aquilo que é plausível em geral, mesmo levando em conta os parâmetros culturais da pessoa de maneira muito ampla, não é indiscutivelmente plausível. Como escreve Ginzburg em «Checking the Evidence», «porém o assobio, sendo uma prática cultural, não pode ser automaticamente projetado em uma sociedade» («CE», p. 299). E, como ele acrescenta em *Il giudice e lo storico*, «os homens não são rouxinóis; seu assobio

---

71 | Id., *Il giudice e lo storico*, op. cit., p. 106, e «Checking the Evidence», op. cit., p. 299.
72 | Id., *Il giudice e lo storico*, op. cit., p. 106.
73 | Ibid.

não é um ato natural».[74] Em alguns contextos, o fato de que fulano assobiou pode ser altamente implausível, e, quando reconhecermos que o assobio é uma prática cultural, reconheceremos que mesmo integrações como as encontradas em [III] não podem ser tratadas como não problemáticas em termos historiográficos. A questão sobre quando e como o assobio se tornou uma prática cultural é, para mim, um problema fascinante, e não deveríamos ignorar esse tipo de problema tratando a plausibilidade cultural, mesmo do tipo mais geral, como se fosse uma concatenação de fatos necessários.

O estudo que Ginzburg faz de Power me leva diretamente à terceira dimensão da integração, que chamarei de dimensão literária. Essa dimensão diz respeito à apresentação literária, pelo historiador, de sua narrativa de eventos e fatos relevantes. O fato de que o «historiador *escreve*»[75] e de que sua narrativa exige atenção à dimensão literária de seu texto levou alguns historiadores a apagar a distinção entre história e ficção a ponto de torná-la sem diferenças. A historiografia recente ressaltou aquilo que Ginzburg chama de «núcleo fabulatório rastreável em narrativas com pretensões científicas — começando com as historiográficas» — e não enfatizou o «núcleo cognitivo discernível» nas narrativas, tanto nas ficcionais quanto nas historiográficas.[76] Ginzburg não vê a atual situação teórica de modo tão míope. Ele declara que,

> em oposição a essas tendências, deve-se ressaltar que uma consciência maior de uma dimensão narrativa não implica uma atenuação das possibilidades cognitivas da historiografia mas, pelo contrário, sua intensificação. Na verdade, é exatamente desse ponto que uma crítica radical da linguagem historiográfica, que apenas podemos vislumbrar, terá de começar.[77]

---

74 | Ibid.
75 | Ver a discussão de Ginzburg em «Just One Witness», op. cit., especialmente suas observações sobre Vidal-Naquet e De Certeau, pp. 86 e 94.
76 | Ginzburg, «Proofs and Possibilities», op. cit., p. 121.
77 | Ibid., p. 122.

Acredito que Ginzburg esteja ressaltando que, embora seja, é claro, verdade que relatos históricos são narrativas, com seus mecanismos literários específicos, também é verdade que essas narrativas têm implicações cognitivas; essas implicações e possibilidades cognitivas precisam ser alvo de discussão e crítica. O historiador deve prestar muita atenção aos vários modos como suas escolhas e apresentações literárias estão carregadas de consequências cognitivas e levam a inferências específicas, mesmo que nem sempre explicitamente formuladas, por parte dos leitores. As integrações literárias dos textos históricos não anulam a distinção entre ficção e realidade, mas necessitam de decisões sutis e cognitivamente complexas da parte do historiador, assim como acontece com as integrações literárias realizadas pelo romancista. Pense de novo na afirmação de Power, «Bodo certamente usaria um dia de folga para ir à feira». Essa é uma integração histórica indiscutivelmente defensável; no entanto, como sugere Ginzburg, é menos bem-sucedida como integração literária: «A palavra 'certamente' aqui significa 'possivelmente', uma troca que ocorre muitas vezes na linguagem do historiador» («CE», p. 299, n. 28).[78] As implicações cognitivas de «certamente» são, é óbvio, bem diferentes das de «possivelmente», e uma acumulação literária de certezas, em vez das probabilidades exigidas, levará o leitor a falsas inferências, que não podem ser sustentadas por indícios. Aqui a apresentação literária não está de acordo com a reconstrução histórica. E o modo como se apresenta um relato afetará sua recepção cognitiva tanto quanto o conteúdo apresentado no relato.

Às vezes, tanto a integração historiográfica quanto a integração literária serão inaceitáveis, cada uma espelhando os defeitos da outra. Em suas observações sobre *The Death of Woman Wang* [A morte da mulher Wang], de Jonathan Spence, Ginzburg reflete sobre a tentativa de Spence de reconstruir o sonho da pobre mulher camponesa Wang pouco antes de sua morte violenta. Spence usa uma série de fragmentos das obras literárias de um escritor chinês do século XVII, P'u Sung-

---

[78] A nota relevante em italiano diz: «Si noti che nella frasa precedente 'certamente' significa 'molto probabilmente' (è un vizio diffuso tra gli storici; non so se lo sia anche tra i giudici)» [Note-se que na frase precedente, «certamente» significa «muito provavelmente» (é um vício difundido entre os historiadores; não sei se também entre os juízes)], *Il giudice e lo storico*, op. cit., p. 117, n. 72.

ling, combinando algumas imagens desses fragmentos para «se aproximar de uma expressão do que poderia se passar pela mente da mulher Wang enquanto ela dormia antes de morrer» («CE», p. 302). Ginzburg comenta que, embora o sonho esteja impresso em itálico, «recriar o sonho de uma pobre camponesa por meio das palavras de um ensaísta e ficcionista erudito parece um exercício algo gratuito» («CE», p. 302). Usando as categorias que desenvolvi neste ensaio, eu interpretaria o comentário de Ginzburg como implicando, primeiro, que a integração historiográfica de Spence tem problemas. Pois Spence usa o contexto de um ensaísta erudito do sexo masculino para extrair indícios sobre os sonhos de uma mulher camponesa, um contexto absolutamente implausível tendo em conta o que sabemos sobre as práticas e as relações sociais na China do século XVII. As razões para acreditar que esse seja um contexto confiável para reconstruir os sonhos de Wang são tão escassas quanto as que nos levariam a acreditar que o contexto cultural de Bodo incluía encantamentos anglo-saxões. Segundo, como Spence usa «as palavras de um ensaísta erudito» para reproduzir o conteúdo do sonho de Wang, também nos deparamos com uma falha de integração literária. A própria narrativa histórica de Spence *incorpora* essas palavras, com suas várias implicações cognitivas, identificando assim seu próprio ponto de vista histórico com uma série de mecanismos literários que só podem distorcer o conteúdo do sonho. A escolha de palavras de Spence, combinando as palavras de P'u Sung-ling, é uma falha de narrativa que duplica sua falha historiográfica. A apresentação literária pode ser agradável de ler, mas tem consequências cognitivas que iludirão diretamente o leitor. Seu exercício, ainda que sem dúvida de modo não intencional, é enganoso, além de gratuito.

Uma parte importante da adequação das integrações literárias feitas pelo historiador consiste em sua habilidade de exibir essas integrações, de mostrar, dentro de sua narrativa, exatamente como está reconstruindo sua própria apresentação literária dos indícios históricos. Ginzburg cita uma «nota de rodapé autocrítica» ao 31º capítulo de *Declínio e queda do Império Romano* de Edward Gibbon, em que Gibbon escreve: «Devo a mim mesmo e à verdade histórica a declaração de que algumas *circunstâncias* nesse parágrafo se baseiam apenas em conjecturas e analogia. A teimosia de nossa língua por vezes me forçou a desvios do modo *condicional* para o *indicativo*».[79]

Ginzburg insiste na importância de distinguir entre os modos indicativo e condicional, como quando compara Davis favoravelmente a Power, uma vez que, «em vez de esconder com o modo indicativo as integrações que realizou para preencher as falhas documentais, Davis as enfatiza usando ou o modo condicional ou expressões como 'talvez' e 'pode ter sido'» («CE», p. 301). E em outro lugar ele se refere «ao enxame de expressões como 'talvez', 'fadado a', 'pode-se supor', 'certamente' (o que na linguagem dos historiadores normalmente significa apenas 'muito provavelmente'), e assim por diante»,[80] que aparecem em seu livro, *O retorno de Martin Guerre*, todas elas chamando a atenção para os procedimentos de integração literária. Ginzburg compara a abordagem de Davis com «técnicas modernas de restauração de arte, a chamada *rigatino*, em que as lacunas da superfície pintada são enfatizadas por finas hachuras, em vez de ocultadas por uma nova pintura, como ocorria no passado» («CE», p. 301).[81] Em vez de tentar ocultar suas integrações literárias, uma historiadora como Davis, consciente das consequências cognitivas e da força retórica dessas integrações, permite que elas fiquem à mostra, e assim torna possível ao leitor distinguir de modo correto entre as implicações de um «certamente» e as de um «talvez». Davis permite ao leitor determinar quando ela está preenchendo as lacunas deixadas pelos próprios documentos no que diz respeito ao indivíduo. Como diz Ginzburg sobre o trabalho de Davis: «'Verdadeiro' e 'provável', 'provas' e 'possibilidades' se entrelaçam, embora permaneçam rigorosamente distintos».[82] Se o espaço permitisse, aqui seria o lugar para examinar com atenção as integrações literárias feitas pelo próprio Ginzburg em, por exemplo, *O queijo e os vermes*. Acredito que descobriríamos que, apesar de seus formidáveis talentos literários, Ginzburg não deixa que suas habilidades como escritor superem a ne-

---

79 | Citado em Ginzburg, «Proofs and Possibilities», op. cit., p. 123.
80 | Ibid., pp. 116-7.
81 | Ibid., p. 123.
82 | Ibid., p. 117.

cessidade de manter constantemente à vista suas integrações literárias. Pois, ao contrário do que diz Gibbon, não é «a teimosia da língua» que nos força a desviar do modo condicional para o indicativo, e sim um déficit de autoconsciência e rigor metodológico que é uma constante ameaça, uma autoconsciência que é fácil demais para o historiador ou a historiadora deixar de lado caso suas habilidades de escrita sejam soberbas. Uma das grandes conquistas de *O queijo e os vermes* é seguir consciente de sua apresentação literária da vida e do julgamento de Menocchio, sem sacrificar uma eloquência e um estilo literários maravilhosos de ler.

Em «Proofs and Possibilities» [«Provas e possibilidades»], Ginzburg analisa as relações entre a escrita historiográfica e o romance, mostrando, por meio de uma discussão sobre Daniel Defoe e Henry Fielding, «a dependência [...] que o romance inglês tem [...] da historiografia anterior e contemporânea».[83] Ele então mapeia os modos pelos quais os «romancistas pouco a pouco se livram dos grilhões de sua posição de inferioridade»,[84] culminando hoje em uma situação na qual os historiadores mostram «uma predileção crescente pelos temas e, em parte, pelas formas de exposição antes reservados aos romancistas».[85] Justamente por alguns de nossos melhores historiadores, incluindo Ginzburg, terem assumido temas e formas de exposição antes reservados a romancistas, e por estarem escrevendo *história*, esses historiadores devem manter um ponto de vista com relação a suas integrações literárias distinto daquele usado pelos autores de ficção. Formas de exposição contaminadas não deveriam levar a integrações literárias idênticas, como se as implicações cognitivas e as possibilidades particulares da escrita histórica pudessem ser mescladas às do romance. Um dos melhores conselhos historiográficos e literários para os historiadores contemporâneos, citado por Ginzburg em «Proofs and Possibilities», vem, talvez inesperadamente, de Alessandro Manzoni, em *Dal romanzo storico e, in genere, de' componimenti misti di storia e d'invenzione* [Do romance histórico e, geralmente, das composições mistas de história e invenção]:

83 | Ibid., p. 119.
84 | Ibid., p. 120.
85 | Ibid., p. 121.

> Talvez não seja despropositado mencionar que a história por vezes também usa o verossímil, e pode fazê-lo sem danos caso o use de forma adequada e o apresente como tal, distinguindo-o assim do real [...] É uma característica da situação empobrecida do homem só poder saber parte do que aconteceu, mesmo em seu pequeno mundo; e é um aspecto de sua nobreza e de sua força que ele possa conjecturar para além do que realmente sabe. Quando a história recorre ao verossímil, nada mais faz além de favorecer ou promover essa tendência. Ela momentaneamente deixa de lado a narrativa e usa, em vez disso, o raciocínio indutivo, já que a narrativa ordinária não é o melhor instrumento para isso, e, ao se adaptar a uma situação diferente, adota um novo propósito. Na verdade, só o que é necessário para esclarecer a relação entre o factual e o verossímil é que os dois pareçam distintos. A história age quase como alguém que, ao desenhar o mapa de uma cidade, pinta de cores distintas as ruas, praças e edifícios planejados para o futuro e que, ao distinguir entre o potencial e o real, nos deixa perceber a lógica do todo. A história, nesses momentos, eu diria, abandona a narrativa, mas apenas para produzir uma narrativa melhor. A história almeja apresentar a realidade, tanto ao conjecturar quanto ao narrar; reside aí sua unidade.[86]

Apresentar a realidade distinguindo entre o factual e o verossímil e nos deixando perceber a lógica do todo me parece um guia presciente e profundo para os historiadores de hoje.

Como sublinhou Ginzburg, questões atuais e problemas sobre narração afetam a categoria não apenas da narração histórica, mas da «narração *tout court*».[87] Podemos usar a dimensão da integração literária no texto histórico para abordar a questão das «relações variáveis entre a narração historiográfica e outros tipos de narração»,[88] reconhecendo que as diferentes formas de escrita irão incorporar di-

---

86 | Citado em ibid., p. 123.
87 | Ibid., p. 124.
88 | Ibid., p. 119.

ferentes tipos de integrações literárias. As práticas da narração histórica e o *status* cognitivo das apresentações literárias impõem ao historiador exigências que ele não pode ignorar. Ele também não pode se refugiar dessas exigências em uma falsa consciência de que seu trabalho apresenta apenas os fatos, nada além dos fatos. Em vez disso, deveria desenvolver uma autoconsciência mais aguda sobre suas próprias intervenções literárias, usando as oportunidades em seu texto para nos ajudar a investigar de maneira mais completa nossa própria relação *fin-de-siècle* «entre aquele que narra e a realidade».[89]

7. FOUCAULT E A ANÁLISE DOS CONCEITOS[1]

Ao tentar hoje confrontar os procedimentos usados por Foucault na análise de conceitos e aqueles que encontramos na análise conceitual da filosofia analítica anglo-americana, não consigo evitar lembrar a observação do próprio Foucault, logo no início de sua palestra «Sexualidade e solidão» na Universidade de Nova York: «Deixem-me anunciar logo e de uma vez por todas que não sou um estruturalista, e confesso, com o devido pesar, que não sou um filósofo analítico. Ninguém é perfeito».[2]

Não tenho a pretensão, desnecessário dizer, de transformar Foucault em um filósofo analítico. Mas também não acredito que não haja uma relação útil que possa ser feita entre aspectos específicos do trabalho de Foucault e a tradição anglo-americana da análise conceitual. Hilary Putnam descreveu o interesse que Foucault causa e a influência que tem tanto em Ian Hacking quanto em mim mesmo do seguinte modo:

---

1 | Este ensaio foi escrito para a conferência «Écrire, Diffuser, Traduire: Foucault Dix Ans Après», organizada pelo Centro Michel Foucault em 1994. Gostaria de agradecer a Yves Duroux e a Daniel Defert por nossas conversas sobre Foucault e filosofia analítica. Todas as traduções, exceto quando houver indicação em contrário, são minhas.

2 | Michel Foucault, *Dits et écrits, 1954-1988*. Paris: Gallimard, 1994. v. 4, p. 170. [Trad. bras.: «Sexualidade e solidão». In: FOUCAULT, M., *Ditos e escritos*, vol. V: *Ética, Sexualidade, Política*. Rio de Janeiro: Forense Universitária, 2012.]

> O que interessava a Hacking e a Davidson era a ideia de que certas técnicas de filosofia analítica podem ser combinadas com determinadas técnicas de história. Em vez de tratar conceitos como objetos eternos, seria possível pensar neles como objetos que passam a existir, servem a objetivos historicamente contingentes, morrem, sem cessar de estar interessados na questão analítica de saber qual é o modo adequado de analisar esse ou aquele conceito [...] esse território exige uma dupla educação como historiador e como filósofo analítico.[3]

É precisamente essa combinação entre certas técnicas para análise de conceitos e certas técnicas para escrever sua história que quero pôr no centro de minhas considerações hoje.

Vocês se lembrarão de que, no início de *Ordem do discurso*, Foucault fala sobre a oposição entre verdadeiro e falso como um «sistema de exclusão» lado a lado com aqueles sistemas de exclusão constituídos por «proibição» e por «divisão» (*le partage*). Porém Foucault, reconhecendo aquilo que muitos vão considerar ser os perigos de uma proposta desse tipo, pergunta como pode ser razoável comparar a limitação da verdade às contingências históricas da proibição e da divisão. E ele responde à sua própria pergunta:

> Decerto, caso alguém se ponha no nível de uma proposição, dentro de um discurso, a divisão entre o verdadeiro e o falso não é nem arbitrária, nem modificável, nem institucional, nem violenta. Mas, caso a pessoa se ponha em uma escala diferente, caso se faça a pergunta de saber o que atravessava nossos discursos, o que o atravessa constantemente, esse desejo da vontade que atravessou tantos séculos de nossa história, ou qual é, de forma muito geral, o tipo de divisão que governa nossa vontade de saber, então talvez o que essa

---

[3] | Hilary Putnam, «Philosophie analytique et philosophie continentale: Entretien avec Joëlle Proust», *Philosophie* 35, 1992, p. 49.

pessoa veja aparecer seja algo como um sistema de exclusão (um sistema que é histórico, modificável, com limitações institucionais).[4]

Percebam que as características que Foucault atribui aqui a esse sistema de exclusão são as de ser historicamente contingente, modificável, sustentado institucionalmente e limitador. Assim, a oposição entre discurso verdadeiro e falso, considerada como um sistema desse gênero, é, de acordo com Foucault, um tipo muito específico de oposição, ou seja, uma oposição que se organiza em torno de contingências históricas, que está sujeita a modificações, que está encarnada em apoios institucionais e cujo exercício produz limitações; uma oposição, além disso, que mascara nossa própria vontade da verdade. E essa caracterização é adequada, embora, como admite o próprio Foucault, caso a pessoa se ponha no nível das proposições do discurso, a oposição entre verdadeiro e falso não pareça «nem arbitrária, nem modificável, nem institucional, nem violenta».

Foucault fala a seguir de certas «grandes mutações científicas» que podem ser vistas como «o surgimento de novas formas na vontade da verdade»:

> Sem dúvida há uma vontade de verdade no século XIX que não coincide, nem pelas formas que ela põe em jogo, nem pelos campos dos objetos a que se dirige, nem pelas técnicas em que confia, com a vontade de conhecimento que caracteriza a cultura clássica (*la culture classique*).[5]

Em uma série de ensaios inspirada pelas observações metodológicas de Foucault em geral e por *A vontade de saber*, tentei mostrar que o estilo psiquiátrico de raciocínio sobre a sexualidade é justamente uma dessas «novas formas de desejo de verdade», contendo novos conceitos, novos objetos de conhecimento, novas técnicas e suportes institucionais. Em resumo, tentei descrever, com certo grau de detalhe

---

4 | Michel Foucault, *L'Ordre du discours*. Paris: Gallimard, 1971. p. 16. [Ed. bras.: *A ordem do discurso*. São Paulo: Loyola, 2014.]
5 | Ibid., p. 18.

histórico, o «regime de verdade» que governou o discurso psiquiátrico sobre a sexualidade no século XIX, concentrando-me sobretudo em novos conceitos, como o de perversão sexual, e na maneira como esses novos conceitos se combinaram de certos modos para produzir um novo domínio de afirmações (*énoncés*) cujo objeto era a sexualidade.[6] Tentei assim levar muito a sério a observação de Foucault segundo a qual «a 'verdade' deve ser compreendida como um sistema de procedimentos ordenados para a produção, regulação, distribuição, circulação e operação de afirmações».[7]

Ao realizar esse trabalho histórico-analítico, que concebi como uma análise do conceito e, em última instância, da experiência da sexualidade, vim a ver que os procedimentos para a produção de discursos verdadeiros sobre a sexualidade eram, na verdade, muito bem ordenados, tendo ao mesmo tempo uma origem histórica determinada. A oposição particular entre verdade e falsidade exibida pelo estilo psiquiátrico de raciocínio sobre sexualidade era uma forma muito específica da vontade de conhecer, que não podia ser lida do mesmo modo como se liam formas anteriores de conhecimento sobre atos e comportamentos sexuais. Acabei compreendendo, por um caminho algo diferente daquele percorrido por Foucault, a *profundidade* de sua afirmação sobre gregos e romanos (e, eu acrescentaria, como creio que ele faria, os primeiros cristãos), segundo a qual

> nossa divisão dos comportamentos sexuais em homo e heterossexuais não tem relevância nenhuma para os gregos e os romanos. Isso significa duas coisas: por um lado, que eles não tinham a noção, o *conceito*, de homo e heterossexual; e, por outro lado, que eles não tinham a experiência desses conceitos.[8]

Também me dei conta de que a análise-padrão anglo-americana de conceitos como perversão deixava de lado as condições historicamente determinadas do surgimento da «vontade de verdade» psiquiátrica e o modo como essas condições de surgi-

---

6 | Ver os três primeiros ensaios deste volume.
7 | Foucault, *Dits et écrits*, op. cit., v. 3, p. 160.
8 | Ibid., v. 4, p. 286.

mento determinavam o que podia ser feito com esses conceitos.[9] A história dessa vontade de verdade particular afetava profundamente a estrutura do saber (*savoir*) que era possível dentro dele. Como Ian Hacking disse a respeito de um domínio diferente, «a organização de nossos conceitos e as dificuldades que surgem a partir deles por vezes têm a ver com suas origens históricas».[10] A análise da *scientia sexualis* é uma área em que é possível concordar plenamente com a formulação de Jacques Bouveresse da visão de Wittgenstein segundo a qual «a conexão histórica só tem verdadeiro poder de explicar na medida em que também pode ser interpretada como uma conexão conceitual».[11] A origem histórica e o desenvolvimento do estilo psiquiátrico de raciocínio sobre sexualidade poderiam ser reformulados na forma de uma descrição das conexões conceituais entre diferentes afirmações dentro desse estilo de raciocínio.[12]

Esse tipo de análise histórica de conceitos torna muito claro que conceitos não são nem estados mentais autorreferenciados nem objetos autônomos. O conceito de perversão, por exemplo, não deve ser identificado com algum estado mental que possa ser encontrado por meio de introspecção para, por assim dizer, receber o rótulo «perversão». E o conceito de perversão ou de sexualidade também não deve ser identificado com algum objeto com existência independente, cujo conteúdo pode ser descoberto por algum tipo de intuição intelectual. Esses conceitos devem ser identificados pelos usos que são feitos deles, pelas conexões que governam seu emprego e que permitem que eles entrem naquilo que Foucault via como «jogos de verdade» (*jeux de vérité*) específicos. Como esses usos, conexões e jogos de verdade não devem

---

9 | Ver meu «Styles of Reasoning, Conceptual History, and the Emergence of Psychiatry». In: GALISON, Peter; STUMP, David (Orgs.), *The Disunity of Science*. Palo Alto: Stanford University Press, 1995.

10 | Ian Hacking, «How Should We Do the History of Statistics?», *I & C* 8, 1981, p. 17.

11 | Jacques Bouveresse, «L'Animal cérémoniel: Wittgenstein et l'anthropologie». In: WITTGENSTEIN, Ludwig. *Remarques sur "Le Rameau d'Or" de Frazer*. Montreux: L' Âge d'Homme, 1982. p. 103. Uma consideração mais completa sobre a perspectiva de Wittgenstein também deveria levar em conta os usos que Carlo Ginzburg faz dela em *Storia notturna*. Turim: Einaudi, 1989 [ed. bras.: *História noturna: decifrando o sabá*. São Paulo: Companhia das Letras, 2012]. Ver esp. pp. XXVIII-XXX.

12 | Minha compreensão, no que se segue, sobre conexões conceituais que são revisáveis tem dívida com Hilary Putnam, «Pragmatism», *Proceedings of the Aristotelian Society* 95, pt. 3, 1995; e «Rethinking Mathematical Necessity». In: _____. *Words and Life*. Cambridge: Harvard University Press, 1994.

ser analisados em termos metafísicos, como se fossem fixos e imutáveis, não deveria ser surpresa descobrir que aqueles dentre nós que são influenciados por Foucault insistem que devemos estar atentos à «história do surgimento dos jogos de verdade».[13]

Seria possível pensar que os filósofos anglo-americanos teriam aprendido com Wittgenstein que conceitos não podem ser divorciados de suas práticas de uso. E também seria de imaginar que, estendendo esse ponto de vista, teríamos percebido que, embora as articulações conceituais nos «jogos de verdade» estudados por Foucault tenham critérios e sejam governadas por regras, essas regras não devem ser lidas como decretos divinos, determinados para todo o sempre (nem, é claro, como imposições arbitrárias, baseadas em decisões individuais que podem ser modificadas à vontade). Mas muitos filósofos analíticos, apesar de Wittgenstein, tratam os conceitos como se eles existissem previamente a qualquer uso, como se sua identificação não dependesse das conexões que há entre eles, nem do que de fato fazemos com eles. Assim, encontramos filósofos analíticos tentando retirar o conceito de perversão do estilo de raciocínio que o estabiliza, tentando extraí-lo de seus jogos de verdade, e tratando-o como se ele fosse um objeto de análise trans-histórica, nem modificável nem limitado por regras particulares de formação e combinação.[14] Esses filósofos se comportam como os etnólogos criticados por Wittgenstein, sobre os quais se pode dizer, na formulação de Jacques Bouveresse,

> que o erro dos etnólogos é se comportar com grande frequência como alguém que «sem saber jogar xadrez [...] tentasse descobrir o que a palavra 'mate' significa observando atentamente o último movimento de alguma partida». «*Grosso modo*», escreveu Wittgenstein, «entender uma frase significa entender uma língua».[15]

13 | Foucault, *Dits et écrits*, op. cit., v. 4, p. 633.
14 | Ver minha discussão em «Styles of Reasoning, Conceptual History, and the Emergence of Psychiatry», op. cit.
15 | Jacques Bouveresse, «Wittgenstein antropologo». In: WITTGENSTEIN, Ludwig. *Note sul "Ramo d'oro" di Frazer*. Milão: Adelphi, 1975. pp. 80-1. As citações internas vêm de Wittgenstein, *Philosophical Investigations*. Oxford: Basil Blackwell, 1958. Seção 316 [ed. bras.: *Investigações filosóficas*. 9. ed. Petrópolis, Bragança Paulista: Vozes, EdUSF, 2014], e *The Blue and Brown Books*. Oxford: Basil

Alguém também poderia dizer, *grosso modo*, que entender um conceito do tipo que venho discutindo é compreender o estilo de raciocínio de que ele faz parte.

Vocês sem dúvida ficarão surpresos, talvez até consternados, por me ver associando o nome de Wittgenstein ao de Foucault. Não tenho nenhum indício de que Foucault jamais tenha estudado Wittgenstein com atenção, e seria facílimo estabelecer as *muitas* diferenças que separam as motivações, as perspectivas e as afirmações dos dois. Mas, pelo menos em um aspecto, quero tentar fazer com que essa conjunção pareça mais plausível. Quero tentar fundamentar essa justaposição primeiro tomando um dos primeiros, e ainda hoje um dos mais importantes, ensaios franceses sobre a filosofia tardia de Wittgenstein, publicado em 1960 pelo grande historiador do pensamento antigo Pierre Hadot. Depois de dar uma cuidadosa explicação da noção de «jogos de linguagem» em Wittgenstein, Hadot diz querer demonstrar que, «retomada uma perspectiva histórica que no mais Wittgenstein ignora completamente, essa noção de jogos de linguagem permite que a filosofia compreenda certos aspectos de sua própria história e por consequência compreenda melhor a si mesma».[16] É um uso desse gênero de Wittgenstein, tomado em uma perspectiva histórica, que permite certo ângulo de reaproximação entre Wittgenstein e Foucault. De acordo com Hadot, partindo da ideia de Wittgenstein de que é preciso «romper radicalmente com a ideia de que a linguagem sempre funciona apenas de um modo e sempre com o mesmo objetivo»:

> É preciso também [...] romper com a ideia de que a linguagem filosófica funciona de modo uniforme. O filósofo está sempre em um jogo de linguagem, isto é, em uma certa forma de vida, e é impossível atribuir sentido a esses filósofos sem situá-los em seu jogo de linguagem.[17]

Blackwell, 1958. p. 5 [ed. em português em duas obras distintas: *O livro azul* e *O livro castanho*. Lisboa: Edições 70, 1992].

16 | Pierre Hadot, «Jeux de langage et philosophie», *Revue de Métaphysique et de Morale* 64, 1960, p. 331. [Trad. bras.: «Jogos de linguagem e filosofia». In: HADOT, P., *Wittgenstein e os limites da linguagem*. São Paulo: É Realizações, 2014.]

17 | Ibid., p. 340.

Aplicando essas mesmas observações à história da filosofia, Hadot diz:

> Quanto a isso, devem-se considerar jogos de linguagem muito diferentes os gêneros literários, tão profundamente diversos, do diálogo, da exortação ou do protréptico, do hino ou da oração (por exemplo, as *Confissões* de santo Agostinho), do manual, do comentário exegético, do tratado dogmático, da meditação. E devem-se também distinguir as atitudes tradicionais da Antiguidade — a dialética dos *Tópicos*, a argumentação propriamente retórica, o raciocínio lógico, a exposição propriamente didática. Seria possível perceber que o próprio fato de se colocar em uma dessas tradições predetermina o conteúdo da doutrina que se expressa nesse jogo de linguagem: os «lugares-comuns» não são tão inocentes quanto se possa imaginar.[18]

Sem parar aqui para discutir o modo como Hadot pôs em prática esse conselho, por exemplo, em seu trabalho revolucionário sobre Porfírio e Vitorino, quero citar um trecho longo de um exemplo que ele dá em «Jeux de langage et philosophie» [«Jogos de linguagem e filosofia»], já que ele tem inquietantes ressonâncias com algumas das observações que Foucault faz em *A arqueologia do saber*. Eis como Hadot explica uma das lições que extrai de Wittgenstein:

> Suponhamos que um filósofo contemporâneo, chegando a uma estação ferroviária ou a um aeroporto, cercado por uma multidão de jornalistas, faça a eles a seguinte declaração: «Deus está morto». Em si mesma essa fórmula não tem um sentido único; ela permite uma pluralidade de significados. Para os gregos que cantavam em suas procissões «Kronos está morto», essa aclamação litúrgica tinha um significado ritual e mítico. Para o cristão que acredita na Encarnação, a fórmula também tem um significado: significa que é necessário relacionar a ação humana que é a morte de Jesus com a Palavra eterna que é Deus. Para Nietzsche, por fim, essa fórmula

---

18 | Ibid., pp. 342-3.

não pertence nem ao jogo de linguagem da aclamação ritual, nem ao jogo de linguagem da teologia, nem ao jogo de linguagem característico da afirmação histórica. A fórmula é apresentada em uma parábola, a parábola do louco que procura Deus na praça pública com um lampião e que não é compreendido pelas pessoas: «Cheguei cedo demais, ainda não é a minha hora. Esse evento imenso ainda está a caminho, ainda não chegou aos ouvidos dos homens». Sob essa forma simbólica, trata-se de um chamado que em última instância tem valor religioso, na medida em que o «não» a Deus deve ser um «sim» aos valores que se apoiam exclusivamente no homem. É «uma negação cuja violência se transforma em afirmação», uma superação do niilismo. A declaração do filósofo para os jornalistas tem um significado bastante diverso. É obviamente uma alusão a Nietzsche, mas já não é o anúncio profético e simbólico de um «evento imenso», e sim a retomada de uma fórmula, uma repetição; já deixou de ser um chamado angustiado, passando a ser no máximo uma recapitulação inteligente de uma situação histórica. Talvez seja um programa, mas que ganha, no jogo de linguagem da entrevista, um sentido completamente distinto do que Nietzsche desejava com a mesma fórmula.[19]

Citei esse longo exemplo porque ele permite ver a força da afirmação posterior de Hadot segundo a qual «as teses só têm significado completo dentro dos limites de determinado 'discurso' e não devem ser separadas do propósito geral desse 'discurso'».[20] Daí sua insistência, como historiador da filosofia, em ajustar as teses filosóficas dentro de um «determinado discurso» e seu alerta contra tratar a linguagem filosófica como se ela se articulasse dentro de «um discurso ideal e absoluto».[21] Se Hadot pôde compreender como invocar Wittgenstein para pedir por «uma história dos jogos de linguagem filosóficos», foi em parte porque seu estudo

---

19 | Ibid., pp. 339-40. As citações internas vêm, primeiro, de Nietzsche, e depois de A. de Waelhens. Ver as notas à p. 340 para maior especificação.
20 | Ibid., p. 342.
21 | Para o contraste entre um «discurso determinado» e um «discurso ideal e absoluto», ver Ibid., p. 342.

dos antigos o tornou sensível ao fato, e à importância do fato, de que os discursos *falados* da filosofia antiga, com seu uso concreto de elementos retóricos, pedagógicos e psicológicos, não se dirigiam ao «homem em si».[22]

Deixem-me agora passar diretamente a algumas passagens de *A arqueologia do saber*, um livro que pode parecer completamente antiwittgensteiniano na verdade. Mas pensem no que Foucault diz quando trata do problema da identidade de uma afirmação (*énoncé*):

> A afirmação de que a Terra é redonda ou de que as espécies evoluem não é a mesma antes e depois de Copérnico, antes e depois de Darwin [...] A afirmação «os sonhos realizam desejos» pode na verdade ser repetida ao longo dos séculos; nem de longe é a mesma afirmação em Platão e em Freud.[23]

Foucault diz explicitamente que, para formulações desse tipo, não é que o significado das palavras tenha mudado.[24] Ao pensar sobre a identidade da afirmação em vez de se concentrar no problema do sentido, Foucault pensa no conjunto de condições que são impostas à identidade de uma afirmação pelo «conjunto de outras afirmações em meio às quais ela aparece, pelo domínio em que se pode usá-la ou empregá-la, pelo papel ou pelas funções que ela tem de desempenhar».[25] Por isso Foucault, tentando dar conta *tanto* da repetibilidade da afirmação quanto do fato de que ela só pode ser repetida dentro de condições estritas, escreve, em uma série de observações que contêm excepcional valor metodológico:

> Os esquemas de uso, as regras de emprego, as constelações em que elas podem desempenhar um papel, suas potencialidades estratégicas constituem um *campo de estabilização* para as afirmações que

---

22 | Ibid., p. 342. Sobre filosofia antiga, ver pp. 340-2.
23 | Michel Foucault, *L'Archéologie du savoir*. Paris: Gallimard, 1969. p. 136. [Ed. bras.: *A arqueologia do saber*. 8. ed. Rio de Janeiro: Forense Universitária, 2015.]
24 | Ibid.
25 | Ibid.

torna possível, apesar de todas as diferenças de enunciação, repeti-las em sua identidade; mas o mesmo campo também pode definir, por baixo das mais manifestas identidades semânticas, gramaticais ou formais, um limiar a partir do qual já não há equivalência, sendo necessário reconhecer a aparência de uma nova afirmação [...] A constância de uma afirmação, a manutenção de sua identidade através de eventos singulares de enunciação, suas duplicações que atravessam a identidade de formas, tudo isso é função do *campo de utilização* em que ela se encontra.[26]

Eu poderia dizer, segundo Foucault, que o campo de utilização de uma afirmação constitui seu campo de estabilização, que uma afirmação (ou, no caso de meu trabalho, um conceito) obtém sua identidade do modo pelo qual ela se estabiliza. Quando Foucault atribui um papel crucial às «possibilidades de utilização» de uma afirmação, quando diz que «a identidade de uma afirmação é em si mesma relativa e oscila de acordo com o uso que se dá à afirmação e com a maneira como o indivíduo a manipula», ele está insistindo que não tratemos uma afirmação como uma forma ideal que pode ser reefetivada sob quaisquer condições.[27]

Como disse Hadot a respeito de estruturas conceituais, não se pode reconstruir essa estrutura «apelando a frases ou palavras isoladas de seu contexto e retiradas dos lugares mais disparatados [...] Em outras palavras, é preciso não separar as estruturas conceituais dos desenvolvimentos em que elas são reconhecíveis».[28]

Uma frase como «sonhos realizam desejos» será estabilizada por uma série de relações que a conectam com outras afirmações, e o campo de estabilização que se descobre quando essa frase é empregada por Freud será bastante diferente do encontrado em Platão, levando-nos a reconhecer que a mesma frase pode ser utilizada em mais de uma afirmação. Caso não se reconstrua o campo de estabilização, aquilo que por vezes chamei de estilo de raciocínio, que confere uma identidade

---

26 | Ibid., pp. 136-7.
27 | Ibid., p. 137. O contraste com uma «forma ideal» pode ser encontrado na p. 138.
28 | Pierre Hadot, *Porphyre et Victorinus*. Paris: Études Augustiniennes, 1968. v. 1, p. 30.

ao conceito de perversão, não se compreenderá a diferença entre a invocação da perversão pela psiquiatria do século xix e o aparecimento dessa palavra, por exemplo, na teologia moral de santo Agostinho. Assim se deixará de ver, nas palavras de Mino Bergamo, que a descontinuidade pode ser «dissimulada sob o véu de uma permanência lexical».[29] Bergamo está entre os poucos historiadores do pensamento que entendeu com clareza (no caso dele, usando as sugestões metodológicas de Foucault para estudar a história do misticismo francês) o modo como o campo de estabilização de uma afirmação ao mesmo tempo garante uma repetibilidade que a distingue do «evento puro, singular e irrepetível», da enunciação, e impõe a essa mesma repetibilidade «restrições especialmente exigentes», distinguindo a afirmação de uma frase que pode ser repetida ao infinito.[30] Alguns dos momentos mais notáveis da história do pensamento são precisamente aqueles em que uma antiga frase ou palavra se estabiliza de um novo modo, resultando na produção de um novo conjunto de conceitos e de uma nova esfera de afirmações. Isso, eu diria, é exatamente o que aconteceu quando o raciocínio psiquiátrico do século xix inventou um novo campo de estabilização, um novo esquema de utilização, para as ideias moral-teológico-jurídicas de perversão e daquilo que contraria a natureza. E os filósofos analíticos não conseguiram reconhecer a transformação do pensamento que ocorreu por terem tratado esses conceitos como se eles fossem tanto autoestabilizantes quanto permanentemente estabilizados.

É importante insistir que novas afirmações e novos conceitos não aparecem quando bem desejamos. Um indivíduo não decide simplesmente criar uma nova afirmação. O campo de utilização ou campo de estabilização que cria as *condições de possibilidade* para uma nova afirmação é tipicamente muito elaborado, e, nessas circunstâncias, deveríamos esperar encontrar não apenas uma nova afirmação ou um único novo conceito individual, e sim todo um novo campo de possibilidades. Como

---

29 | Mino Bergamo, «Il problema del discorso mistico. Due sondaggi». In: _____. *Asmodee Asmodeo*. Florence: Il Ponte Alle Grazie, 1989. v. 1, p. 13.
30 | Id., *La Scienza dei santi*. Florença: Sansoni, 1983. pp. 51-2. Bergamo cita as mesmas passagens de *A arqueologia do saber* que eu citei.

Foucault percebeu, esse tipo de transformação muitas vezes parece ser exibido ao mesmo tempo nos textos de vários indivíduos diferentes, dando a impressão de que um novo campo de estabilização seja uma estrutura coletiva, até mesmo anônima. Apenas dentro desse novo campo de estabilização uma afirmação ou conceito obedecerá a novas condições de inscrição, modificando assim sua identidade. Como observou Bergamo, «para que uma nova afirmação apareça, será necessário que um novo campo de estabilização se organize, que novos esquemas de uso e novas séries de relações sejam criados e que, em resumo, as condições de inscrição da sentença sejam transformadas».[31]

Uma mudança no valor enunciativo se produz como resultado do novo sistema de inscrição, que por ser organizado, sistemático, tem efeitos amplos, embora regulados. O conceito de perversão está inscrito de maneiras diferentes na psiquiatria do século XIX e na teologia moral medieval. Reconstruir o campo de estabilização que explica o novo tipo de inscrição nos permite compreender por que um psiquiatra do século XIX não poderia usar o conceito de perversão para fazer novas afirmações sobre doenças sem também empregar os conceitos relacionados de natural, de desvio, função e assim por diante, conceitos que estão relacionados entre si por meio de uma rede de usos que não são nem arbitrários nem eternos. Conceitos e afirmações são de fato estáveis, porém essa estabilidade é criada por um conjunto interdependente de práticas, um campo, ou estilo de raciocínio, cuja existência confere um papel ou uma função específicos a nossas palavras, permite que elas exibam certas «potencialidades estratégicas».

Muitos filósofos analíticos reconheceram que maus retratos de conceitos podem ter consequências profundamente enganosas na filosofia da mente e na filosofia da linguagem. Porém é muito menor o grupo daqueles que perceberam que um retrato imutável dos conceitos, como entidades autônomas e autoidentificadas, pode ter, assim como de fato tem, consequências profundas sobre o modo como se escreve a história dos sistemas de pensamento. A idealização e a descontextualização de conceitos privam a história do pensamento de suas diferentes possibi-

31 | Id., *La Scienza dei santi*, op. cit., p. 52.

lidades, levam a uma historiografia do perpétuo, como se escrever a história do pensamento fosse escrever uma história de sucessivas repetições do mesmo, como se uma quantidade de ideias claramente circunscritas, nossas ideias de agora, devessem se repetir eternamente. Jacques Bouveresse descreveu Wittgenstein como pertencendo à categoria de Robert Musil dos «homens do possível» em contraste com os «homens do real»; «ou seja, ele pertence àqueles que são particularmente sensíveis à contingência e à precariedade do que existe e estão particularmente dispostos a discernir aquilo que poderia perfeitamente existir em seu lugar».[32]

O que Bouveresse chamou de método antropológico de Wittgenstein consiste em trazer à luz, em *descrever*, outras possibilidades além daquelas a que estamos vinculados; assim o trabalho fundamental da filosofia consiste em parte na «capacidade de perceber realidade em um terreno de possibilidades muito mais amplo do que a concepção comum».[33] Em *Remarques mêlées* (*Culture and Value*) [Comentários mistos], Wittgenstein escreve:

> Caso empreguemos um ponto de vista etnológico, significa que estamos fazendo da filosofia uma etnologia? Não, significa apenas que estamos tomando uma posição bastante externa para podermos ver as coisas *de modo mais objetivo* [...] Um dos métodos mais importantes que uso é imaginar um desenvolvimento histórico de nossas ideias diferente do que realmente ocorreu. Se fizermos isso, veremos o problema de um ponto de vista inteiramente novo.[34]

---

32 | Bouveresse, «Wittgenstein antropologo», op. cit., p. 63. É claro, Bouveresse também reconhece que para Wittgenstein isso não implica que possamos mudar essas coisas segundo nossa vontade. Para os pontos de vista de Wittgenstein sobre o natural e o convencional, a melhor discussão continua sendo Stanley Cavell, *The Claim of Reason*. Oxford: Oxford University Press, 1979. cap. 5.

33 | Jacques Bouveresse, «L'Animal cérémoniel: Wittgenstein et l'anthropologie», op. cit., p. 51. Para outro uso do método antropológico de Wittgenstein, ver Sandra Laugier-Rabaté, *L'Anthopologie logique de Quine*. Paris: Vrin, 1992, assim como seu «Bouveresse anthropologue», *Critique*, ago.-set. 1994, pp. 567-8.

34 | Ludwig Wittgenstein, *Remarques mêlées*. Mauvezin: T.E.R., 1990. p. 53. A primeira observação é citada por Bouveresse, «L'Animal cérémoniel: Wittgenstein et l'anthropologie», op. cit., p. 53.

Wittgenstein era genial em sua capacidade de imaginar concretamente, em descrever com detalhes, outras possibilidades, em pensar no que poderia ter sido e no que pode ser, e assim permitir que vejamos nossas realidades de um ponto de vista inteiramente novo. Foucault, em minha visão, fez uso da *história* de modo que nos deixa ter um vislumbre de outras possibilidades, escreveu história para nos libertar do hábito de identificar aquilo que acontece, intelectual e socialmente, com aquilo que deveria ter acontecido e que deve continuar acontecendo. Suas histórias pretendiam ter um papel estratégico, tanto epistemológica quanto politicamente; a intenção era que elas revelassem possibilidades epistemológicas e políticas cuja existência poderíamos nem ter imaginado. Em uma entrevista de 1983, Foucault entrelaça as dimensões histórica, epistemológica e política de sua obra em uma série de respostas notáveis. Seguindo a pergunta kantiana «Was ist Aufklärung?» e declarando que «a tarefa da filosofia é dizer o que é o 'hoje' e dizer 'o que somos hoje'», ele afirma, «no que diz respeito a essa função de diagnóstico do presente»:

> [...] não se trata de simplesmente caracterizar o que somos, mas de seguir as linhas da fragilidade do presente, de compreender de que maneira aquilo que é, e como aquilo que é, poderia não mais ser aquilo que é. E é nesse sentido que a descrição deveria sempre ser feita de acordo com aquele tipo de ruptura virtual que abre um espaço de liberdade, compreendido como um espaço de liberdade concreta, ou seja, de transformação possível [...]
> E eu diria que a obra do intelectual em certo sentido é de fato falar sobre aquilo que é fazendo com que aquilo pareça capaz de não existir ou capaz de não ser como é. E é por isso que essa designação e essa descrição da realidade jamais têm o valor de uma prescrição sob a forma «já que isso é, aquilo será»; também é por isso que me parece que o recurso à história — um dos grandes fatos do pensamento filosófico na França há pelo menos vinte anos — tem sua importância uma vez que a história tem como função mostrar que aquilo que existe nem sempre existiu, ou seja, que é sempre em uma confluência de encontros, de acidentes, no curso de uma história frágil e precária que se formam as coisas que nos dão a impressão de serem as mais óbvias de todas. O que a razão sente como sendo necessidade

> sua ou, de outra forma, as diferentes formas de racionalidade apresentam como suas condições necessárias — é perfeitamente possível escrever a história disso e recuperar as redes de contingências a partir das quais isso surgiu; o que não significa que essas formas de racionalidade fossem irracionais; significa que elas se apoiam em práticas humanas e na história humana, e, uma vez que essas coisas foram feitas, elas podem, desde que se saiba como elas foram feitas, ser desfeitas.[35]

Sem parar para comentar em detalhes esse texto, quero simplesmente enfatizar que Foucault não afirmou que escrever a história das formas de racionalidade tem o efeito de transformar o racional em irracional, como se sua meta fosse pôr a razão em julgamento.[36] Na verdade, o recurso à história tinha como intenção demonstrar como nossas formas de racionalidade dependiam de práticas humanas, indicar que essas práticas não eram necessárias nem autoevidentes e fornecer assim um espaço para ajudar a nos libertar de uma sensação de fatalismo. A análise dos conceitos, vim afirmando, não precisa ser fatal, caso aprendamos a devolver nossos conceitos às práticas humanas, as práticas das quais eles surgiram e que os sustentam. Não obstante as enormes diferenças de atitude política e sensibilidade entre Foucault e Wittgenstein, segue sendo verdadeiro que, como ressaltou Bouveresse, Wittgenstein também acreditava «na relatividade histórica e cultural dos conceitos que nos obriga a abandonar totalmente a busca por essências eternas em nome da técnica da comparação».[37] Desse modo, a obra de Wittgenstein jamais para de nos lembrar que «conceitos como os de ciência, filosofia, religião, arte, pensamento, racionalidade e muitos outros do mesmo tipo não têm a espécie de constância e universalidade que nossa filosofia tem a tendência de atribuir a

---

35 | Foucault, *Dits et écrits*, op. cit., v. 4, pp. 448-9.
36 | Ibid., v. 4, p. 135.
37 | Bouveresse, «L'Animal cérémoniel: Wittgenstein et l'anthropologie», op. cit., p. 102. Sobre a sensibilidade política de Wittgenstein, ver esp. as seções 2 e 3 do ensaio de Bouveresse.

eles».[38] Um dos objetivos do método de Wittgenstein é fazer com que nos voltemos para nós mesmos, que nos vejamos no uso que fazemos de nossos conceitos, como se nossa postura filosófica típica fosse negar a humanidade de nossas práticas. Ele escreve, por exemplo:

> O único modo de evitarmos que nossas afirmações sejam distorcidas ou vazias é considerar o ideal em nossas reflexões como aquilo que ele de fato é, um objeto de comparação — um metro [*Maßstad*], por assim dizer —, em vez de transformá-lo em um preconceito ao qual tudo *deve* se conformar. É aí que reside o dogmatismo em que nossa filosofia cai com tanta facilidade.[39]

Mesmo os ideais de nossa atividade teórica devem ser tratados como objetos de comparação, e uma grande parte da obra de Wittgenstein consiste em nos fazer ver que nem tudo *deve* se conformar a esses ideais, tentando, exemplo após exemplo, nos divorciar do impulso de terminar nossas considerações com um filosófico *deve*. Por isso, muitas vezes o texto de Wittgenstein assume a forma de uma *descrição comparativa* de jogos de linguagem.[40] Essas descrições pretendem ser uma espécie de defesa contra o dogmatismo, e o que une tanto Wittgenstein quanto Foucault à tradição kantiana na filosofia é justamente o alerta recorrente que eles fazem sobre as várias formas que esse dogmatismo assume e suas tentativas de escapar dele.

Na «Introdução» a *O uso dos prazeres*, Foucault descreve sua motivação como derivando do tipo de curiosidade que «permite a uma pessoa se desvincular de si mesma» e explica a mudança profunda em seu projeto para a *História da sexualidade* como sendo resultado de um desses «momentos na vida em que a pergunta sobre se é possível pensar de um jeito diferente do que se pensa e perceber de um jeito

---

38 | Ibid., p. 85.
39 | Wittgenstein, *Remarques mêlées*, op. cit., p. 41.
40 | Sobre o papel da comparação descritiva em Wittgenstein, ver Bouveresse, «L'Animal cérémoniel: Wittgenstein et l'anthropologie», op. cit., p. 102.

diferente do que se vê se torna indispensável para continuar a ver ou a refletir».[41] Esse *de outro jeito*, tentei demonstrar, é um tema constante nos textos de Foucault; ele nos confronta, de formas diferentes, desde a *História da loucura* até seus últimos trabalhos. A história do presente de Foucault sempre era também uma história de outras possibilidades. Ninguém pode ler a sensacional seção de abertura de *Vigiar e punir* sem sentir aquele estranhamento antropológico que nos permite ver nossa própria história de modo mais objetivo, ao mesmo tempo que nos mostra que «tudo que é possível nesse âmbito poderia ser real, mas também tudo que é real é possível e concebível».[42] Aquilo que Bouveresse rotulou como sendo a «antropologia especulativa» de Wittgenstein e aquilo que Foucault descreveu como sua análise de «'jogos de verdade', de jogos de verdade e falsidade por meio dos quais o ser se constitui historicamente como experiência, ou seja, como algo que pode e deve ser pensado», ambos funcionam como métodos para nos fazer ver e sentir a confusão entre o possível e o real, para trazer à luz o *status* do real ao situá-lo contra o pano de fundo de outras possibilidades.[43]

Foucault afirmava que era direito do filósofo «explorar aquilo que, em seus próprios pensamentos, pode ser mudado pelo exercício de um conhecimento que lhe é alheio».[44] Esse é um direito cujo exercício genuíno é tão difícil quanto a capacidade de obtermos uma perspectiva satisfatória de nós mesmos. Tentei mostrar como uma história dos conceitos que se beneficie da obra de Foucault pode nos dar oportunidades para tais explorações, que, não fosse por isso, estariam bloqueadas. E penso que as duas questões metafilosóficas que Foucault se faz no início de *O uso dos prazeres* podem servir como uma espécie de emblema para aquilo que nós, como filósofos, podemos seguir aprendendo com ele: «Mas, sendo assim, o que é a filosofia

---

41 | Michel Foucault, *L'Usage des plaisirs*. Paris: Gallimard, 1984. p. 14. [Ed. bras.: *História da sexualidade*, vol. 2: *O uso dos prazeres*. Rio de janeiro: Paz e Terra, 2014.]

42 | Bouveresse, «Wittgenstein antropologo», op. cit., p. 64, descrevendo o trabalho filosófico de Wittgenstein.

43 | Para a noção de «antropologia especulativa» em Wittgenstein, ver Ibid., p. 63. Para a citação de Foucault, ver *L'Usage des plaisirs*, op. cit., pp. 12-3.

44 | Foucault, *L'Usage des plaisirs*, op. cit., p. 15.

hoje — estou me referindo à atividade filosófica — senão o trabalho crítico do pensamento em si? E no que consistiria, senão *em se esforçar para saber como e até que ponto seria possível pensar de outra maneira*, em vez de legitimar o que já se sabe?»[45]

Sem dúvida é por isso que há muito tempo acredito que um resumo poderoso do «momento foucaultiano» na filosofia pode ser encontrado na observação de René Char que aparece na contracapa dos últimos livros de Foucault: «A história da humanidade é a longa sucessão de sinônimos para a mesma palavra. Contradizê-la é um dever».

---

45 | Ibid., pp. 14-5 (grifo meu).

8. SOBRE EPISTEMOLOGIA E ARQUEOLOGIA:
DE CANGUILHEM A FOUCAULT[1]

Uma das grandes dificuldades para tentar situar a obra de Michel Foucault é o fato de ele próprio ser um de seus melhores intérpretes. A cada etapa da carreira ele fazia interpretações retrospectivas de toda a sua obra, redescrevendo os projetos que havia realizado da perspectiva de seus interesses atuais, e assim mudando seu foco, ressaltando diferentes aspectos dos trabalhos anteriores e empregando uma terminologia que, embora se sobrepusesse a ela, era diferente daquela que ele havia usado em períodos anteriores. Assim, ao descrever a posição de Foucault é necessário ter aguda consciência de qual ponto de sua carreira se está caracterizando. Como meu principal interesse é tentar compreender a relação de Foucault com a história da filosofia e a importância do trabalho dele para essa área, e, mais especificamente, esclarecer seu lugar na tradição francesa de epistemologia histórica que inclui Gaston Bachelard, Georges Canguilhem e, em menor medida, certas camadas da obra de Louis Althusser, vou me concentrar nos textos de Foucault que articulam de modo mais claro seu chamado projeto arqueológico. Há uma interpretação

---

1 | Este ensaio foi apresentado inicialmente na conferência «História e Filosofia da Ciência na França» no Colóquio Boston de Filosofia da Ciência, 1996. Ele surgiu, em parte, incitado prelo artigo «Foucault, l'épistémologie, et l'histoire», de François Delaporte, também apresentado naquela conferência. Todas as traduções, exceto quando houver indicação em contrário, são minhas.

errônea muito disseminada de que Foucault acabou rejeitando suas investigações arqueológicas, de que ele veio a acreditar que a arqueologia sofria de alguma falha metodológica intrínseca. Ficará claro adiante por que penso ser essa uma descrição profundamente equivocada do caminho que Foucault faz da arqueologia para a genealogia.

Além disso, Foucault sempre considerou que seu próprio trabalho com história e filosofia da ciência tinha uma dívida importante para com a orientação de Georges Canguilhem, uma das poucas pessoas, junto com Georges Dumézil e Jean Hyppolite, que ele homenageia de forma explícita em sua aula inaugural no Collège de France. Assim, a necessidade de examinar as conexões e as diferenças entre a arqueologia de Foucault e a epistemologia de Canguilhem é especialmente evidente caso se queira compreender a importância do projeto arqueológico de Foucault. Ademais, o crescimento da prática de epistemologia histórica no mundo anglófono e sua prática contínua na França tornam ainda mais interessante a tentativa de determinar o papel de Foucault nessa corrente metodologicamente característica da história e da filosofia da ciência. Portanto vou agrupar minhas observações aqui em torno do tema da relação entre epistemologia e arqueologia, e concluirei tratando da questão da relação entre arqueologia e genealogia.

Deixem-me começar afirmando, de modo simples e direto, que creio que para Foucault *ciência* está para *epistemologia* assim como *saber* (*savoir*) — que acredito que Foucault por vezes usa de maneira intercambiável com *formações discursivas* — está para *arqueologia*. (Nos últimos textos de Foucault, que não vou discutir aqui, o par marcado de modo relevante é *pensamento* e *problematização*.)[2] Ou seja, o objeto da epistemologia é a ciência, assim como o objeto da arqueologia são as

---

2 | Ver, por exemplo, Michel Foucault, «Introduction» a *L'Usage des plaisirs*. Paris: Gallimard, 1984 [trad. bras.: «Introdução». In: FOUCAULT, M., *História da sexualidade*, vol. 2: *O uso dos prazeres*. Rio de janeiro: Paz e Terra, 2014]; «Polémique, politique et problématisations». In: _____. *Dits et écrits, 1954-1988*. Paris: Gallimard, 1994. v. 4 [trad. bras: «Polêmica, política e problematizações». In: FOUCAULT, M., *Ditos e escritos*, vol. V: *Ética, sexualidade, política*. Rio de Janeiro: Forense Universitária, 2012]; «Osservazioni conclusive». In: _____. *Discorso e verità nella Grecia antica*. Roma: Donzelli, 1996 [trad. bras.: «6ª conferência: observações finais». In: FOUCAULT, M., *Discurso e verdade*. Número especial da revista *Prometeus*, ano 6, n. 14, 2013].

formações discursivas ou o saber (*savoir*). E entre os dois métodos e seus objetos correspondentes há tanto analogias quanto deslocamentos. Eis como François Delaporte, um dos mais talentosos herdeiros da tradição francesa da epistemologia histórica, descreve a relação entre Canguilhem e Foucault:

> Canguilhem de fato faz a história dos «discursos verídicos», dos discursos que efetuam sobre si mesmos todo um trabalho de elaboração orientado pela tarefa de afirmar a verdade. Foucault por sua vez faz a história de uma disciplina, mostrando como a medicina efetua sobre si mesma todo um trabalho orientado pela tarefa de constituir um espaço em que é necessário se situar para estar «com a verdade». Em resumo, Foucault desloca a preponderância do pensamento científico em relação à disciplina, a história da formação do discurso científico em direção à história da formação da disciplina, e o «afirmar a verdade» do discurso governado pela norma em direção ao estar «com a verdade» da disciplina [*et du «dire vrai» du discours normé vers le «dans le vrai» de la discipline*].[3]

À exceção de querer substituir o conceito de *saber* (*savoir*) pelo de *disciplina* (este último talvez esteja mais em consonância com *O nascimento da clínica*, mas é claramente deixado de lado pelo uso de *savoir* em *As palavras e as coisas* e *A arqueologia do saber*), concordo profundamente com essa descrição de Delaporte.

Percebam que nessa descrição a ênfase não está nas diferenças de procedimento metodológico, e sim nas diferenças de objeto, de modo que temos um contraste entre discurso científico e disciplina, entre o «'dizer a verdade' do discurso governado pela norma» e o «'estar com a verdade' da disciplina». Além disso, seguindo a descrição de Delaporte, Foucault está interessado na constituição de «um espaço

---

3 | François Delaporte, «Foucault, l'épistémologie et l'histoire», manuscrito inédito, p. 5. Delaporte extrai sua descrição em grande medida, porém não exclusivamente, do terreno de *O nascimento da clínica*, de Foucault. Como seu trabalho se ocupa principalmente das ciências da vida, podemos ler a discussão que ele faz sobre Foucault e Canguilhem como jogando luz sobre o tipo de escolhas metodológicas que ele teve de fazer, escolhas que foram cruciais para produzir seus próprios trabalhos característicos e importantes.

em que é necessário se situar para estar 'com a verdade'», e esse espaço certamente deve estar relacionado com o «'dizer a verdade'» do «discurso [científico] governado pela norma» de Canguilhem. Mas como precisamente devemos entender essa relação?

Quero me voltar, primeiro, para um texto pouco conhecido de Foucault, que trata da história e da filosofia da ciência, um texto escrito em 1969 e publicado em 1970. Nessa discussão breve, porém densa, Foucault faz uma distinção entre diferentes níveis de análise, que ele chama de *épistémonomique, épistémocritique, épistémologique*, e um quarto nível que ele identifica como sendo o dele próprio sem o nomear, que podemos chamar de *archéologie*. Eis a caracterização que Foucault faz do nível epistemológico de análise: «a análise das estruturas teóricas de um discurso científico, a análise do material conceitual, a análise dos campos de aplicação desses conceitos e as regras de uso desses conceitos».[4] A seguir, Foucault observa que «a mim me parece que os estudos que têm sido feitos, por exemplo, sobre a história do reflexo respondem a esse nível epistemológico», obviamente se referindo a *La Formation du concept de réflexe aux xviie et xviiie siècles* [A formação do conceito de reflexo nos séculos xvii e xviii], de Canguilhem, e nos oferecendo assim sua compreensão dos procedimentos de Canguilhem. O nível em que Foucault se coloca, «a análise das transformações dos campos de saber», permite que ele forçosamente dissocie dois níveis de análise. O primeiro diz respeito aos «sistemas de verdades e erros», por meio dos quais as afirmações de um dado texto científico podem ser distinguidas daquilo que hoje afirmamos como verdadeiro e falso; o segundo nível, o das modificações epistemológicas, diz respeito ao conjunto de modificações que é possível ver operando em textos científicos, «modificações que não são tanto modificações de objetos, de conceitos e de teorias, mas modificações de regras de acordo com as quais os dis-

---

4 | Michel Foucault, «Discussion», em *Dits et écrits*, op. cit., v. 2, p. 28 [trad. bras.: «(Discussão)». In: FOUCAULT, M., *Ditos e escritos*, vol. II: *Arqueologia das ciências e história dos sistemas de pensamento*. Rio de Janeiro: Forense Universitária, 2013]. No que se segue ao longo deste ensaio, minhas observações sobre a epistemologia da ciência são determinadas pela compreensão que Foucault tem da obra de Canguilhem. Para meus propósitos aqui, não preciso levar em conta todas as complexidades e sutilezas dos pontos de vista do próprio Canguilhem.

cursos [biológicos] formaram seus objetos, definiram seus conceitos, constituíram suas teorias. É essa modificação das regras que estou tentando isolar».[5] Foucault diz a seguir que uma transformação epistemológica desse tipo seria distinta da verdade das afirmações científicas. Uma transformação epistemológica percorre um sistema de afirmações científicas, se estabelece nele. Mas uma transformação desse tipo pode ocorrer mesmo em um sistema de afirmações que se mostre cientificamente falso.

> Deve-se distinguir, na densidade de um discurso científico, entre aquilo que pertence à ordem da afirmação científica verdadeira ou falsa e aquilo que pertenceria à ordem da transformação epistemológica. Que certas transformações epistemológicas trespassem, ganhem forma, em um conjunto de proposições cientificamente falsas me parece uma afirmação histórica perfeitamente possível e necessária.[6]

Uma transformação epistemológica é a condição de possibilidade para a existência de um (novo) sistema de afirmações científicas, afirmações que podem se revelar verdadeiras ou falsas. Seria possível dizer que uma transformação epistemológica é a condição de possibilidade para o surgimento de um domínio do discurso científico, com suas estruturas teóricas, material conceitual, campos de aplicação para seus conceitos e regras para o uso desses conceitos. O problema, que devo tratar mais demoradamente a seguir, é como caracterizar de maneira mais completa essas condições de possibilidade, porém como aproximação inicial bastará dizer que uma transformação epistemológica, como compreendida por Foucault, é a condição de possibilidade para a verdade ou falsidade de um domínio do discurso científico.[7]

O fato de Foucault situar sua própria análise no nível das transformações epistemológicas, no entanto, não deveria nos levar a perder de vista que ele e Cangui-

---

5 | Ibid., pp. 28-9.
6 | Ibid., p. 29.
7 | Para uma discussão mais completa sobre parte dessa terminologia, ver Ian Hacking, «Language, Truth, and Reason». In: HOLLIS, Martin; LUKES, Steven (Orgs.), *Rationality and Relativism*. Oxford: Blackwell Books, 1982; e o quinto ensaio deste volume.

lhem compartilhavam a visão segundo a qual um domínio do discurso científico é, em sua economia interna, regulado por normas (*normé*), que possui uma «regularidade bem definida».[8] Em sua aula inaugural no Collège de France, Foucault disse que ele devia a Canguilhem a ideia «de que é possível, de que é necessário fazer da história da ciência a história de um conjunto, ao mesmo tempo coerente e transformável, de modelos teóricos e instrumentos conceituais».[9] Quero enfatizar a frase «coerente e transformável», já que ela marca o nível das regras e normas, regras que tanto oferecem uma regularidade bem definida para o discurso científico quanto permitem um amplo, ainda que limitado, escopo de transformações dentro do discurso. Uma tarefa central da epistemologia *à la* Canguilhem é encontrar o conjunto de regularidades governadas por regras que oferecem coerência, que estabelecem a estrutura e os limites para um domínio discursivo científico especificável, e que pode ser encontrado dentro da própria ciência, que, por assim dizer, regula internamente o que pode ser produzido como afirmação científica dentro da ciência. O sistema de regras, que oferece coerência e a transformabilidade de um domínio de discurso científico, é o que vou chamar daqui por diante de condição *interna* de possibilidade para a produção de afirmações científicas. Sem a articulação de algum sistema desse tipo, de um ponto de vista epistemológico não se poderá compreender por que certas afirmações, tanto as verdadeiras quanto as falsas, são produzidas dentro de um discurso científico em determinado momento, ao passo que outras não o são.

À pergunta de Canguilhem, repetida a Foucault pelo «Cercle d'épistémologie» em 1968, «No tocante ao saber teórico, é possível pensá-lo [*penser*] na especificidade de seu conceito sem referência a alguma norma?», tanto Canguilhem quanto Foucault responderam com um claro *não*, um «não» que servia como uma das bases

---

8 | Michel Foucault, «Préface à l'édition anglaise [de *Les Mots et les choses*]», em *Dits et écrits*, op. cit., v. 2, p. 7. [Trad. bras.: «Prefácio à edição inglesa». In: FOUCAULT, M., *Ditos e escritos*, vol. II: *Arqueologia das ciências e história dos sistemas de pensamento*. Rio de Janeiro: Forense Universitária, 2013.]
9 | Id., *L'Ordre du discours*. Paris: Gallimard, 1971. p. 74. [Ed. bras.: *A ordem do discurso*. São Paulo: Loyola, 2014.]

para suas inovações metodológicas.¹⁰ Se Canguilhem procurava as normas internas que governavam a especificidade de conceitos e teorias da ciência, ao passo que Foucault observava outros níveis em busca de outros tipos de normas, da perspectiva da historiografia da história e da filosofia da ciência, sua orientação comum foi mais decisiva do que suas divergências. Esse é um motivo fundamental pelo qual a obra dos dois serviu de ambiente para um intercâmbio tão frutífero.

Foucault, como eu disse, situou sua obra em um nível diferente de análise, em um nível, como ele descreveu em seu «Titres et travaux» [«Títulos e trabalhos»] preparado para sua candidatura ao Collège de France,

> dos domínios do saber que não poderiam ser identificados exatamente com as ciências, sem no entanto serem meros hábitos mentais [...] entre a opinião e o conhecimento [*connaissance*] científico, pode-se reconhecer a existência de um nível específico que proponho chamar de nível do saber [*savoir*] [...] ele na verdade inclui regras que pertencem a ele por direito, caracterizando assim sua existência, seu funcionamento e sua história; algumas dessas regras são específicas de um único domínio, outras são comuns a vários; pode acontecer de outras serem gerais para uma época.¹¹

Assim, o que é metodologicamente central é que «um sistema de saber [...] tem seu próprio equilíbrio e coerência».¹² O que distingue a obra de Foucault do trabalho de Canguilhem é o «nível específico» em que ele conduz suas análises; o que liga seu trabalho ao de Canguilhem é a articulação de regras e normas que oferecem tipos característicos de «equilíbrio e coerência».

---

10 | Id., «Sur l'archéologie des sciences: Réponse au Cercle d'épistémologie», em *Dits et écrits*, op. cit., v. 1, p. 696, n. 1. [Trad. bras.: «Sobre a arqueologia das ciências: resposta ao Círculo de Epistemologia». In: FOUCAULT, M., *Ditos e escritos*, vol. II: *Arqueologia das ciências e história dos sistemas de pensamento*. Rio de Janeiro: Forense Universitária, 2013.]

11 | Id., «Titres et travaux», em *Dits et écrits*, op. cit., v. 1, pp. 843-4. [Trad. bras.: «Títulos e trabalhos». In: FOUCAULT, M., *Ditos e escritos*, vol. VII: *Arte, epistemologia, filosofia e história da medicina*. Rio de Janeiro: Forense Universitária, 2011.]

12 | Ibid., p. 843.

Eis aquela que vejo como possivelmente a melhor descrição breve dada por Foucault da análise arqueológica, que cito longamente visto que ela condensa parte tão grande de seu pensamento. Ela aparece no «resumo» de seu primeiro curso no Collège de France, 1970-71.

> Investigações prévias nos permitiram reconhecer a existência de um nível singular entre todos aqueles que nos dão condições de analisar sistemas de pensamento: o nível das práticas discursivas. Descobrimos que há uma sistematicidade que não é nem do tipo lógico nem do tipo linguístico. As práticas discursivas são caracterizadas pelo esculpir de um campo de objetos, pela definição de uma perspectiva legítima para o sujeito do conhecimento, pela fixação de normas para a elaboração de conceitos e teorias. Cada prática discursiva implica assim um jogo de prescrições que governa as exclusões e as escolhas.
>
> Esses conjuntos de regularidades não coincidem com obras individuais; mesmo que se manifestem por meio dessas obras, mesmo que se destaquem, pela primeira vez, em uma dessas obras, essas regularidades vão muito além disso, muitas vezes reagrupando uma quantidade considerável dessas obras. Porém elas também não coincidem necessariamente com aquilo a que costumamos chamar de ciências ou disciplinas, embora suas fronteiras possam por vezes provisoriamente ser as mesmas; acontece com maior frequência de uma prática discursiva unir diversas disciplinas ou ciências, ou, de novo, de trespassar certo número delas e de reagrupar várias de suas regiões em uma unidade não aparente.[13]

Nos termos que eu estava usando, o primeiro parágrafo de Foucault descreve seus compromissos metodológicos ou analíticos — a busca por um tipo específico de «sistematicidade» e por «um jogo de prescrições que governa as exclusões e as escolhas», compromissos que ele compartilha com Canguilhem. O segundo parágra-

---

13 | Michel Foucault, «La Volonté de savoir», em *Dits et écrits*, op. cit., v. 2, pp. 240-1. [Trad. bras.: «A vontade de saber». In: FOUCAULT, M., *Ditos e escritos*, vol. X: *Filosofia, diagnóstico do presente e verdade*. Rio de Janeiro: Forense Universitária, 2014.]

fo de Foucault descreve o nível em que ele emprega suas ferramentas analíticas — nem obras individuais, nem ciências ou disciplinas, mas «práticas discursivas» que constituem saber (*savoir*), um nível que separa seu trabalho da obra de historiadores epistemológicos da ciência, como Canguilhem.

Caracterizei a tarefa da epistemologia como sendo a de encontrar as condições internas de possibilidade para a produção de determinado domínio de afirmações científicas. Mas, se a arqueologia tem com a epistemologia a relação que venho sugerindo, então deve também haver algum papel para a noção de condições de possibilidade na análise arqueológica, embora essas condições de possibilidade não possam estar localizadas da mesma maneira que ocorre na epistemologia. Na verdade, em «Sur l'archéologie des sciences» [«Sobre a arqueologia das ciências»], em uma passagem significativa, Foucault de fato distingue duas ordens de condições de possibilidade, «dois sistemas heteromorfos» de condições de possibilidade. O primeiro sistema «define as condições da ciência como ciência». Essas condições de possibilidade são relativas a uma dada ciência com seus objetos, teorias e conceitos; elas definem «as regras [...] exigidas para que uma afirmação pertença a essa ciência». Como essas condições de possibilidade e as regras que elas definem são internas ao domínio da ciência, denominei-as de condições internas de possibilidade. Como Foucault diz, «as condições de possibilidade são internas ao discurso científico em geral, e só podem ser definidas por ele».[14] O segundo sistema de condições de possibilidade será denominado de condições externas de possibilidade, uma vez que elas são externas a determinado domínio científico. Foucault escreve:

> O outro sistema diz respeito à possibilidade de uma ciência em sua existência histórica. Ele é externo a essa ciência e não se sobrepõe a ela. Caracteriza-se por um campo de conjuntos discursivos que não têm nem o mesmo *status*, nem a mesma delimitação, nem a mesma organização e nem o mesmo funcionamento que as ciências a que dão origem.[15]

14 | Id., «Sur l'archéologie des sciences: Réponse au Cercle d'épistémologie», op. cit., p. 724.
15 | Ibid., pp. 724-5.

Esses conjuntos discursivos nem são compostos de falso conhecimento que a ciência relegou à sua negra pré-história, nem esboçam alguma futura ciência que só é capaz de se expressar nessa forma ainda não plenamente articulada até que venha a brotar como conhecimento científico. Ou seja, esses conjuntos discursivos nem são pseudociências nem são quase ciências, já que não extraem sua coerência de uma referência a normas internas à cientificidade. Em vez disso, como diz Foucault,

> eles têm sua própria consistência, suas leis de formação e seu arranjo interno. Analisar formações discursivas, as positividades e o saber que a elas corresponde não é atribuir formas de cientificidade; é atravessar um campo de determinação histórica que deve oferecer uma narrativa dos discursos em sua aparência, sua persistência, sua transformação e, se for o caso, seu desaparecimento, alguns dos quais ainda são reconhecidos hoje como científicos, outros que perderam esse *status*, alguns outros que jamais chegaram a tê-lo, outros que, por fim, jamais o reivindicaram. Em resumo, o saber não é ciência no sucessivo deslocamento de suas estruturas internas; é o campo de sua verdadeira história.[16]

Assim, *saber* está para *ciência* como *campo* está para *estrutura interna*, o que é outro modo de dizer que esses conjuntos discursivos são as condições externas de possibilidade para as estruturas da cientificidade. A verdadeira produção de afirmações científicas ocorre dentro de uma estrutura governada por regras que oferece as condições de possibilidade para essas afirmações; o domínio dessas afirmações ocorre integralmente dentro de um campo de saber que oferece as condições de possibilidade para esse domínio. Em ambos os casos temos condições de possibilidade, porém localizadas em um nível discursivo diferente.

Outro modo de caracterizar as relações entre arqueologia e epistemologia é fazer uma distinção entre a «vontade de saber» (*volonté de savoir*), e a «vontade de

---

16 | Ibid., p. 725.

verdade» (*volonté de verité*), uma distinção que Foucault por vezes (embora nem sempre) deixa pelo menos implícita.[17] Dentro de determinado domínio científico, há sempre uma divisão (*partage*) particular entre verdade e falsidade, um conjunto de regras ou normas que determina quais afirmações podem ser consideradas candidatas à verdade ou à falsidade. Dentro dessa divisão, algumas afirmações serão verdadeiras, outras serão falsas, mas uma afirmação falsa será aquilo que Foucault certa vez chamou de «erro disciplinado», já que fará parte de um domínio governado por regras desse discurso científico; ela estará dentro dos limites da «vontade de verdade» particular.[18] Uma afirmação que viole essas regras ou normas não irá, em sentido estrito, ser falsa, e sim incoerente; será uma «pura e simples monstruosidade linguística».[19] Essas afirmações monstruosas não satisfazem as condições internas de possibilidade do discurso científico, e por isso são expelidas do interior da estrutura desse discurso e devem habitar o que Foucault certa vez denominou de «teratologia completa do saber».[20] Como a epistemologia se ocupa exatamente dessas condições de possibilidade, sua tarefa é, entre outras coisas, descrever a divisão subjacente a essa divisão — verdade e falsidade, de um lado, e monstruosidade, do outro. Essa tarefa epistemológica será histórica, já que nem todas as ciências compartilham da mesma divisão entre verdade e falsidade, e a história de uma única ciência também nem sempre exibe uma divisão idêntica entre verdade e falsidade. Essas divisões podem ser mais ou menos extensivas e estáveis, porém não são nem universais nem permanentes. É por isso que a forma que esses monstros assumem mudará a cada vez que surge uma forma diferente de verdade; uma nova forma traz com ela uma nova divisão entre verdade e falsidade e assim irá remodelar os limites da teratologia da verdade. Uma forma de revolução científica ocorre precisamente quando uma nova forma de desejo de verdade se estabelece.

17 | Foucault, «La Volonté de savoir» e *L'Ordre du discours*, op. cit., pp. 15-9.
18 | Id., *L'Ordre du discours*, op. cit., pp. 36-7.
19 | Ibid., p. 35.
20 | Ibid.

O fato de determinado domínio científico ter uma divisão entre verdade e falsidade, e não outra, e de essas divisões estarem sujeitas a transformações não pode ser explicado do interior do próprio discurso científico. Ao tentar explicar a existência de uma divisão específica ou de uma transformação que faz surgir uma nova divisão, uma posição central que precisa ser circunscrita se encontra no nível do saber (*savoir*); precisamos procurar as condições de possibilidade que se encontram na camada do saber (*savoir*). Ou seja, deveríamos começar a procurar por uma descrição da história, das formas mutáveis, da vontade de verdade (*volonté de verité*) nos reposicionando dentro do espaço da história do desejo de saber (*volonté de savoir*). Foucault insistia, primeiro de tudo, que em nossa história a *volonté de savoir* assumiu predominantemente a forma de uma *volonté de verité*, de modo que o saber apareceu de maneira decisiva na forma de verdade científica, e ele enfatizou que esse fato em si precisava ser objeto de uma investigação histórica.[21] Além disso, Foucault afirmava que uma divisão estabelecida entre verdade e falsidade e a transformação de tais divisões dependiam da existência e da transformação de conjuntos discursivos de saber (*savoir*). Uma reorganização do *savoir* traz à tona a possibilidade de uma nova forma da vontade de verdade. Eis um exemplo desse fenômeno conforme descrito por Foucault:

> Na virada do século XVI para o XVII (e acima de tudo na Inglaterra), surgiu uma vontade de saber que, antecipando seus conteúdos, delineou esquemas de objetos possíveis, observáveis, mensuráveis e classificáveis; uma vontade de saber que impôs a seu tema (e em certa medida a toda experiência) certa posição, certo olhar e certa função (ver mais do que ler, averiguar mais do que comentar); uma vontade de saber que prescrevia (e de modo mais geral do que qualquer instrumento determinado) o nível técnico de que o saber teria de se revestir para se tornar verificável e útil.[22]

---

21 | Ibid., pp. 16-8, e «La Volonté de savoir», op. cit., p. 244.
22 | Foucault, *L'Ordre du discours*, op. cit., pp. 18-9.

É evidente que Foucault aqui não está descrevendo mudanças dentro de uma ciência, e sim mudanças de *savoir* que são precondições para o surgimento de novas divisões de verdade e falsidade, divisões que exibem novas normas e regras, novas estruturas internas de uma ciência. Eu próprio afirmei que no século xix uma nova divisão entre verdade e falsidade, que às vezes chamei de estilo de raciocínio psiquiátrico, tornou possíveis afirmações psiquiátricas sobre a perversão sexual que não tinham nenhuma cientificidade antes dessa época. Uma condição interna de possibilidade para essas afirmações foi uma transformação na vontade de verdade (*volonté de verité*) que fez surgir novas regras para a produção de discursos verdadeiros, novas categorias de afirmações verdadeiras e falsas. Caso nos perguntássemos quais foram as condições de existência para essa forma marcadamente nova da *volonté de vérité*, teríamos de observar as transformações do *savoir* que ofereceram as condições externas de possibilidade para essa nova distribuição de verdade e falsidade. Por exemplo, observaríamos o «esculpir de novos campos de objetos» (como o indivíduo, a personalidade), «a definição de uma perspectiva legítima para o sujeito do conhecimento» (nesse exemplo, o psiquiatra), «a fixação de normas para a elaboração de conceitos e teorias» (normas para a elaboração dos conceitos de natural e daquilo que é contra a natureza, para a teoria da degeneração).[23] Esse nível de formação discursiva difere em *status*, organização, funcionamento e historicidade das práticas discursivas da própria ciência. E no entanto se relaciona com essas práticas exatamente do modo indicado por Foucault — como «o campo de sua história verdadeira».[24]

Como deveria ser evidente, esse nível de saber (*savoir*) é mais amplo ou mais extenso do que o de qualquer ciência específica, e as transformações nos conjuntos discursivos de *savoir* podem fazer mudanças possíveis, mesmo que os efeitos se realizem de modos diferentes, nas práticas discursivas de mais de uma ciência. Caso haja um saber (*savoir*) comum a mais de uma ciência, caso haja uma ordem de saber que una diferentes ciências, então esse sistema de saber constitui aquilo

---

[23] | As palavras citadas vêm de Foucault, «La Volonté de savoir», op. cit., p. 240.
[24] | Foucault, «Sur l'archéologie des sciences: Réponse au Cercle d'épistémologie», op. cit., p. 725.

que Foucault denomina de *épistémè*. Isolar as regularidades discursivas de determinadas ciências pode permitir que se descubra que há um conjunto de relações que une essas práticas discursivas; esse conjunto de relações oferece o «espaço epistemológico» para essas ciências, sua *épistémè*.[25] Assim, uma *épistémè* é «uma configuração global» que organiza «de modo coerente toda uma região do saber empírico».[26] A *épistémè* marca as relações e a comunicação entre as diferentes ciências; ela não está localizada nem no nível do saber empírico (*connaissance*) nem no nível das normas internas de uma ciência que oferecem o referencial para esse *connaissance*, situando-se precisamente no nível das formações discursivas do *savoir*. Como observa Foucault, «são todos esses fenômenos de relações entre as ciências ou entre os diferentes discursos nos diversos setores científicos que constituem aquilo que denomino de episteme de uma época».[27] *As palavras e as coisas* é o estudo da *épistémè* clássica, do que a história, a economia e a gramática compartilhavam na era clássica:

> Sem que estivessem conscientes disso, os naturalistas, os economistas e os gramáticos usavam as mesmas regras para definir os objetos adequados a seus campos de estudo, para formar seus conceitos, construir suas teorias. Trata-se de regras de formação que jamais tiveram uma formulação distinta e que só são percebidas por meio de teorias, conceitos e objetos de estudo extremamente diferentes, regras que tentei trazer à luz, isolando, como seu lócus específico, um nível que chamei, talvez de modo algo arbitrário, de arqueológico.[28]

Assim, o sistema arqueológico comum a esses discursos científicos, suas regras de formação compartilhadas, é a *épistémè* da era clássica.

---

25 | Para a frase citada, ver Foucault, «Préface à l'édition anglaise [de *Les Mots et les choses*]», op. cit., p. 9.
26 | Foucault, «Titres et travaux», op. cit., p. 843.
27 | Id., «Les problèmes de la culture. Un débat Foucault-Preti», em *Dits et écrits*, op. cit., v. 2, p. 371.
28 | Id., «Préface à l'édition anglaise [de *Les Mots et les choses*]», op. cit., p. 10.

Se situarmos de forma correta o nível em que a *épistémè* de uma era particular deve ser encontrada, a afirmação aparentemente paradoxal de Canguilhem de que «a episteme não é objeto para o epistemologista» se torna bastante inteligível.[29] O epistemologista, que se ocupa das normas e regras internas de uma ciência, não pode, na condição de epistemologista, ter a *épistémè* de uma época específica como um objeto de sua conceitualização, já que ela se localiza abaixo ou atrás dos objetos, conceitos e teorias de um dado discurso científico. Ela é uma condição de possibilidade para todo um conjunto diversificado de objetos, conceitos e teorias científicas, e que jamais pode ser escavada enquanto o sujeito se mantiver em seu próprio nível. O epistemologista não pode ver essas condições de possibilidade sem modificar sua posição relativa a seu domínio de investigação, e essa modificação é o que o transforma, fazendo com que ele passe de epistemologista para arqueólogo, o que o leva da *science* para o *savoir*, para o nível em que a própria constituição de uma *épistémè* pode ser inicialmente articulada. A *épistémè* não se encontra no plano geométrico do epistemologista; de seu ponto de vista, ela não pode ser vista. Assim, a *épistémè* não poderá ser superposta à dimensão da análise epistemológica, do mesmo modo que as condições externas de possibilidade não podem desmoronar sobre as condições internas.

Ao afirmar que as formações discursivas do saber (*savoir*) oferecem as condições (externas) de possibilidade para as estruturas (internas) da cientificidade, é preciso tomar cuidado para não interpretar de modo equivocado a noção de condições de possibilidade. *Saber* é uma condição de *possibilidade*, não de realidade, para a existência de um discurso científico. Como observa Foucault, um campo de *savoir* pode caracterizar alguns discursos que hoje ainda são considerados científicos, outros que perderam esses *status*, ou que não chegaram a tê-lo, ou que jamais aspiraram à cientificidade.[30] Dentro do espaço do *savoir*, certas modificações adicionais precisam ocorrer para que surja um discurso científico. Sem esse espaço epistemológico, nosso discurso científico não existiria como tal, mas tal espaço não fornece

---

29 | Citado por Delaporte em «Foucault, l'épistémologie et l'histoire», manuscrito inédito, p. 12.
30 | Foucault, «Sur l'archéologie des sciences: Réponse au Circle d'épistémologie», op. cit., p. 725.

condições suficientes para o surgimento de nenhuma prática discursiva científica real. Além disso, diferentes discursos científicos, mesmo que compartilhando uma mesma *épistémè*, surgirão como discursos científicos criando representações diferentes dessa *épistémè*. Discursos científicos são representações modificadas de *savoir*, jamais expressões não mediadas dele. Para que uma formação discursiva atravesse o limiar da cientificidade, várias restrições precisam ser impostas a ela, restrições adicionais às condições de possibilidade definidas no nível do *savoir*. Essas restrições, com todos os seus detalhes, terão de ser descritas separadamente para cada disciplina científica e para cada etapa relevante do desenvolvimento histórico. Assim, entre a arqueologia e a epistemologia existe o problema histórico, indicado por Foucault em seu «Titres et travaux», de como o *savoir* se elabora como discurso científico, de como uma dimensão do *savoir* pode vir a assumir o *status* e a função de «conhecimento científico» (*connaissance scientifique*).[31] Passar de *savoir* a *science* exige modificações cuja extensão e natureza só podem ser determinadas historicamente. Essas modificações são parte da história da relação entre a vontade de saber (*volonté de savoir*) e a vontade de verdade. O fato de Foucault ter exposto esse problema de forma tão lúcida se deve em parte a suas inovações metodológicas, à delimitação e à descrição que ele faz de um território arqueológico, um território que tornou possível formular a questão sobre a relação entre *savoir* e *science*, isolar formações discursivas que tornam possíveis os discursos científicos sem determinar seus verdadeiros formatos.

Ao falar sobre arqueologia e epistemologia, discorri em ambos os casos sobre práticas discursivas, uma vez que, no sentido estrito, a arqueologia e a epistemologia tomam como seus únicos objetos de análise práticas discursivas localizadas diferentemente. Para abordar o interesse bastante fundamental de Foucault pelas relações entre práticas discursivas e não discursivas, teríamos de nos voltar para a questão da relação entre arqueologia e genealogia, já que esta última se concentra na formação de práticas discursivas com base nas «incitações, centros, técnicas e procedimentos» de poder, na relação, portanto, entre conhecimento (*savoir*) e po-

---

31 | Id., «Titres et travaux», op. cit., p. 845.

der (*pouvoir*).³² Tanto a *História da loucura* quanto *O nascimento da clínica* eram não apenas arqueológicos, como também genealógicos *avant la lettre*, já que ambos os livros lidaram com «saberes investidos» (*savoirs investis*), saberes em suas relações complexas com práticas não discursivas que produziam e sustentavam esse conhecimento e que, por sua vez, eram afetadas por ele.³³ *As palavras e as coisas* foi a investigação arqueológica mais pura realizada por Foucault, já que nesse livro ele tentou neutralizar o aspecto não discursivo para isolar os domínios discursivos do *savoir*.³⁴ A relação desses três livros com a evolução das posições metodológicas muitas vezes foi fonte de equívocos. Mas o próprio Foucault foi bastante claro quanto ao que estava fazendo. Em 1972, ele disse:

> Repito para vocês [...] *As palavras e as coisas* se situa em um nível puramente descritivo que deixa de lado toda análise de relações de poder subjacentes que tornam possível um tipo de discurso. Se escrevi esse livro [...], e o escrevi depois de dois outros, um sobre a história da loucura, o outro sobre a história da medicina [...], precisamente porque nesses primeiros dois livros, de maneira um pouco confusa e anárquica, tentei tratar de todos esses problemas juntos.³⁵

As palavras e as coisas foi a realização mais clara do projeto arqueológico de Foucault, e, ao desenvolver de forma menos confusa e mais sistemática suas aspirações genealógicas, ele pôde voltar de modo mais articulado para a «análise de relações de poder subjacentes que tornam possível um tipo de discurso» em *Vigiar e punir* e no primeiro volume da *História da sexualidade*. Quando Foucault percebeu que,

---

32 | As palavras citadas são de Michel Foucault, «L'Occident et la vérité du sexe», em *Dits et écrits*, op. cit., v. 3, p. 105 [trad. bras.: «O Ocidente e a verdade do sexo». In: FOUCAULT, M., *Dits e escritos*, vol. IX: *Genealogia da ética, subjetividade e sexualidade*. Rio de Janeiro: Forense Universitária, 2014].

33 | Para a noção de «*savoirs investis*», ver Foucault, «Titres et travaux», op. cit., pp. 842-3.

34 | Ibid., p. 843.

35 | Michel Foucault, «De l'archéologie à la dynastique», em *Dits et écrits*, op. cit., v. 2, p. 409. [Trad. bras.: «Da arqueologia à dinástica». In: FOUCAULT, M., *Ditos e escritos*, vol. IV: *Estratégia poder-saber*. Rio de Janeiro: Forense Universitária, 2012.]

«caso se queira fazer a história de certos tipos de discurso, portadores do saber, não se pode deixar de levar em conta as relações de poder que existem na sociedade em que esse discurso funciona», ele teve de desenvolver uma análise de poder que acompanhasse sua análise de práticas discursivas de modo que em última instância ele teria os recursos conceituais para tratar dos tipos de relações que existem entre sistemas de conhecimento e redes de poder.[36]

Mesmo antes de se decidir pela noção nietzschiana de genealogia para descrever o trabalho que iniciou após *A arqueologia do saber*, Foucault tinha plena consciência das diferenças entre seu trabalho prévio e aquilo que estava realizando no início dos anos 1970. Ele descreveu o contraste como aquele entre a arqueologia e a dinastia do saber:

> Aquilo que chamo de «arqueologia do saber» é justamente a demarcação e a descrição de tipos de discurso, e aquilo que chamo de «dinastia do saber» é a relação existente entre esses tipos principais de discurso que podem ser observados em uma cultura e as condições históricas, as condições econômicas, as condições políticas de seu surgimento e de sua formulação.[37]

Foucault decerto não era um idealista linguístico; ele não acreditava que tudo era discurso e que só o que se poderia fazer era analisar as relações entre práticas discursivas. Mas ele de fato acreditava que as práticas discursivas tinham sua própria especificidade, que era possível isolar «formas de discurso normativas e governadas por regras» ainda que em última instância se estivesse interessado em analisar as relações entre essas formas e as práticas sociais não discursivas.[38] E ele se identificava mais com o tipo de análise de Dumézil do que com o estruturalismo de Claude Lévi-Strauss justamente porque, para Dumézil, «não há [...] um privilégio

---

36 | Ibid. Para tratar adequadamente da questão do relacionamento entre arqueologia e genealogia, eu teria de fazer mais uma distinção, a saber, uma distinção entre condições discursivas de possibilidade e condições não discursivas de possibilidade. Uma dimensão característica da análise genealógica diz respeito ao papel das condições não discursivas de possibilidade.
37 | Ibid., p. 406.
38 | Ibid., p. 405.

absoluto concedido ao mito verbal, ao mito como produção verbal, porém ele reconhece que em um discurso podem ocorrer as mesmas relações que se observam em um ritual religioso ou em uma prática social».[39] O método de Dumézil permitia «uma comparação entre discursos teóricos e práticas», o tipo de perspectiva comparativa que Foucault empregaria ao analisar as relações entre sistemas de saber e redes de poder.[40]

Foucault distinguia entre três tipos de dependências ou relações — intradiscursivas, interdiscursivas e extradiscursivas.[41] Se, *grosso modo*, a epistemologia lida com as relações intradiscursivas no interior de um discurso científico, e a arqueologia com as relações interdiscursivas de saber (*savoir*), então a genealogia demarca as dependências extradiscursivas entre saber e poder. Na verdade, Foucault desenvolveu a noção de um *dispositif*, um aparato, uma noção teoricamente central no primeiro volume da *História da sexualidade*, para ser capaz de estudar as ligações ou a rede que existe entre elementos dentro de «um conjunto decididamente heterogêneo», um conjunto composto tanto de elementos discursivos quanto não discursivos.[42] O *dispositif* da sexualidade, por exemplo, é um conjunto heterogêneo estrategicamente conectado de «relações de força que dão sustentação a tipos de saber e que por eles são sustentados».[43] Assim, Foucault diz que «o aparato está [...] sempre inscrito em um jogo de poder, mas também está sempre ligado a uma ou a várias fronteiras de saber que nascem dele, mas também são condição dele».[44]

---

39 | Michel Foucault, «La vérité et les formes juridiques», em *Dits et écrits*, op. cit., v. 2, pp. 635-6. [Trad. bras.: «A verdade e as formas jurídicas». In: FOUCAULT, M., *Ditos e escritos*, vol. X: *Filosofia, diagnóstico do presente e verdade*. Rio de Janeiro: Forense Universitária, 2014.]

40 | Ibid., p. 637. Ver também Foucault, *L'Ordre du discours*, op. cit., p. 73.

41 | Michel Foucault, «Réponse à une question», em *Dits et écrits*, op. cit., v. 1, p. 680 [trad. bras.: «Resposta a uma questão». In: FOUCAULT, M., *Ditos e escritos*, vol. I: *Problematização do sujeito — Psicologia, psiquiatria e psicanálise*. 3. ed. Rio de Janeiro: Forense Universitária, 2010]. Ver também Id., «La Volonté de savoir», op. cit., p. 241.

42 | Id., «Le Jeu de Michel Foucault», em *Dits et écrits*, op. cit., v. 3, p. 299. [Trad. bras.: «O jogo de Michel Foucault». In: FOUCAULT, M., *Ditos e escritos*, vol. IX: *Genealogia da ética, subjetividade e sexualidade*. Rio de Janeiro: Forense Universitária, 2014.]

43 | Ibid., p. 300.

44 | Ibid.

Portanto, quando Foucault observa que um *dispositif* é «um caso muito mais geral de episteme», o que ele quer dizer é que, enquanto uma *épistémè* é uma rede de relações que se dão especificamente entre elementos discursivos, um *dispositif* exibe essas ligações tanto entre elementos «discursivos quanto não discursivos, sendo seus elementos muito mais heterogêneos».[45] Essas considerações, contudo, já nos levam além do Foucault arqueólogo, que é o foco deste ensaio. Meu objetivo foi o de enfatizar que a arqueologia, assim como a epistemologia, lida com práticas discursivas, e que nesse sentido ambas são muito diferentes da genealogia. Ao mesmo tempo, embora concedendo à arqueologia sua autonomia teórica, como fez Foucault, quis apontar alguns dos modos pelos quais a genealogia afetou o significado e as lições que podem ser extraídas das primeiras análises de Foucault.

Comecei reconhecendo como é difícil caracterizar de modo adequado o pensamento de Foucault, tendo em vista seu movimento constante e as elaborações e reinterpretações que ele deu a seu próprio trabalho. Mas percebo agora que essas dificuldades intelectuais para mim se combinam a uma espécie de consciência pesada. Pois minhas interpretações de Foucault muitas vezes terminam comigo ouvindo a voz dele, acompanhada de uma inequívoca risada. E ele está pronunciando aquelas palavras mordazes que encerram sua introdução ao livro *A arqueologia do saber*: «Não me pergunte quem eu sou e não me diga para continuar o mesmo: administrar nossos papéis cabe à moralidade do Estado civil. Que ela nos deixe em paz quando se trata de escrever».[46]

---

45 | Ibid., pp. 300-1.
46 | Michel Foucault, *L'Archéologie du savoir*. Paris: Gallimard, 1969. p. 28. [Ed. bras.: *A arqueologia do saber*. 8. ed. Rio de Janeiro: Forense Universitária, 2015.]

APÊNDICE: FOUCAULT, PSICANÁLISE E PRAZER[1]

Apesar das genuínas complexidades e reais ambiguidades que caracterizam a atitude de Michel Foucault em relação à psicanálise, pode-se pelo menos dizer com confiança que a descoberta do inconsciente por Freud representou para ele uma conquista epistemológica decisiva no que diz respeito à filosofia de que ele estava cercado, ou seja, no que diz respeito à fenomenologia e ao existencialismo. Foi a descoberta do inconsciente pela psicanálise que, como Foucault enfatiza em «A morte de Lacan», permitiu que questionássemos a velha teoria do sujeito; seja descrita em termos cartesianos ou fenomenológicos, essa teoria do sujeito era incompatível com o fenômeno do inconsciente, uma incompatibilidade que Jean-Paul Sartre compreendeu e levou à sua conclusão definitiva em *O ser e o nada*. Assim, para Foucault, apesar de sua formação filosófica coincidente, Lacan e Sartre apareciam como «contemporâneos alternativos», incapazes de habitar o mesmo espaço epistemológico.[2] Foucault, portanto, veria como uma das características definidoras do existencialismo a tentativa «de mostrar como a consciência humana ou o sujeito

---

1 | Este ensaio foi originalmente escrito como introdução à tradução de dois textos breves de Michel Foucault, «A morte de Lacan» e «O Ocidente e a verdade do sexo». Todas as traduções, exceto quando houver indicação em contrário, são minhas.

2 | Michel Foucault, «The Death of Lacan». In: DEAN, Tim; lane, Christopher (Orgs.), *Homosexuality and Psychoanalysis*. Chicago: University of Chicago Press, 2001. p. 57.

ou a liberdade humana penetravam tudo aquilo que o freudianismo havia descrito ou designado como mecanismos inconscientes».[3] Como Foucault, em consonância com Lacan, compreendia o inconsciente como um sistema de estruturas lógico-linguísticas, ele podia opor a primazia do sujeito, das formas psicológicas, à busca por estruturas lógicas, estruturas que não poderiam ser compreendidas nem explicadas em termos psicológicos e cuja existência não poderia ser reconciliada com a soberania do sujeito sartriano. O estruturalismo poderia ser compreendido como «a busca por estruturas lógicas em quaisquer lugares onde elas possam ocorrer», e, caso elas pudessem ser localizadas dentro do sujeito, então a primazia epistemológica da consciência seria aniquilada.[4] Isso era o que estava fundamentalmente em jogo no debate filosófico entre existencialismo e estruturalismo, do modo como concebido por Foucault. Independentemente de quanto isso possa parecer estranho, a existência do inconsciente foi um componente decisivo para o *antipsicologismo* de Foucault. Além disso, o interesse de Foucault pela linguística e pela busca de estruturas linguísticas desempenhou o mesmo tipo de papel epistemológico em seu pensamento, uma vez que a existência dessas estruturas demonstraria que a linguagem não poderia ser compreendida com referência à intencionalidade da consciência, limitando assim ainda mais os poderes do sujeito. O espaço da psique estava ameaçado por esse espaço alternativo — o espaço da lógica, das estruturas, regras e operações lógicas e linguísticas —, e Foucault estava comprometido em levar essa ameaça adiante. Ele achava que Jacques Lacan trabalhava no mesmo sentido. Tanto que em outra breve entrevista sobre Lacan, Foucault diz que ler os primeiros textos de Lacan nos anos 1950 o ajudou a descobrir que «era preciso libertar tudo que se

---

3 | Id., «Interview avec Michel Foucault». In: _____. *Dits et écrits*. Ed. Daniel Defert e François Ewald com a colaboração de Jacques Lagrange. Paris: Gallimard, 1994. v. 1, p. 654 [trad. bras.: «Entrevista com Michel Foucault». In: FOUCAULT, M., *Ditos e escritos*, vol. VII: *Arte, epistemologia, filosofia e história da medicina*. Rio de Janeiro: Forense Universitária, 2011]. Doravante abreviado como *DE*, seguido por volume e número da página.

4 | Ibid., p. 653. Discuto esse tema mais longamente em «Structures and Strategies of Discourse: Remarks Towards a History of Foucault's Philosophy of Language». In: DAVIDSON, Arnold I. *Foucault and His Interlocutors*. Chicago: University of Chicago Press, 1997.

esconde por trás do uso aparentemente simples do pronome 'eu'».[5] Se as estruturas do inconsciente ajudavam nessa tarefa, o mesmo faziam as histórias arqueológicas de Foucault. E assim Foucault só poderia ficar grato pela intervenção de Lacan ao final do período de discussão que se seguiu à apresentação de «O que é um autor?» na Société française de philosophie. Observou Lacan:

> [...] estruturalismo ou não, me parece que, no campo vagamente determinado por esse rótulo, não está em questão a negação do sujeito. É uma questão da dependência (*dépendance*) do sujeito, o que é completamente diferente; e muito em especial, no nível do retorno a Freud, da dependência do sujeito com relação a algo realmente elementar, e que tentamos isolar sob o termo «significante».[6]

O mesmo tipo de dependência geral é um tema que percorre *A arqueologia do saber* de Foucault, e, tanto no caso de Lacan quanto no de Foucault, certa forma de humanismo, exemplificada mas não restrita a Sartre, é alvo constante de ataque.

Não deveria surpreender portanto que, mesmo depois da publicação do primeiro volume da *História da sexualidade*, muitas vezes interpretado de forma equivocada como uma rejeição total da psicanálise, Foucault sempre tenha insistido na importância da teoria psicanalítica do inconsciente e que quisesse, na verdade, isolar seu significado da teoria psicanalítica da sexualidade, muito mais suspeita. Como ele disse, «o que é importante não são os *Três ensaios sobre a teoria da sexualidade*, e sim o *Traumdeutung* [...] Não é a teoria do desenvolvimento, não é o segredo sexual por trás das neuroses e das psicoses, é a *lógica do inconsciente*».[7]

---

5 | Michel Foucault, «Lacan, le 'liberateur' de la psychanalyse», em *DE*, v. 4, p. 205. [Trad. bras.: «Lacan, o 'libertador' da psicanálise». In: FOUCAULT, M., *Ditos e escritos*, vol. I: *Problematização do sujeito — Psicologia, psiquiatria e psicanálise*. 3. ed. Rio de Janeiro: Forense Universitária, 2010.]
6 | Id., «Qu'est-ce qu'un auteur?», em *DE*, v. 1, p. 820. [Trad. bras.: «O que é um autor?». In: FOUCAULT, M., *Ditos e escritos*, vol. III: *Estética: literatura e pintura, música e cinema*. 4. ed. Rio de Janeiro: Forense Universitária, 2015.]
7 | Id., «Le Jeu de Michel Foucault», em *DE*, v. 3, p. 315 (grifo meu). [Trad. bras.: «O jogo de Michel Foucault». In: FOUCAULT, M., *Ditos e escritos*, vol. IX: *Genealogia da ética, subjetividade e sexualidade*. Rio de Janeiro: Forense Universitária, 2014.]

Isso me leva a «O Ocidente e a verdade do sexo», o breve esboço de Foucault sobre alguns dos principais temas da *História da sexualidade*.[8] Sabemos que Foucault originalmente pretendia dar a seu volume o título de *Sexo e verdade*, e que ele pensava que seus problemas centrais giravam em torno da questão de como o domínio do sexo veio a recair no campo do discurso verdadeiro, ou seja, como no Ocidente os comportamentos sexuais se tornaram objetos de uma ciência da sexualidade, e como esses discursos verdadeiros estavam ligados a diferentes mecanismos de poder.[9] Sem tentar tratar dessas questões gerais, quero sublinhar a distinção, realçada por Foucault nesse breve ensaio, entre uma arte erótica e uma ciência da sexualidade, uma distinção que traz à tona uma série de questões que a maior parte dos comentaristas de *A vontade de saber* deixou de desenvolver. Um motivo subjacente, fundamental para essa distinção, é precisamente contestar, de um novo ângulo, a velha teoria do sujeito da maneira como ela veio a ser incorporada à psicanálise e a outros tipos relacionados de teoria psicológica. Embora Foucault não seja o tempo todo consistente em sua terminologia, eu diria que deveríamos concluir, com base nas discussões dele, aqui e em outras partes, que, enquanto a *ars erótica* se organiza em torno da estrutura corpo-prazer-intensificação, a *scientia sexualis* se organiza em torno do eixo sujeito-desejo-verdade. É como se fosse possível dizer que a imposição de discursos verdadeiros ao tema da sexualidade leva à centralidade de uma teoria do desejo sexual, ao passo que o discurso do prazer e a busca por sua intensificação são exteriores a uma ciência do desejo sexual. Assim como Foucault queria divorciar a teoria psicanalítica do inconsciente da teoria da sexualidade, ele quer separar a experiência do prazer de uma teoria psicológica do desejo sexual, da subjetividade sexual.[10] A modificação do tema visado pelo discurso verdadeiro

---

8 | Id., «The West and the Truth of Sex», em *Homosexuality and Psychoanalysis*, op. cit., pp. 51-6. [Trad. bras.: «O Ocidente e a verdade do sexo». In: FOUCAULT, M., *Ditos e escritos*, vol. IX: *Genealogia da ética, subjetividade e sexualidade*. Rio de Janeiro: Forense Universitária, 2014.]

9 | Id., «Le Jeu de Michel Foucault» , op. cit., v. 3, p. 312, em conjunto com «Sexualité et vérité», em *DE*, v. 3, p. 137 [trad. bras.: «Sexualidade e verdade». In: FOUCAULT, M., *Ditos e escritos,* vol. IX: *Genealogia da ética, subjetividade e sexualidade*. Rio de Janeiro: Forense Universitária, 2014].

10 | No que se segue, limito minha discussão ao desejo e ao prazer da experiência sexual.

da ciência da sexualidade usa a estrutura conceitual do *desejo* para escavar a real identidade do tema e para delimitar o domínio da intervenção psicológica. O desejo tem *profundidade* psicológica; o desejo pode ser latente ou manifesto, aparente ou oculto; o desejo pode ser reprimido ou sublimado; ele quer ser decifrado, interpretado; desejos verdadeiros expressam aquilo que a pessoa de fato quer, aquilo que ela de fato é, enquanto o falso desejo oculta ou mascara a identidade, a real subjetividade do indivíduo. Não há dúvida de que isso é parte do motivo central que leva Foucault a não poder suportar a palavra *desejo*.[11] Embora não tenhamos dificuldade em falar sobre a distinção entre desejos verdadeiros e falsos e em compreendê-la, a ideia de prazeres falsos e verdadeiros (e Foucault compreendia isso, mesmo que jamais tenha se expressado desse modo) é conceitualmente equivocada. O prazer, por assim dizer, se esgota em sua superfície; ele pode ser intensificado, aumentado, pode ter modificadas suas qualidades, porém não tem a profundidade psicológica do desejo. Ele está, digamos, relacionado a si mesmo, e não a qualquer outra coisa que venha a expressar, seja de modo verdadeiro ou falso. Não há espaço conceitual coerente para que a ciência da sexualidade se vincule ao prazer, e nenhuma primazia do sujeito psicológico na experiência do prazer. As estruturas do desejo levam a formas de orientação sexual, a tipos de subjetividade; diferentes prazeres não implicam nenhuma orientação, não exigem nenhuma teoria da subjetividade nem formação de identidade. A circunscrição do verdadeiro desejo é um processo de individualização; a produção de prazer não. Em uma passagem celebremente enigmática de *A vontade de saber*, Foucault identifica corpos e prazer, em contraste com sexo-desejo, como o ponto de sustentação para o contra-ataque ao aparato da sexualidade.[12] Enquanto desejo e a ciência da sexualidade são internos a esse aparato, o prazer pode funcionar como um ponto ou uma linha de resistência às estruturas e aos mecanismos desse mesmo aparato. Foucault é menos enigmático

11 | Gilles Deleuze, «Desire and Pleasure», em *Foucault and His Interlocutors*, op. cit., p. 189. [Trad. bras.: «Desejo e prazer», *Cadernos de subjetividade*, número especial, jun. 1996.]
12 | Michel Foucault, *Histoire de la sexualité*, vol. 1: *La Volonté de savoir*. Paris: Gallimard, 1976. p. 208 [ed. bras.: *A história da sexualidade*, vol 1: *A vontade de saber*. 2. ed. Rio de Janeiro: Paz e Terra, 2015]. Doravante abreviado como *VS*.

quanto a esse contraste em sua entrevista «Le Gai savoir» [«O saber gay»], publicada originalmente em 1978:

> Uso este termo [prazer] por me parecer que ele escapa às conotações médicas e naturalistas que essa noção de desejo traz em si. Essa noção foi usada como uma ferramenta, uma configuração de inteligibilidade, uma calibração em termos de normalidade: «Dize-me qual é teu desejo e te direi quem és, se és normal ou não; estarei assim capacitado para admitir ou desqualificar teu desejo». Certamente é possível encontrar esse «domínio» [«*prise*»] que vai da noção cristã da concupiscência até a noção freudiana de desejo, passando pela noção de instinto sexual dos anos 1840. O desejo não é um evento, é uma permanência do sujeito, na qual se enxerta toda essa armadura psicológico-médica. O termo «prazer», por outro lado, está isento de uso, é quase vazio de significado. Não há «patologia» do prazer, não há prazer «anormal». Trata-se de um evento «fora do sujeito», ou no limite do sujeito, no sentido de que é algo que não é nem relativo ao corpo nem à alma, que não está nem dentro nem fora, em resumo, uma noção que não é nem especificada nem especificável.[13]

O desejo permite um domínio sobre o tema que é central para a constituição de uma ciência da sexualidade, ao passo que o prazer escapa ao discurso da patologia e da anormalidade, ao discurso da *scientia sexualis*; sua «localização» no limite do «eu» na verdade perturba, desfaz a primazia do sujeito. Esse é um contexto filosófico em que devemos colocar as extraordinárias observações feitas por Foucault em 1979 em um encontro da Arcadie: «O prazer é algo que passa de um indivíduo para outro; não é uma ocultação de identidade. O prazer não tem passaporte, não tem carteira de identidade».[14]

13 | O texto em francês é citado em David M. Halperin, *Saint Foucault: Towards a Gay Hagiography*. Nova York: Oxford University Press, 1995. p. 217, n. 181. O livro de Halperin continua sendo a discussão indispensável sobre o que Foucault diz sobre desejo e prazer.

14 | O texto em francês é citado em Didier Eribon, *Michel Foucault et ses contemporains*. Paris: Fayard, 1994. p. 271 [ed. bras.: *Michel Foucault e seus contemporâneos*. Rio de Janeiro: Jorge Zahar, 1996].

Podemos facilmente inverter as observações de Foucault e dizer que o desejo é uma ocultação da identidade; ele de fato possui uma carteira de identidade. E, como acontece com outros tipos de passaporte, esse pode ser autêntico ou falsificado, representando de maneira mais ou menos fiel aquilo que a pessoa é. O prazer não representa nada; não há prazeres falsificados.

Embora fosse possível citar outros textos de Foucault para embasar essa interpretação, tais afirmações trazem diretamente à tona a questão de como devem ser compreendidas as observações de Foucault, tanto em «O Ocidente e a verdade do sexo» quanto em *A vontade de saber,* sobre aquele outro prazer, o «prazer da análise».[15] Pois esse prazer específico parece trair a divisão conceitual entre desejo e prazer em que insisti. Na verdade, a invocação, por Foucault, de um prazer da análise pretende complicar a distinção estrita entre *ars erótica* e *scientia sexualis*, levando-nos a perguntar se, «pelo menos em algumas de suas dimensões», a *scientia sexualis* não pode funcionar como uma *ars erótica*.[16] Sem negar as numerosas relações entre essa arte e essa ciência, quero observar que as observações do próprio Foucault questionam o *status* desse «prazer da análise» de modos que o demarcam não como sendo homogêneo aos prazeres que podem funcionar como pontos de resistência ao aparato da sexualidade. Além de pôr esse prazer entre aspas, Foucault explicitamente se refere a essa categoria como contendo «prazeres ambíguos», uma caracterização que ele não usa em nenhum outro lugar.[17] Porém, o que é ainda mais importante, a caracterização que ele faz desse prazer emprega verbos que compartilham a gramática do desejo — em «O Ocidente e a verdade do sexo», «*fouiller*», «*traquer*», «*interpréter*»; em *A vontade de saber,* verbos como «*exposer*», «*découvrir*», «*débusquer*». Essas são todas atividades cujo objeto é tipicamente o *desejo* e não o prazer, e esse é o único exemplo em que Foucault os vincula a «prazer», indício suficiente do *status* ambíguo desse prazer. Além disso, em «O Ocidente

---

15 | Foucault, *VS*, pp. 94-6.
16 | Ibid., p. 95.
17 | Foucault, «The West and the Truth of Sex», op. cit., p. 53.

e a verdade do sexo», ao falar sobre o modo como a ciência do sexo segue pertencendo à arte erótica, o próprio Foucault se refere não ao prazer da análise, mas a pessoas que «gastam tanto dinheiro para comprar o direito quinzenal de formular de maneira trabalhosa *a verdade de seu desejo*, e que aguardam pacientemente o *benefício da interpretação*» (grifos meus), como que para dizer que a formulação de um desejo verdadeiro e o benefício da interpretação preenchem o conteúdo do prazer da análise.[18] Ao final de sua discussão em *A vontade de saber*, Foucault traz à tona um conjunto de questões que já indicam a lacuna entre esse prazer e o eixo corpo-prazer-intensificação que discuti anteriormente. Depois de identificar o prazer da análise, ele pergunta:

> Deveríamos acreditar que nossa *scientia sexualis* não passa de uma forma singularmente sutil de *ars erótica* e que seja a versão quintessencial do Ocidente dessa tradição aparentemente perdida? Ou deveríamos supor que todos esses prazeres não são mais do que produtos colaterais de uma ciência sexual, um benefício que sustenta seus incontáveis esforços?[19]

Esta última pergunta só pode ser feita de modo coerente sobre os prazeres da análise, e esse fato por si só mostra a singularidade, a peculiaridade, desse tipo de prazer. É um prazer que não tem nem a força epistemológica nem a força política dos demais prazeres mencionados por Foucault; em uma palavra, ele não desfaz a soberania do sujeito.

O interesse de Foucault na dissolução do sujeito psicológico da *scientia sexualis* não só é compatível com sua preocupação última com a subjetivação ética, como também é necessário para ela, do meu ponto de vista. Mas, em vez de investigar esses interesses que acabo de mencionar, quero dar um último exemplo do que está em jogo na dissolução do sujeito psicológico. Talvez a exemplificação mais clara dessa dissolução siga sendo *Eden, Eden, Eden*, de Pierre Guyotat, ao qual Fou-

---

18 | A frase correspondente em *VS* se refere em vez disso ao «prazer da análise». Ver pp. 95-6.
19 | Foucault, *VS*, p. 96.

cault dedicou um texto muito breve, porém brilhante e teoricamente poderoso. O livro de Guyotat, sem salvar «o sujeito, o eu, a alma», sem proteger a «primazia do sujeito, a unidade do indivíduo», sem representar a sexualidade como o «desejo fundamental ou primitivo do indivíduo», consegue realizar uma ruptura.[20] Nesse livro, o indivíduo

> não passa de uma precária extensão da sexualidade, provisória, que rapidamente se apaga; o indivíduo, ao final, é apenas uma pálida forma que surge por uns poucos instantes, saindo de uma grande fonte repetitiva e persistente. Os indivíduos, os pseudópodes rapidamente recolhidos da sexualidade. Caso queiramos saber o que sabemos, devemos abrir mão do que supomos sobre nossa individualidade, nosso eu, nossa posição subjetiva. Em seu texto, talvez seja a primeira vez que as relações do indivíduo e da sexualidade são invertidas de modo claro e decisivo [...]: a sexualidade passa para o outro lado do indivíduo e deixa de ser «subjetivada» [«*assujettie*»].[21]

A inacessibilidade de *Eden, Eden, Eden*, sua ilegibilidade, sua nova forma de radicalidade são marcas de sua exterioridade conceitual e de sua resistência ao aparato da sexualidade. Nossa incapacidade de imaginar como esse texto soa atesta o domínio daquele «sono antropológico» que Foucault combatia sem trégua.[22] Não deveríamos subestimar, como muitas vezes fazemos, a grande dificuldade de dissolver o sujeito. Se a psicologia, em todas as suas formas, tem sido «um impasse absolutamente inevitável e absolutamente fatal» de nosso pensamento desde o século

---

20 | Id., «Il y aura scandale, mais...», em *DE*, v. 2, p. 75 [trad. bras.: «Haverá escândalo, mas...». In: FOUCAULT, M., *Ditos e escritos*, vol. III: *Estética: literatura e pintura, música e cinema*. 4. ed. Rio de Janeiro: Forense Universitária, 2015]. Estou em dívida com Daniel Defert por ter chamado minha atenção para esse texto.

21 | Ibid. O fato de Foucault destacar aqui um texto literário merece uma discussão mais ampla.

22 | Michel Foucault, «Philosophie et psychologie», em *DE*, v. 1, p. 448. [Trad. bras.: «Filosofia e psicologia». In: FOUCAULT, M., *Ditos e escritos*, vol. I: *Problematização do sujeito — Psicologia, psiquiatria e psicanálise*. 3. ed. Rio de Janeiro: Forense Universitária, 2010.]

xix, então essa ruptura será vista como uma espécie de morte.²³ Portanto não nos esqueçamos, em tal contexto, destas chocantes observações de Foucault:

> Acredito que o prazer seja um comportamento muito difícil [...] Desejo e espero morrer um dia de uma overdose de prazer de algum tipo. Porque acho que o prazer é realmente difícil, e sempre tive a impressão de que não sinto o prazer, o prazer total e completo, e, para mim, ele está relacionado à morte [...]
> Porque penso que o tipo de prazer que eu consideraria como o prazer real seria tão profundo, tão intenso, tão esmagador que eu não teria como sobreviver a ele. Eu morreria.²⁴

Espero que estejamos em condições de entender conceitualmente, e não psicologicamente, as observações de Foucault, e de usá-las para nos fazermos uma pergunta que ele se fazia com frequência, uma pergunta para a qual ainda não temos uma resposta satisfatória: o que é o prazer do sexo, o que ele faz conosco?

---

23 | Ibid.
24 | Michel Foucault, «Michel Foucault: An Interview by Stephen Riggins». In: RABINOW, Paul (Org.), *Ethics, Subjectivity and Truth*. Nova York: The New Press, 1997. p. 129 [trad. bras.: «Uma entrevista de Michel Foucault por Stephen Riggins». In: FOUCAULT, M., *Ditos e escritos*, vol. IX: *Genealogia da ética, subjetividade e sexualidade*. Rio de Janeiro: Forense Universitária, 2014]. Essa entrevista foi realizada em inglês.

CRÉDITOS

Ensaio 1. *Meaning and Method: Essays in Honor of Hilary Putnam*. Ed. George Boolos. Cambridge e Nova York: Cambridge University Press, 1990. pp. 295-325. Reimpresso com permissão da Cambridge University Press.

Ensaio 2. *Critical Inquiry* 14, n. 1, 1987, pp. 16-48. Publicado pela University of Chicago Press; copyright © 1987, Arnold I. Davidson; permissão para reimpressão pode ser obtida somente com o autor.

Ensaio 3. *Critical Inquiry* 13, n. 2, 1987, pp. 39-63. Publicado pela University of Chicago Press; copyright © 1987, Arnold I. Davidson; permissão para reimpressão pode ser obtida somente com o autor.

Ensaio 4. *The Boundaries of Humanity: Humans, Animals, Machines*. Ed. James Sheehan e Morton Sosna. Berkeley: University of California Press, 1991. pp. 36-67. Copyright © 1991, direção da Universidade da Califórnia; reimpresso com a permissão da University of California Press.

Ensaio 6. Publicado parcialmente em «Carlo Ginzburg and the Renewal of Historiography», em *Questions of Evidence: Proof, Practice, and Persuasion across the Disciplines*. Ed. James Chandler, Arnold I. Davidson e Harry Harootunian. Chicago: University of Chicago Press, 1994. Copyright © 1994, Arnold I. Davidson; permissão para reimpressão pode ser obtida somente com o autor.

Apêndice. *Homosexuality and Psychoanalysis*. Ed. Tim Dean e Christopher Lane. Chicago: University of Chicago Press, 2001. pp. 43-50. Copyright © 2001, Arnold I. Davidson; permissão para reimpressão pode ser obtida somente com o autor.

ÍNDICE REMISSIVO

A

Agostinho, 108, 110, 210-3, 247, 270, 274

Alienist and Neurologist, 73, 74

Althusser, Louis, 283

Anatomical Studies upon Brains of Criminals (Benedikt), 38

Andarilhos do bem, Os (Ginzburg), 229, 233, 245

Annales d'hygiène publique et de médecine légale, 72

Anthropology from a Pragmatic Point of View (Kant), 57; ver também *Antropologia de um ponto de vista pragmático*

Antropologia de um ponto de vista pragmático (Kant), 57; ver também *Anthropology from a Pragmatic Point of View*

«Apontar e citar» (Ginzburg), 216; ver também «Montrer et citer»

Archéologie du savoir, L' (Foucault), 213n, 272n, 302n; ver também *Arqueologia do saber, A*

Archiv für Psychiatrie und Nervenkrankheiten, 34, 46

Archives de Neurologie, 40n, 46

Ariès, Philippe, 67, 70n, 76

Arnaldo da Brescia nelle fonti del secolo XII (Frugoni), 244

Arnaldo de Brescia, 244, 245

Arqueologia do saber, A (Foucault), 112-3, 270-1, 272-3, 274n, 285, 300, 302, 305; ver também *Archéologie du savoir, L'*
Associação Americana de Psicopatologia, 63
Associação Americana de Psiquiatria, 27, 51, 52, 75
Austin, J. L., 195

B

Bachelard, Gaston, 113, 116, 193, 196, 283
Bakhtin, Mikhail, 229
Baldung Grien, Hans, 82-4
Barbin, Adelaide Herculine, 70-2
Baxandall, Michael, 205
Beiträge zur Aetiologie der Psychopathia Sexualis (Bloch), 134-5, 146
Belleforest, Français, 156
Benedikt, Moriz, 38-9
Bergamo, Mino, 211, 213-4, 274, 275
Bertrand, Sargento, 30
«Bibliothèque des Perversions Sexuelles» (Laupts), 54
Bichat, Marie-François-Xavier, 26
Bloch, Iwan, 121, 134-5, 144, 145, 146
Boaistuau, Pierre, 161, 164
Boaventura, são, 248, 251
Body of Man (Crooke), 77
Bouillaud, Ismail, 26, 29
Bouveresse, Jacques, 267, 268, 276, 278-9, 280
«Breve história de prodígios humanos e nascimentos monstruosos, Uma» (du Plessis), 101
Broca, Paul, 36
Brooke, John, 154

Browne, James Crichton, 93

C

Calvino, João, 151
Canguilhem, Georges, 14-5, 98, 113, 116, 196, 283-91 *passim*, 297
Cavell, Stanley, 20, 53-4, 67n, 79-80, 115n, 149n, 224n, 276n
Céard, Jean, 71n, 152, 156, 160, 162
«Cercle d'épistemologie», 288
Char, René, 281
Charcot, Jean Martin, 38n, 39-40, 42, 46, 47n, 58n, 59-60, 99n, 121, 124, 145
Chastel, André, 81
«Checking the Evidence» (Ginzburg), 216, 217, 218, 220n, 225, 226, 227-8, 238-9, 244n, 254, 255, 257, 258, 259
Cheese and the Worms, The (Ginzburg), 150n, 230n, 243n; ver também *Queijo e os vermes, O*
Chesnet (médico), 72
Chevalier, Julien, 34, 47n
Childs, Avery (Menino Sapo), 188, 189
Cidade de Deus (Agostinho), 108, 110, 211-2; ver também *City of God against the Pagans*
City of God against the Pagans (Agostinho), 108n, 212n; ver também *Cidade de Deus*
Claim of Reason, The (Cavell), 79-80, 224n, 276n
Conceitos fundamentais da história da arte: o problema da evolução dos estilos na arte mais recente (Wölfflin); ver *Principles of Art History: The Problem of the Development Style in Later Art*
Concept of Mind, The (Ryle), 195
Confessions (Agostinho), 211n; ver também *Confissões*,
Confissões (Agostinho), 211, 247, 270; ver também *Confessions*
Cristo, 80-90, 94, 98, 112, 161
Cristo morto com anjos (Preti), 88
Crombie, A. C., 197

Crooke, Helikiah, 77

Culture and Value (Wittgenstein), 276

D

Dagonet, Henri, 96

Dal romanzo storico e, in genre, de' componimenti misti di storia e d'invenzione (Manzoni), 260-1

Daniel, Livro de, 152

Daston, Lorraine, 19, 67n, 71n, 149n, 156-7, 170

Davis, Natalie, 218n, 238, 259

De conceptu et generatione hominis (Rueff), 161-2

«Death of Lacan, The» (Foucault), 303n; ver também «Morte de Lacan, A»

Death of Woman Wang, The (Spence), 257-8

Declínio e queda do Império Romano (Gibbon), 258-9

Delaporte, François, 20, 283n, 285, 297n

Delumeau, Jean, 150, 154, 156, 166n

Démoniaques dans l'art, Les (Charcot e Richer), 59

Des anomalies de l'instinct sexuel et en particulier des inversions du sens genital (Legrain), 41-2, 128n

Des habitudes secrètes ou maladies produites par l'onanisme chez les femmes (Rozier), 99, 103

Des monstres et prodiges (Paré), 71, 156, 160-1

Deuttung der czwo grewlichen Figuren (Lutero e Melâncton), 151-2

Diagnostic and Statistical Manual of Mental Disorders, 51n, 75n; ver também *Manual diagnóstico e estatístico dos transtornos mentais*

«Die conträre Sexualempfindung» (Westphal), 46

Diseases of Women (Duncan), 77

«Disposição para a neurose obsessiva, A» (Freud), 138

Ditos e escritos (Foucault), 14; ver também *Dits et écrits*,

Dits et écrits (Foucault), 14, 266, 268, 277-8; ver também *Ditos e escritos*,

Doctrine of Virtue, The (Kant), 57n; ver também *Doutrina da virtude, A*
Doutrina da virtude, A (Kant), 57; ver também *Doctrine of Virtue, The*
du Plessis, James Paris, 101
Dumézil, Georges, 284, 300-1
Duncan, J. M., 77, 94
Dunglison, Robley, 43, 124

E

Ecstasies (Ginzburg), 229n, 246n; ver também *História noturna, Storia notturna*
Eden, Eden, Eden (Guyotat), 310-1
«Eichmann de papier, Un» (Vidal-Naquet), 224-5
Eisenmann, Charles, 186-191
Ellis, Havelock, 73-6, 121, 134, 143
Enigma of Piero, The (Ginzburg), 252n; ver também *Investigando Piero*
Epiteto, 247
«Estilo» (Schapiro), 199; ver também «Style»
Étude médico-légale sur les attentats aux moeurs (Tardieu), 183-4
«Expressão facial como um dos meios de diagnóstico e prognóstico das doenças mentais» (Shaw), 92

F

Falret, Jean-Pierre, 40
Faurisson, Robert, 222-4
Febvre, Lucien, 149-50
«Feliz, hilária mania» (Browne), 92, 93
Ferris, G. N., 47
Feyerabend, Paul, 193
Fioretti, 250
Flagelação (Piero della Francesca), 252

Fliess, Wilhelm, 121

Formation du concept de réflexe aux xviie et xviiie siècles, La (Canguilhem), 286

Fortini, Arnaldo, 55, 250-1

Foucault, Michel, 14-6, 21, 25-6, 29n, 37n, 49n, 54n, 60, 63, 68-71, 77, 100, 102, 112-3, 116-9, 123, 196-7, 204, 206, 213n, 241n, 242n, 243n, 263-81, 283-302, 303-12; *A arqueologia do saber*, 112-3, 270-1, 272-3, 274n, 285, 300, 302, 305; *O nascimento da clínica*, 25-6, 285, 299; «A morte de Lacan», 303; *Dits et écrits, 14, 266, 268, 277-8*; «Le Gai savoir», 308; *História da loucura*, 15n, 280, 299; *A história da sexualidade*, vol. 1, 15, 77, 100, 102, 299, 301, 305; *A história da sexualidade*, vol. 2, 68-9; *As palavras e as coisas*, 117, 285, 296, 299; *L'Ordre du discours*, 264-5, 288, 293-4, 301n; *A ordem do discurso*, 264-5; «Sexualidade e solidão», 63, 263; «Sur l'archéologie des sciences», 289, 291-2, 295, 297; *Vigiar e punir*, 280, 299; «Titres et travaux» 289,296,298, 299n; «Truth and Power», 37n, 116, 196; «Verdade e poder», 196; *O uso dos prazeres*, 279-80, 284n; *La Volonté de savoir*, 15, 242n, 307; «O Ocidente e a verdade do sexo», 299, 303n, 306, 309; «O que é um autor?», 305; *A vontade de saber*, 14-6, 265, 307, 309-10

Francisco, são, 248-52

Frankl, Paul, 203

Freud, Sigmund, 16, 53, 90; «A disposição para a neurose obsessiva», 138; «A organização genital infantil», 138; *Três ensaios sobre a teoria da sexualidade*, 53, 90, 115-47, 305

Frugoni, Arsenio, 244-5

G

«Gai savoir, Le» (Foucault), 308

Galison, Peter, 19, 67n, 115n, 149n, 225-6

Gibbon, Edward, 258-60

Ginzburg, Carlo, 16-7, 150n, 215-62, 267n

Ginzburg, Natalia, 221

Giudice e lo storico, Il (Ginzburg), 215, 218, 222, 254-5, 257

Goujon, E., 72

Gregório ix, 250-1
Griesinger, Wilhelm, 34-5, 37, 41
Griffet, Henri, 217
Grosrichard, Alan, 100, 104
Guido de Mont Rocher, 166-7
Guyotat, Pierre, 310-1

H

Hacking, Ian, 20, 25n, 63-5, 67n, 102, 104, 107, 116-7, 187n, 197-9, 233-6, 263-4, 267
Hadot, Pierre, 20, 210, 247-8, 269-72, 273
Handbook of Medical Science, (Buck), 78
Hauser, Arnold, 119
Heemskerck, Maerten van, 86-7
Histoires prodigieuses (Boaistuau), 161
História da loucura (Foucault), 15n, 280, 299
História da sexualidade, A, vol. 1 (Foucault), 15, 77, 100, 102, 299, 301, 305; ver também *Volonté de savoir, La; vontade de saber, A*
História da sexualidade, A, vol. 2 (Foucault), 68-9; ver também *Uso dos prazeres, O*
História noturna (Ginzburg), 252; ver também *Ecstasies, Storia notturna*
Holton, Gerald, 193
Homem das dores (van Heemskerck), 86, 87
Homem Elefante (John Merrick), 176-9
«Homossexualidade em Roma, A» (Veyne), 69-70
Hyppolite, Jean, 284

I

Inácio de Loyola, 211
«Inquisidor como antropólogo, O» (Ginzburg), 226-7
Inventaire des différences, L' (Veyne), 119, 206; ver também *Inventário das diferenças, O*

Inventário das diferenças, O (Veyne); ver *Inventaire des différences, L'*
«Inversão sexo-estética» (Ellis), 73-4
Investigando Piero (Ginzburg) 252; ver também *Enigma of Piero, The*

J

Janet, Pierre, 236-7

«Jeux de langage et philosophie» (Hadot), 269-70; ver também «Jogos de linguagem e filosofia»

Jo Jo, o Menino Russo com Cara de Cachorro, 188- 191

«Jogos de linguagem e filosofia» (Hadot); ver «Jeux de langage et philosophie»

Journal de l'anatomie et de la physiologie de l'homme, 72

Journal of Abnormal Psychology, 63

Journal of Nervous and Mental Diseases, 31n, 47

K

Kant, Immanuel, 57, 63, 202

Kiernan, J. G., 31-2, 37n, 47n

Kindt, David, 89

Kraepelin, Eugene, 36, 50-1, 60-1

Krafft-Ebing, Richard von, 41-9, 54, 60, 62n, 98, 106-7, 109-11, 121, 124-7, 132-4, 142, 145, 213n; *Psychopathia Sexualis*, 41n, 42, 44n, 47-8, 49n, 56, 60, 62n, 98, 106-7, 109-11, 124, 125-6, 213n; *Textbook of Insanity*, 37-8, 43-4, 45n, 49, 54, 111, 125, 126n

Kuhn, Thomas, 193

L

Lacan, Jacques, 303-5

Lamentação (Kindt), 89

«Language, Truth, and Reason» (Hacking), 17n, 37n, 75n, 197-8, 287n; ver também «Linguagem, verdade e razão»

Laupts, dr. (Georges Saint-Paul), 47n, 54-5, 128n
Legrain, M. P., 42, 50, 128n
Lejeune, Philippe, 248
Levi, Giovanni, 240-3
Lévi-Strauss, Claude, 300
Lindner, S., 90-2
«Linguagem, verdade e razão» (Hacking), 197; ver também «Language, Truth, and Reason»
Longhi, Roberto, 252
Lutero, Martinho, 151-4
Lydston, G. Frank, 32-3

M
Mackenzie, J. N., 41
Magnan, Paul, 39-40, 46, 47n
«Making Up People» (Hacking), 102n, 233-4, 236
Manipulus Curatorum Officia Sacerdotus (Guido de Mont Rocher), 166-7
Manual diagnóstico e estatístico dos transtornos mentais, 27, 51-2, 75; ver também *Diagnostical and Statistical Manual of Mental Disorders*
Manzoni, Alessandro, 261-1
Marco Aurélio, 246-8
Medical and Surgical Reporter, 32
Medical Lexicon (Dunglison), 43, 124
Medieval People (Power), 254-9 *passim*
Meditações (Marco Aurélio), 246-8
Meibomius, John Henry, 104-8, 110, 112
Melâncton, Filipi, 151-2, 154n
Menino Lagosta (Fred Wilson), 188, 190
Menino Sapo (Avery Childs), 188, 189

Menocchio (Domenico Scandella), 231-3, 239, 260
Mental Pathology and Therapeutics (Griesinger), 34-5
Merrick, John (Homem Elefante), 176-9, 181
Metafísica da moral, A (Kant), 57
Michea (médico), 30-2
Moll, Albert, 45n, 49, 50, 121, 126-8, 132, 134, 142, 143, 144, 145
Momigliano, Arnaldo, 216
«Montrer et citer» (Ginzburg), 216; ver também «Apontar e citar»
Moreau de Tours, Paul, 35-6, 42-3, 45n, 58, 123-4
Morel, B. A., 59
Morgenbesser, Sidney, 147
«Morte de Lacan, A» (Foucault), 303; ver também «Death of Lacan, The»
Musil, Robert, 276

N

Nascimento da clínica, O (Foucault), 25-6, 285, 299
Nature et les prodiges, La (Céard), 152n, 156
«Neuroses do hábito como doenças funcionais genuínas» (Prince), 52-3
Nietzsche, Friedrich, 271-1
Nouveau traité élémentaire et pratique des maladies mentales (Dagonet), 96
Nova vita di San Francesco (Fortini), 249n, 250-1

O

«O que é um autor?» (Foucault), 305
«Ocidente e a verdade do sexo, O» (Foucault), 299, 303n, 306, 309
Olhar renascente: pintura e experiência social na Itália da Renascença, O (Baxandall); ver *Painting and Experience in Fifteenth Century Italy,*
Onanisme: Dissertation sur les maladies produites par la masturbation, L' (Tissot), 45n, 99n, 180, 182

Ordem do discurso, A (Foucault), 264-5; ver também *Ordre du discours, L'*
Ordre du discours, L' (Foucault), 265, 288, 293-4, 301n; ver também *Ordem do discurso, A*
«Organização genital infantil, A» (Freud), 138
Oxford English Dictionary, 43, 77, 124

P

Painting and Experience in Fifteenth Century Italy (Baxandall), 205
Palavras e as coisas, As (Foucault), 117, 285, 296, 299
Paré, Ambrose, 71, 156, 159, 160-75, 188
Park, Katharine, 71n, 156-7
Perversions of the Sex Instinct (Moll), 45n, 126-7
Philosophical Transactions of the Royal Society, 174
Philosophie médicale (Bouillaud), 26
Physiognomy of Mental Diseases and Degeneracy (Shaw), 92n, 94, 97
Piero della Francesca, 252
Porfírio, 210, 270
Power, Eileen, 254-9 *passim*
Preti, Mattia, 88
Primeira vida de são Francisco, A (Tomás de Celano), 250
Prince, Morton, 31n, 52-3, 60, 61-3
Principles of Art History: The Problem of the Development Style in Later Art (Wölfflin), 119, 201
«Proofs and Possibilities» (Ginzburg), 218, 238n, 239, 244n, 245, 256, 253, 260-2
«Provas e possibilidades» (Ginzburg); ver «Proofs and Possibilities»
Psychiatrie für Ärzte und Studierende bearbeitet (Ziehen), 95
Psychopathia Sexualis (Krafft-Ebing), 41n, 42, 44n, 47-8, 49n, 56, 60, 62n, 98, 106-7, 109-11, 124, 125-6, 213n
P'u Sung-ling, 257-8
Putnam, Hilary, 20, 25n, 58n, 223n, 263-4, 267n

Q

Queijo e os vermes, O (Ginzburg), 150n, 227, 231-3, 245, 259-60; ver também *Cheese and the Worms, The*

Question médico-légale de l'identité dans ses rapports avec les vices de conformation des organes sexuels (Tardieu), 73

R

Rawls, John, 219

«Relato sobre dois porcos monstruosos, Um» (Tyson), 174-6

Renan, Ernest, 246, 251n

Retorno de Martin Guerre, O (Davis), 238, 259

Richer, Paul, 59

Rozier, D. M., 99-100, 103

Rueff, Jacob, 161-2

Ryle, Gilbert, 195

S

«Saber gay, O» (Foucault); ver «Gai savoir, Le»

Sacher-Masoch, Leopold von, 110

Sagrada Família (Baldung Grien), 83

Sagrada Família com santa Bárbara e o menino são João (Veronese), 85

Sales, Francisco de, 211

Sarto, Andrea del, 94

Sartre, Jean-Paul, 303-5

Scandella, Domenico (Menocchio), 231-3, 239, 260

Schapiro, Meyer, 199-201

Schrenck-Notzing, A. von, 60-1

Ser e o nada, O (Sartre), 303

Serena Cruz o la vera giustizia (Natalia Ginzburg), 221

«Sexualidade e solidão» (Foucault), 63, 263

Sexualidades ocidentais (Ariès e Béjin), 67-8; ver também *Western Sexuality: Practice and Precept in Past and Present*

Sexuality of Christ in Renaissance Art and in Modern Oblivion, The# (Steinberg), 80-90, 94, 98

Shaw, J. C., 47

Shaw, James, 92, 94, 97

«Sobre a arqueologia das ciências» (Foucault); ver «Sur l'archéologie des sciences»

«Sobre o uso dos flagelos nos assuntos médicos e venéreos, a função dos rins e das entranhas» (Meibomius), 104-6, 110

Sociedade Patológica de Londres, 176

Société française de philosophie, 305

Société médico-psychologique, 39

Spence, Jonathan, 257-8

Stefanowski, D., 55

Steinberg, Leo, 80-90, 94, 98, 88n, 112

Storia notturna (Ginzburg), 267n; ver também *Ecstasies, História noturna*

«Style» (Schapiro); ver também «Estilo», 199n, 201n

Sulloway, Frank, 126, 131n, 134n

Suma teológica (Tomás de Aquino), 45n, 98, 109-9, 157-8, 166, 178n

«Sur l'archéologie des sciences» (Foucault), 289, 291-2, 295, 297

T

Tardieu, A., 73, 183-4, 186

Teoria da justiça, Uma (Rawls), 219

Textbook of Insanity (Krafft-Ebing), 37-8, 43-4, 45n, 49, 54, 111, 125, 126n

Tissot, Samuel, 45n, 99n, 180n, 182-3

«Titres et travaux» (Foucault), 289, 296, 298, 299n

«Títulos e trabalhos» (Foucault); ver «Titres et travaux»

Tomás de Aquino, 45n,98, 108-9, 157-60, 166, 169, 178n, 180

Tomás de Celano, 248, 250

Traité des différentes sortes de preuves qui servent à établir la vérité de l'histoire (Griffet), 217

Três ensaios sobre a teoria da sexualidade (Freud), 53, 90, 115-47, 305; «Perigos do prazer preliminar», 141; «Perversões em geral», 141-2; «As fases do desenvolvimento da organização sexual» 138; «O primado das zonas genitais e o prazer preliminar», 140; «As aberrações sexuais», 123

Treves, Frederick, 176-9

«Truth and Power» (Foucault), 37n, 116, 196; ver também «Verdade e poder»,

Tyson, Edward, 174

U

Ulrich, Karl Heinrich, 47

«Usages de la biographie, Les» (Levi), 240

Uso dos prazeres, O (Foucault), 279, 280, 284n; ver também *História da sexualidade, A,* vol. 2

«Usos da biografia» (Levi); ver «Usages de la biographie»

V

Vauchez, André, 251-2

«Verdade e poder» (Foucault), 196; ver também «Truth and Power»

«Verificando a evidência» (Ginzburg); ver «Checking the Evidence»

Veronese, Paolo, 85, 86

Veyne, Paul, 68, 69-70, 119, 197, 206-7

Vidal-Naquet, Pierre, 222-5, 256n

Vigiar e punir (Foucault), 280, 299

Vitorino, Mário, 210, 270

Volonté de savoir, La (Foucault), 15, 242n, 307; ver também *História da sexualidade, A,* vol. 1; *Vontade de saber, A*

Vontade de saber, A (Foucault), 14-6, 265, 307, 309-10; ver também *História da Sexualidade, A*, vol. 2; *Volonté de savoir, La*

W

Weber, Ernst Heinrich, 30-1

Wells, H. G., 77

Western Sexuality: Practice and Precept in Past and Present (Ariès e Béjin), 67; ver também *Sexualidades ocidentais*

Westphal, Carl, 40, 42, 46-7, 55, 60, 64

White, Hayden, 222-5

Wilde, Oscar, 78

Wilson, Fred (Menino Lagosta), 188, 190

Wittgenstein, Ludwig, 20, 79, 267-71, 276-80

Wölfflin, Heinrich, 119-120, 201-9, 214

Words and Pictures (Schapiro), 199-200

Z

Zambelli, Paola, 232, 233n

Ziehen, Theodore, 95

PRE TEXTOS

001. MASSIMO CACCIARI
      Duplo retrato

002. MASSIMO CACCIARI
      Três ícones

003. GIORGIO AGAMBEN
      A Igreja e o Reino

004. A. I. DAVIDSON | E. LEVINAS | R. MUSIL
      Reflexões sobre o nacional-socialismo

005. MASSIMO CACCIARI
      O poder que freia

006. ARNOLD I. DAVIDSON
      O surgimento da sexualidade

DIRETOR EDITORIAL
Pedro Fonseca

CONSELHEIRO EDITORIAL
Simone Cristoforetti

PROJETO GRÁFICO
ernésto
info@oficina-ernesto.com

EDITORA ÂYINÉ
Praça Carlos Chagas, 49 2° andar
CEP 30170-140 Belo Horizonte
+55 (31) 32914164

www.ayine.com.br
info@ayine.com.br

TÍTULO ORIGINAL:

THE EMERGENCE OF SEXUALITY

© 2001 President and Fellows of Harvard College
Published by arrangement with Harvard University Press

Nesta edição, respeitou-se o novo Acordo Ortográfico da Língua Portuguesa.

ISBN 978-85-92649-45-6

papel: **Polen Bold 90 gr.**
impressão: **Artes Gráficas Formato**

1ª edição Novembro 2019
© **2019 EDITORA ÂYINÉ L.T.D.A.**